JN055465

秋田県の教員採用試験過去問シリーズ⑨

2025年度版

秋田県の家庭科

過去問

協同教育研究会 編

協同出版

本書には，秋田県の教員採用試験の過去問題を収録しています。各問題ごとに，以下のように5段階表記で，難易度，頻出度を示しています。

難　易　度

非常に難しい	☆☆☆☆☆
やや難しい	☆☆☆☆
普通の難易度	☆☆☆
やや易しい	☆☆
非常に易しい	☆

頻　出　度

◎	ほとんど出題されない
◎◎	あまり出題されない
◎◎◎	普通の頻出度
◎◎◎◎	よく出題される
◎◎◎◎◎	非常によく出題される

※本書の過去問題における資料，法令文等の取り扱いについて

本書の過去問題で使用されている資料や法令文の表記や基準は，出題された当時の内容に準拠しているため，解答・解説も当時のものを使用しています。ご了承ください。

はじめに～「過去問」シリーズ利用に際して～

教育を取り巻く環境は変化しつつあり，日本の公教育そのものも，教員免許更新制の廃止やGIGAスクール構想の実現などの改革が進められています。また，現行の学習指導要領では「主体的・対話的で深い学び」を実現するため，指導方法や指導体制の工夫改善により，「個に応じた指導」の充実を図るとともに，コンピュータや情報通信ネットワーク等の情報手段を活用するために必要な環境を整えることが示されています。

一方で，いじめや体罰，不登校，暴力行為など，教育現場の問題もあいかわらず取り沙汰されており，教員に求められるスキルは，今後さらに高いものになっていくことが予想されます。

本書の基本構成としては，出題傾向と対策，過去5年間の出題傾向分析表，過去問題，解答および解説を掲載しています。各自治体や教科によって掲載年数をはじめ，「チェックテスト」や「問題演習」を掲載するなど，内容が異なります。

また原則的には一般受験を対象としております。特別選考等については対応していない場合があります。なお，実際に配布された問題の順番や構成を，編集の都合上，変更している場合があります。あらかじめご了承ください。

最後に，この「過去問」シリーズは，「参考書」シリーズとの併用を前提に編集されております。参考書で要点整理を行い，過去問で実力試しを行う，セットでの活用をおすすめいたします。

みなさまが，この書籍を徹底的に活用し，教員採用試験の合格を勝ち取って，教壇に立っていただければ，それはわたくしたちにとって最上の喜びです。

協同教育研究会

CONTENTS

第１部

秋田県の
家庭科
出題傾向分析

秋田県の家庭科　傾向と対策

秋田県は，2024年度について，中学･高等学校の募集を実施した。中学･高等学校の募集は2020年度，2021年度以来である。2024年度の問題数は，中・高共に大問6問，試験時間は90分であるが，説明や理由を求める記述式が多いことや，指導案作成もあることから，指導案作成に時間を要し，ぎりぎりの時間であろう。学習指導要領に関する問題は，校種を問わず毎年問われており，重要視していることが窺える。学習指導要領関連問題も含めて，大部分が詳細部分まで踏み込んだ出題内容で難易度は高い。二次選考については，模擬授業と面接・論文が実施され，実技試験はない。

2024年度の中学の出題傾向について，大問6問中4問は学習指導要領関連問題であり，すべて解説からの出題である。2問は指導案作成である。従って，各分野・各事項からの出題は非常に少ない。学習指導要領関連問題は，家庭分野の内容構成や空間軸・時間軸，「指導計画の作成と内容の取扱い」から実習の指導に関する内容，小・中学校の系統性に関する内容，評価の観点などである。空欄補充問題や内容について説明を求めるもので，用語解答はごく一部である。学習指導要領以外の問題について，和食の一汁三菜の説明を求め，地域(秋田県)の食文化に関する指導案，幼児とのふれあい体験の指導案の作成である。例年，2問ずつ出題されており，加えて，中学の指導案作成については，それぞれ記載形式，展開法の異なる指導案作成である。

高校の出題傾向について，学習指導要領関連では，解説から「内容の取扱いに当たっての配慮事項から，コンピュータや情報通信ネットワークの活用について説明を求める問題，専門学科における科目「課題研究」の指導項目を問う問題，課題研究を行う場合の配慮事項などが出題された。学習指導要領以外の出題については，食生活から，調理実習「けんちん汁」を題材にして廃棄率や塩分計算，里芋や卵，たけのこの調理性，だしの取り方，聴覚障害の生徒に対する指導上の配慮，ゲノム編集食品，フェアトレードなど，衣生活では和服の繰り回し，エシカル消費など環境に関連した問題，住生活関連では物件情報の見方，消費生活と環境では，給与明細から保険や税金，手取り，分割払いとリボルビングの比較，金融商品の安全性・流動性・収益性，消費者市民生活の説明，送り付け商法(ネガティブ・オプション)の対処法などが出題された。指導案の作成に関しては，学習のねらいと学習活動を記載させる問題が1問出題された。

対策であるが，学習指導案作成の題材や学習指導要領の出題箇所によって，分野別の出題事項は年度により変わるため，傾向はつかみにくい。指導案作成の配点が高いことも予想され，すべての分野を完全にマスターし，学習指導案作成にじっくり取り組めるよう，時間配分に注意して取り組みたい。指導案作成の練習については，本書の過去問を活用し，過去の出題題材について自分で作成してみることや，指導案事例集などの問題集を参考に，様々な題材について練習を重ねておくのがよいだろう。ICTを活用した指導案の作成などの条件が加わった出題もみられることから，いろんな方法での授業展開を考えておくことも必要である。学習指導要領については，過去に出題された箇所，出題されていない箇所を自分なりに整理しておくこと。学習指導要領解説からも出題されるので，丁寧に読み理解しておく必要がある。各単元の内容ごとに，指導案作成をイメージしながら進めていくとよいだろう。学習指導要領の理解や指導案作成で培った実践力は，二次試験の面接や模擬授業でも大いに役立つはずである。一次試験において，総合教養試験・一般教養試験に時事問題や秋田県の教育施策法規が出題されることになったことから，家庭科関連の時事問題と重なる部分も予想されるが，家庭生活に関する法律や現在の動向，各種審議会の答申などにも注意し，理解を深めておきたい。加えて，今回の改訂では生活文化の継承が重要視されていることからも，秋田県の伝統野菜や行事食，伝統工芸品，また，秋田県独自の子育て支援や食育推進計画，防災対策など秋田県の施策についても整理しておきたい。

過去5年間の出題傾向分析

中学＝○　高校＝◎

分　類	主な出題事項	2020年度	2021年度	2022年度	2023年度	2024年度
子ども・高齢者と家族	子どもへの理解			○		○
	子育て支援の法律・制度・理念			○		
	児童福祉の法律・制度			○		
	家族と家庭生活		◎		○	
	高齢者の暮らし	◎	◎			
	高齢者への支援	◎				◎
	福祉と法律・マーク	◎				
	その他	◎				
食生活	栄養と健康	○				◎
	献立			○		
	食品		◎	○		◎
	食品の表示と安全性	◎	◎	○		◎
	調理	◎	○ ◎			◎
	食生活と環境					◎
	生活文化の継承					○
	その他					◎
衣生活	衣服の材料					
	衣服の表示	◎		○		
	衣服の手入れ	○		○		
	製作	◎	○ ◎			○
	和服	○				
	衣生活と環境		○ ◎			◎
	生活文化の継承					
	その他				○	
住生活	住宅政策の歴史・住宅問題				○	
	間取り，平面図の書き方		◎			◎
	快適性（衛生と安全）		◎		○	
	住まい方（集合住宅など）	◎	○			
	地域社会と住環境					
	生活文化の継承					
	その他		○			
消費生活と環境	消費者トラブル		○		○	◎
	消費者保護の法律		○	○	○	◎
	お金の管理，カード，家計			○		◎
	循環型社会と3R		○			
	環境問題と法律	○				
	消費生活・環境のマーク	◎				◎
	その他					◎
学習指導要領に関する問題		○ ◎	○ ◎	○	○	○ ◎
学習指導法に関する問題		○ ◎	○ ◎	○	○	○ ◎

第２部

秋田県の
教員採用試験
実施問題

2024年度　実施問題

【中学校】

【1】「中学校学習指導要領解説　技術・家庭編(平成29年7月文部科学省)」の「第2章　家庭分野の目標及び内容」について，次の設問に答えよ。

問1　家庭分野の内容構成の考え方として，次の3点が示されている。(　①　)，(　②　)に当てはまる語句を記せ。

・小・中・高等学校の(　①　)の明確化 ・空間軸と時間軸の視点からの小・中・高等学校における学習対象の明確化 ・学習過程を踏まえた(　②　)の明確化

問2　中学校第1学年の家庭分野のガイダンスで，小学校と中学校における学習対象の違いを，空間軸と時間軸の視点から，次のように説明したい。下線に当てはまる内容を記せ。

【空間軸の視点から】 小学校では，主に自分のことや家族，家庭について学習しました。中学校では，____について学習します。 【時間軸の視点から】 小学校では，現在のことやこれまでの生活について学習しました。中学校では，____について学習します。

(☆☆☆◎◎◎◎◎)

【2】平成29年の学習指導要領改訂を受け，評価の観点が4観点から3観点に整理された。その3観点のうち，技術・家庭科(家庭分野)において「主体的に学習に取り組む態度」の観点について評価する際のポイントを説明せよ。

(☆☆☆☆◎◎◎◎)

【3】次の文は,「中学校学習指導要領解説　技術・家庭編(平成29年7月文部科学省)」の「第3章　指導計画の作成と内容の取扱い　3　実習の指導」より抜粋したものである。以下の設問に答えよ。

> 3　実習の指導に当たっては，施設・設備の安全管理に配慮し，学習環境を整備するとともに，火気，用具，材料などの取扱いに注意して事故防止の指導を徹底し，安全と衛生に十分留意するものとする。
>
> －中略－
>
> 家庭分野においては，－中略－　また，調理実習については，<u>食物アレルギー</u>にも配慮するものとする。

問1　下線部について，配慮すべき内容を記せ。

問2　下線部について，食品表示基準で表示が義務付けられている特定原材料は8品目である。「えび」「かに」「卵」以外の5品目を記せ。

(☆☆☆☆◎◎◎◎)

【4】次の文は,「小学校学習指導要領解説　家庭編(平成29年7月文部科学省)」の「第2章　第3節　B　衣食住の生活」より抜粋したものである。以下の設問に答えよ。

> (5)　生活を豊かにするための布を用いた製作
>
> ア　次のような知識及び技能を身に付けること。
>
> (ア)　製作に必要な材料や手順が分かり，製作計画について理解すること。
>
> (イ)　手縫いやミシン縫いによる目的に応じた縫い方及び用具の安全な取扱いについて理解し，適切にできること。
>
> イ　生活を豊かにするために布を用いた物の製作計画を考え，製作を工夫すること。

問1　中学校においても「生活を豊かにするための布を用いた製作」を扱う。その意図を説明せよ。また，(5)「生活を豊かにするための布を用いた製作」について，中学校で指導する内容を，小学校との違いが分かるように記せ。

問2　小学校で学習したミシン縫いの復習を兼ねて，手ぬぐいを使ったエコバッグの製作を2単位時間で行うこととした。「学習活動の見通しをもつことが苦手な生徒」，「安全に用具等を使用することが難しい生徒」に対して，どのような指導の手立てや工夫が考えられるか。次の事項を踏まえ，具体的に記せ。

◇本時の主な学習活動
　1　学習課題の確認
　2　製作
　3　学習の振り返り
◇その他
・本時の学習を踏まえ，次時では生活を豊かにするための布を用いた物の製作計画を考える学習を行うものとする。
・2単位時間で全員がエコバッグを完成させることができるよう，布端の始末が不要である手ぬぐいを使用する。

(☆☆☆☆◎◎◎◎)

【5】地域の食文化と地域の食材を用いた和食の調理について，次の設問に答えよ。

問1　和食の基本と言われる一汁三菜について，授業で説明したい。次の事項を踏まえ，生徒に提示する配膳図及び説明文を記せ。

・一汁三菜の献立例を「米飯，すまし汁，煮魚，白和え，漬けもの」とし，配膳図を記すこと。ただし，箸については向きが分かるように示すこと。
・配膳図の横に，一汁三菜についての説明を記すこと。

問2　秋田県農林水産部園芸振興課策定の「『あきた伝統野菜』振興指針(令和3年11月)」において，「あきた伝統野菜」を次のように定義している。(ア)~(ウ)に当てはまる適切な語句や数字を記せ。

「あきた伝統野菜」は，次の3つの事項を満たす品目としている。 ① 昭和(ア)年代以前から秋田県内で栽培されていたもの。 ② (イ)がついているなど，秋田県に由来しているもの。 ③ 現在でも(ウ)があり，生産物が手に入るもの。

問3 秋田県では，39品目を「あきた伝統野菜」に選定している。①~③の伝統野菜の「収穫時期」と「栽培地」について，【 】内から最も適するものを選択し，それぞれ記号で記せ。

① じゅんさい ② てんこ小豆 ③ ちょろぎ

【 収穫時期：ア 8~10月 イ 6~7月 ウ 10~11月 】

【 栽培地 ：A 三種町 B 湯沢市 C 県内全域 】

問4 「地域の食文化について理解することができる」をねらいとした1単位時間の授業を構想することとした。次の事項を踏まえ，考えられる学習活動と指導の手立てを記せ。

・対象学年を中学校第2学年，実施時期を10月とする。 ・次時からは「地域の食材を用いた和食の調理」について学習することとする。 ・「学習課題」を設定すること。 ・「学習活動」と「指導の手立て」は対応させて記すこと。 ・指導する内容が分かるよう具体的に記すこと。

学習課題	
学習活動	指導の手立て

(☆☆☆☆◎◎◎◎)

【6】「A　家族・家庭生活」の(2)「幼児の生活と家族」のア(ア)(イ)及びイと，(1)「自分の成長と家族・家庭生活」との関連を図った題材を次のように構想した。以下の設問に答えよ。

◇題材名　幼児とのよりよい関わり方を考えよう
◇題材の目標
(1)　自分の成長と家族や家庭生活との関わり，家族・家庭の基本的な機能，幼児の発達と生活の特徴，子供が育つ環境としての家族の役割，幼児にとっての遊びの意義や幼児との関わり方について理解する。
(2)　幼児との関わり方について　問題を見いだして課題を設定

し，解決策を構想し，実践を評価・改善し，考察したことを論理的に表現するなどして課題を解決する力を身に付ける。

(3) 家族や地域の人々と協働し，よりよい生活の実現に向けて，幼児の生活と家族について，課題の解決に主体的に取り組んだり，振り返って改善したりして，生活を工夫し創造し，実践しようとする。

◇対象学年　中学校第2学年

◇本題材を構成する小題材と時数

(1) 幼児との関わりを考えよう
……2時間

(2) 幼児の発達や生活の特徴と家族の役割について考えよう
……4時間

(3) 幼児との触れ合い体験をしよう
……7時間

① 遊びの意義や幼児との関わり方について考えよう(1時間)

② 触れ合い体験の計画～幼児との関わり方の計画を工夫しよう～(2時間)

③ 触れ合い体験～幼児との関わり方を工夫しよう～(2時間)

④ 実践を発表し，報告書にまとめよう(1時間)

⑤ 幼児とのよりよい関わり方について考えよう(1時間)

問1 幼児にとっての遊びの「意義」について，説明せよ。

問2 小題材「(3)幼児との触れ合い体験をしよう」の「②触れ合い体験の計画～幼児との関わり方の計画を工夫しよう～(2時間)」について，次の事項を踏まえ，学習指導案を作成せよ。

◇前時について

「幼児にとっての遊びの意義や幼児との関わり方について理解することができる。」をねらいとした学習を行っている。

◇本時のねらい

「触れ合い体験での幼児との関わり方について計画を工夫す

ることができる。」
◇触れ合い体験について
・4人程度のグループで活動する。
・前時で，各グループで担当する対象児の年齢を決めている。
◇学習指導案作成上の留意点
・学習課題を明記すること。
・評価規準は□，評価方法は(　　)で明記すること。
・ICTを活用する場面を設定し，それが分かるよう「主な学習活動」又は「指導の手立て」の欄に具体的に記入し，その部分に下線を引くこと。

(☆☆☆☆◎◎◎◎)

【高等学校】

【1】次の文は，「高等学校学習指導要領解説家庭編(平成30年7月文部科学省)　第1部　第3章　各科目にわたる指導計画の作成と内容の取扱い　2　内容の取扱いに当たっての配慮事項」から抜粋したものである。以下の設問に答えよ。

2　内容の取扱いに当たっては，次の事項に配慮するものとする。
(1)　A生徒が自分の生活に結び付けて学習できるよう，問題を見いだし課題を設定し解決する学習を充実すること。
(2)　B子供や高齢者など様々な人々と触れ合い，他者と関わる力を高める活動，衣食住などの生活における様々な事象を言葉や概念などを用いて(　ア　)する活動，判断が必要な場面を設けて理由や根拠を(　イ　)したり適切な解決方法を(　ウ　)したりする活動などを充実すること。
(3)　食に関する指導については，家庭科の特質を生かして，(　エ　)の充実を図ること。
(4)　各科目の指導に当たっては，Cコンピュータや情報通信ネットワークなどの活用を図り，学習の効果を高めるようにすること。

問1　下線部Aに当たって，教師が配慮すべき事項を記せ。

問2　文中の(　ア　)～(　エ　)に当てはまる語句を記せ。

問3　下線部Bについて，科目「家庭総合」　内容「A　人の一生と家族・家庭及び福祉」　(3)子供との関わりと保育・福祉　で扱う「子供」について，次の文中の空欄に当てはまる語句を記せ。

> 内容のAの(3)については，(　①　)から(　②　)までの子供を中心に扱い，子供の発達を支える親の役割や子育てを支援する環境に重点を置くこと。

問4　下線部Cについて，家庭科では，特にどのような場面で活用することが求められているかを記せ。

(☆☆☆☆◎◎◎◎)

【2】「高等学校学習指導要領(平成30年3月告示)第3章　第5節　家庭　第2　課題研究」について，次の設問に答えよ。

問1　次は，科目「課題研究」の指導項目を示している。空欄に当てはまる語句を記せ。

(1)　(　①　)，研究，実験

(2)　作品製作

(3)　(　②　)等における実習

(4)　職業資格の取得

(5)　(　③　)

問2　科目「課題研究」の標準単位数を記せ。

問3　問1の(2)作品製作における「被服製作」と，科目「家庭総合」における「被服製作」の違いについて記せ。

問4　内容を取り扱う際の配慮事項を二点記せ。

(☆☆☆☆◎◎◎)

【3】食に関する，次の設問に答えよ。

問1 「緑黄色野菜」の定義を記せ。

問2 調理実習について，次の条件を踏まえ，(1)～(6)に答えよ。

[科目名]	家庭総合
[対象生徒]	高等学校　普通科　第2学年　40名 (内　聴覚障害のある生徒が1名)
[授業時間]	50分
[単元名]	目的に応じた調理
[小単元名]	けんちん汁の調理(本時3/5)
[使用教室]	調理実習室
[グループ編成]	5人×8班
[使用材料(1人分)]	

さといも　20g	大根　10g	にんじん　10g
ねぎ　10g	こんにゃく　30g	木綿豆腐　50g
油　適量	だし汁　150mL	塩・しょうゆ

(1) 塩：しょうゆを1：1の割合で味付けする場合，一人分のしょうゆの分量を記せ。ただし，一人分の汁量は150mL，塩分濃度は0.8%とする。なお，しょうゆの塩分含有量は16%とし，答えは小数点第2位を四捨五入し，記せ。

(2) 教師がこの実習の材料を購入する際，大根は何g準備する必要があるか。ただし廃棄率は10%とする。答えは小数点第1位を四捨五入し，整数で記せ。

(3) かつお節を用いた一番だしのとり方を，順を追って記せ。

(4) さといものぬめりの主成分は何か，また，体内で期待できる効果を記せ。

(5) 聴覚障害のある生徒に対し，調理実習ではどのような配慮を行う必要があるかを記せ。

(6) 本単元において，次の①～③の観点から学ぶことができる事項をそれぞれ具体的に記せ。

① 食品の調理上の性質

② 食品衛生及び目的に応じた調理

③ おいしさの構成要素

問3 授業中に生徒から次のような質問があった。質問に対する回答を記せ。

(1) ゆで卵の殻がむきにくく，白身が剝がれてしまった。どうしたらきれいに殻がむけるか。

(2) たけのこの水煮に付いている，白い結晶のようなものは何か。

(☆☆☆◎◎◎◎)

【4】次の(1)～(4)の用語を説明せよ。

(1) ゲノム編集食品

(2) 地域包括ケアシステム

(3) フェアトレード

(4) 消費者市民社会

(☆☆☆☆◎◎◎◎)

【5】次の設問に答えよ。

問1 科目「家庭基礎」 内容「B 衣食住の生活の自立と設計」 (3) 住生活と住環境 において，図1に示す物件情報を用いた授業を行うこととする。(1)，(2)に答えよ。

(1) 一人暮らしに係る費用について授業を行う際，図1の何に着目させ，どのようなことを考えさせるかを記せ。

図Ⅰ

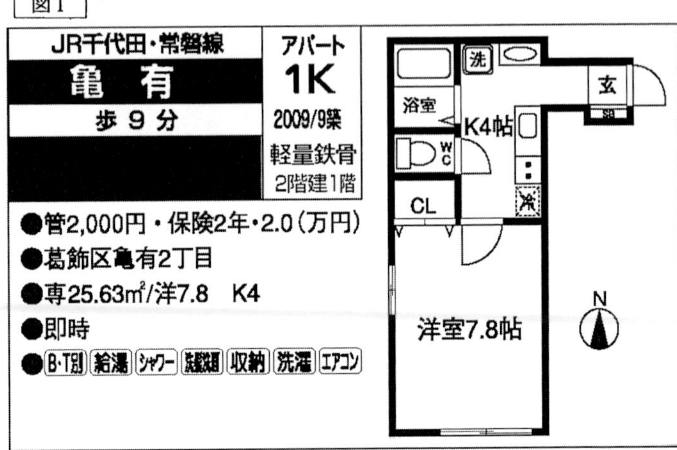

＜知るぽると　金融広報中央委員会　これであなたもひとり立ち　自立のためのWORKBOOKより引用＞

(2)　物件を選ぶ際には，間取り図だけで判断せず，内見を行うことも必要であることを生徒に伝えたい。内見で確認すべき事項を五つ記せ。

問2　科目「家庭基礎」　内容「C　持続可能な消費生活・環境」　(2)消費行動と意思決定　において，消費者問題について扱うこととする。次の文を読み，(1)，(2)に答えよ。

ある日，Kさんの自宅にダイエット食品(サプリメント)が届いた。Kさんに注文した覚えはなかったが，封を開けてしまった。その後，発送元の事業者から連絡があり，「ご注文いただいた商品を送付しました」と言われた。Kさんは「注文していない」と答えたが，「封を開けたのであれば，代金の支払義務はある」と言われた。

(1)　この事例に該当する商法名を記せ。

(2)　この事例への対処方法を答えよ。また，その根拠となる法律名を記せ。

問3　科目「家庭基礎」　内容「C　持続可能な消費生活・環境」で，次の内容を学習することとする。(1)～(3)に答えよ。

(1)　会社員の給与明細について，会社からの支給額と実際に受け取る額に差が生じる理由を記せ。

(2)　保険について，私的に加入する保険と社会保険の相違点を記せ。

(3)　クレジットカードの使用について，「分割払い」との違いが分かるように，「リボルビング払い」のメリット，デメリットをそれぞれ記せ。

問4　科目「家庭基礎」　内容「A　人の一生と家族・家庭及び福祉」(1)生涯の生活設計　において，ライフプラン(生涯の生活設計)を家計資産のマネジメントの視点から見直すこととする。(1)，(2)に答えよ。

(1)　人生の三大支出を記せ。

(2)　多様な金融商品を分析する際の三つの視点を記せ。

(☆☆☆☆◎◎◎◎)

【6】次の文は，「繰り回しの知恵」について説明したものである。以下の設問に答えよ。

> 布が手織りで生産されていた江戸時代，繊維製品はたいへん貴重なものだったため，被服の有効利用のためのいろいろな工夫が為され，まさに循環型社会が成立していた。庶民は，まずその家の主人のきものを古着で買い，それが古くなると子ども用に仕立て直して着せ，またそれが古くなって柔らかくなるとおしめに使い，そしてそれも古くなると雑巾にして使った。使い切った布は燃やして灰にし，その灰は洗剤や染料の色止め，綿花栽培の肥料として再利用された。

問1　江戸時代に衣類の循環が円滑におこなわれていた理由を二つ記せ。

問2　「エシカル(ethical)ファッション」の意味を説明せよ。

問3　科目「家庭総合」　内容「B　衣食住の生活の科学と文化」(2)衣生活の科学と文化　において,「着物の繰り回し」に関する体験的な学びを取り入れたい。学習のねらいと,考えられる学習活動を記せ。

(☆☆☆☆◎◎◎◎)

解答・解説

【中学校】

【1】問1　①　内容の系統性　　②　資質・能力　　問2　(解答例)　空間軸…主に家庭と地域　　時間軸…これからの生活を展望した現在の生活

〈解説〉問1　①　小・中・高等学校の各内容の接続が見えるように小・中学校においては「家族・家庭生活」「衣食住の生活」「消費生活・環境」に関する三つの枠組に整理する。　②　生活の中から問題を見出し,課題を設定し,解決方法を検討し,「計画,実践,評価・改善する」という一連の学習過程を重視し,この過程を踏まえて「知識・技能」「思考力,判断力,表現力等」の育成に努める。　問2　空間軸の視点は「家庭,地域,社会」の空間的な広がりを,時間軸の視点では,「これまでの生活,現在の生活,これからの生活,生涯を見通した生活」という時間的な広がりから学習対象をとらえて指導内容を整理する。

【2】(解答例)　平成22年告示の学習指導要領の4観点評価は「知識・理解」「技能」「思考・判断・表現」「関心・意欲・態度」である。平成29年告示の学習指導要領では「知識・技能」「思考・判断・表現」「主体的に学習に取り組む態度」の3項目である。目標の3項目のうち,(3)

「学びに向かう力，人間性等」に関する目標についての評価である。ねらいに対して解決に対して主体的に取り組んだり，振り返って改善したり，工夫して生活で実践しようとしているかどうかを評価する。

〈解説〉評価の基本方針として「児童生徒の学習改善につながるものにしていくこと」「教師の指導改善につながるものにしていくこと」が示され，指導と評価の一体化は重要である。学習指導要領の目標の(3)「学びに向かう力，人間性」の評価である「主体的に学習に取り組む態度」は，「～について，課題の解決に主体的に取り組もうとしている」「～について，問題解決に向けた一連の活動を振り返って改善しようとしている」「～について生活を工夫し創造し，実践しようとしている」などと評価する。

【3】問1　(解答例)　該当の生徒に関する「生活管理指導表」から，詳細な情報を把握する。実習の使用材料にアレルゲン物質があれば，除去あるいは代替食品に変更するなど工夫する。アレルギーに該当する生徒がいる場合には，他の生徒の理解も必要である。今までは食物アレルギー症状がなくても発症する場合もあるので，アレルギー症状を起こした場合の対処法を頭に入れて実習に取り組むことが必要である。　問2　くるみ，小麦，そば，乳，落花生(ピーナッツ)

〈解説〉問1　小麦粉の代わりに米粉，牛乳の代わりに豆乳で代用するなど工夫する。そばアレルギーの生徒がいたら，そばをゆでる蒸気だけで反応を起こす場合もあり，重篤化しやすいので，実習内容を変える必要がある。かに，えびアレルギーについては，加工食品の材料として含まれていることも多いので，表示の確認をすること。　問2　令和5(2023)年3月，食物アレルギーの義務表示対象品目に「くるみ」が追加され，品目数は8品目となった。表示推奨品目についても確認しておくこと。

【4】問1　(解答例)　小・中学校共に「生活を豊かにするための布を用いた製作」を扱うが，小学校では，製作における基礎的・基本的な知識・技能を習得させ，生活を豊かにしようとする態度の育成につなげ

る。中学校では，資源や環境に配慮した材料を使うことや，リメイクなどでの製作を考えさせる。　　問2　(解答例)　完成までの見通しをイメージしやすいように，1単位ごとの授業のねらいを，黒板に記入又はマグネットで貼って提示する。製作する，聞く，書く時間にメリハリをつけ，今すべき作業を明確化する。安全な用具の管理の徹底について，製作に使用する自分の針，はさみ，糸などの数を製作前に記入させ，授業終了時には数の確認をする。学校共通のアイロン，アイロン台，裁ち切りばさみなども，始業時と終了時に数の把握を徹底させる。ミシンについては縫う前に糸や針の調整をし，試し縫いをしてから使うなど，毎回繰り返して習慣化させる。

〈解説〉問1　小学校では製作に必要な手縫いやミシン縫いによる目的に応じた縫い方及び用具の安全な取扱いなどを理解し，身につけた基礎的基本的技能を活用して，健康・快適・安全の視点から生活を豊かにするための布を用いた製作を扱う。課題設定については同じ課題設定をしたもの同士でグループ編成をし，検討し合うことなどが考えられる。中学校では着用しなくなった服を再利用した製作，ワイシャツやブラウスの生地を生かしてバッグや巾着を作る，Tシャツの気に入っている柄部分を生かしてバッグの飾りにする，ジーパンからペンシルケースを作る，ポロシャツの身頃部分からクッションを作るなどが考えられる。資源や環境に配慮することに関して，コンピュータなどの情報手段を活用して，日本での衣服製品の輸出入の実態，リユース率，アップサイクルを含めた商品化の動き，布を無駄なく使う方法などについて，自分に適した課題を見出す。製作の評価・改善については，計画通りできたかを振り返って評価し，実践発表会などを通して生徒同士で情報を共有し合い，改善方法について考えることができるようにする。　　問2　小・中学校学習指導要領解説　総則編の中には，各教科等の指導に当たっては，児童・生徒が学習の見通しを立てたり，学習したことを振り返ったりする活動を計画的に取り入れるようにすると示されている。「見通し・振り返り」は「子供たちの学習意欲の向上」「学習内容の確実な定着や思考力・判断力・表現力等の育成」

の観点からも有効である。見通し(授業のねらい)を明示することは，今日の授業で何を考えればいいのかがはっきり分かる，今日の授業のポイントが初めに分かると，どういう点に注意して授業に臨めばいいかが分かるなどプラスに働く。また振り返りをすることによって，自分の中で学んだことを整理し，理解を深められる，次の時間へのつながりがスムーズになるなどの効果が期待される。製作実習について，安全管理は生徒，指導者共に重要である。

【5】問1

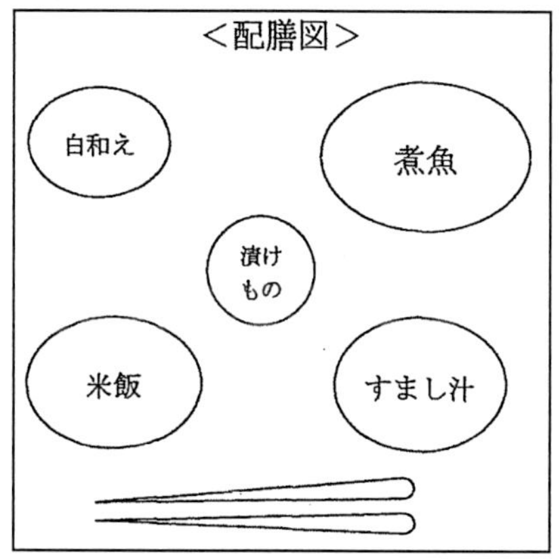

一汁三菜の説明…(解答略)　主食(米飯)と汁物は手前に置く。左が主食で右が汁物である。箸は太い方をきき手側にして手前に置く。主菜は「右奥」，副菜は「左奥」である。この場合の主菜は煮魚，副菜は白和えである。間に漬けものを置く。一汁三菜は和食の基本で栄養バランスが高い。昭和50年代の日本では米飯を主食として主菜と副菜を組み合せ，適度に牛乳・乳製品と果物を食べていた。このような食事スタイルを「日本型食生活」といいPFCバランスも理想的である。　問2　ア　30　イ　地名や人名　ウ　種子や苗　問3　(収穫時期，栽培地の順)
①　イ，A　②　ア，C　③　ウ，B
問4　(解答例)

<table>
<tr><td>学習課題</td><td>あきた伝統野菜「てんこ小豆」の特徴を知り，赤飯の調理法を理解する</td></tr>
<tr><td>学習活動</td><td>指導の手立て(★)</td></tr>
<tr><td>1．導入　あきた伝統野菜のいろいろ
「あきた伝統野菜」は3つの事項を満たす品目であることを理解する

2．本時の課題</td><td>○生徒に個人用タブレットをもたせ，情報通信ネットワーク活用して授業を進める。
★秋田県伝統野菜の定義を理解させるようにする。自分の住んでいる地域の伝統野菜を認識させるようにする</td></tr>
<tr><td colspan="2">あきた伝統野菜：てんこ小豆の特徴を知り，赤飯の調理法を理解する。</td></tr>
<tr><td>(1)伝統野菜：てんこ小豆を理解する
色・形・大きさ等の比較
赤飯にした時の形の変化</td><td>★てんこ小豆は小豆類の1つの種類であることを理解させ，他の小豆　ささげと比較させ，相違点を見出せるようにする。
★生(乾物)の状態と赤飯にした状態で比較し，出来上がりの違いを表現できるようにする。</td></tr>
<tr><td>(2)てんこ小豆の赤飯の作り方を知る</td><td>★秋田県のてんこ小豆の赤飯が砂糖を加えて調理することを理解させるようにする
★他の地域(関東地方ささげ赤飯，北海道・青森・長野県の甘納豆赤飯，新潟中越地方のしょうゆ赤飯，福井の里芋赤飯などを示しながら地域による赤飯の違いが認識できるようにする。</td></tr>
<tr><td>3．本時のまとめ
4．次回の予告
地域の食材を生かした和食の調理実習のプリント配布</td><td>★　各班で，実習作業がスムーズに行くよう考えさせる。</td></tr>
</table>

〈解説〉問1　一汁一菜だけでなく，本膳料理の配置についても確認しておくこと。　問2　秋田県伝統野菜には，地名や人名の他，形状や栽培方法を冠した野菜もある。地名が付いている伝統野菜には，仁井田大根，秋田さしびろ，仁井田菜(青菜)，秋田ふきなどがある。　問3　①　水生植物で，白神山地の麓に広がる三種町が産地。生産量日本一である。

② てんこ小豆は一般的な小豆より色がよく出ることや，皮がしっかりとしていて割れにくいのが特徴である。秋田の赤飯は砂糖少量を加えて炊く。 ③ 漢字では長老喜と書く。収穫は11月末。秋田では漬物にすることが多い。梅しそ漬け，味噌漬け，酒粕漬けなど多数ある。お正月の黒豆に添えられる。 問4 あきた伝統野菜のうち，てんこ小豆は県内全域で栽培され，地域性の高い他の伝統野菜と異なり，認識しやすい教材であることや，お正月を初めとして，祝いの席に食する習慣があることから，身近に感じやすく，生徒の学習意欲を引き出すことにつながる。次回の「地域の食材を用いた和食の調理」の導入としても適している。

【6】問1 (解答例) 遊びは生活そのもので，身体の発達や運動機能，言語，認知，情緒，社会性等の発達を促す。幼児は友達と遊ぶことで，その後の生活の基盤となる社会性を身につけていく。

問2　(解答例)

分	主な学習活動	・指導の手立て　評価規準　(評価方法)
3	1　本時の学習課題を確認する。	<一斉授業>
	幼児の年齢や発達段階に合わせてよりよい関わり方を工夫しよう	
10	2　保育園の１日の流れを確認し，訪問時間・活動時間を確認する	<グループごとの授業> ※DVD，情報通信ネットワークの活用
37	3　保育園訪問の計画書を作成する (1)　年齢・発達段階に合わせて触れ合い方や遊びの内容を考える。 (2)　晴れた日と雨の日の活動内容と活動場所を考える ・活動内容 (ふれあい，おもちゃ，絵本，固定遊具) ・活動場所 (各教室，ベランダ，ホール，園庭)	○天候に合わせ，２通りの触れ合いの方法を考えさせる。 技(多様な場面での幼児の様子を予想し，対処ができる。) 技(幼児との触れ合いに関心を持ち，接し方を考えた計画書を作成することができる) ※触れ合い方が思い浮かばない生徒に対して，保育園にあるおもちゃと遊びの様子の動画を参考にさせる。
40	(3)各グループの報告，活動場所の重複があれば修正する	思考力活動場所の重なり調整することができる。
10	4　本時のまとめをし，次時の予定を聞く ・訪問時の服装確認 ・持っていくもの ・当日までの準備 ・観察シートの記入方法	知年齢に適した絵本の選択ができる。※絵本の選択にはコンピュータを活用し，情報収集する。 主体的　・絵本の読み聞かせの練習や幼児の言葉かけの練習ができる

〈解説〉問1　年齢と発達により遊びの種類が変わる。遊びの種類と段階をよく学習しておくこと。ピアジェやバーテンらの分類を遊びの観点によって理解しておきたい。　問2　学習指導要領では，幼児と触れ

合うなどの活動を通して，幼児への関心を深め，関わり方を工夫できることと示されている。触れ合い体験後は，保育体験学習の様子をまとめ，理解が深まったことや考えたことを報告したりすることを通して評価しあい，どのように改善したらよいかを考える。触れ合い体験及び，実践の報告を通じて，年齢に適した絵本の選択，年齢によって異なる言葉，語彙量，幼児のけんかやいざこざへの対応をどうするか，同じ年齢でも個人差があるなどの課題を再発見し，対処したり改善したりすることができる。

【高等学校】

【1】問1 (解答例) 生徒が生活に目を向けて課題意識を持ち，実生活へ活用できるような学習にする必要がある。生徒一人一人の家族構成や実態を把握しプライバシー等に十分に配慮することが重要である。
問2 ア 考察 イ 論述 ウ 探究 エ 食育
問3 ① 乳幼児期 ② 小学校の低学年 問4 (解答例) 生活の課題発見の場面において，体験的な学習が困難な場合でも，動画視聴やインターネット等を活用することにより，生徒が学習対象について具体的にイメージをもつことができ，どのような課題があるのかを認識させることができる。体験的な学習が困難な場合でも，動画視聴やインターネット等の活用により，具体的にイメージをもつことができる。コンピュータを使用してデータを整理する。インターネット等を活用して情報を収集する，ウェブ会議システムなどを通じて討論することで他者からの意見も踏まえて，計画を評価・改善するなどがある。

〈解説〉問1 同資料には，「生徒が，常に各自の生活に目を向けて，課題意識をもち，実生活への活用を図ることができるように問題解決的な学習の充実に一層努める必要がある。そのためには，各科目の学習を生かして，生徒が各自の家庭生活や地域の生活と結び付けて生活上の問題を見いだして，解決方法を考え，計画を立てて実践できるようにし，問題発見・解決能力の育成を図ることが重要である。なお，生徒が自分の生活に結び付けて学習する際には，教師は，多様な家族構成や家庭状況があることを踏まえ，一人一人の生徒の実態を把握しプライバシー等に十分に配慮をすることが重要である。指導に当たっては，内容AからCまでの学習と『D　ホームプロジェクトと学校家庭クラブ活動』との関連を図り，学習効果を上げるようにするとともに，計画的，系統的に取り扱うよう，指導計画に位置付けることが必要である。」としている。　問2　(2)の項目について語句の穴埋め記述式の問題である。ここでは内容の取扱いに当たっての配慮事項の4つから出題されているが，他にも指導計画作成上の配慮事項7つと，実験・実習に関する配慮事項が1つ示されているのでこれらも確認しておくこと。問3　家庭基礎では，乳幼児期の心身の発達とそれを支える生活，子供が育つ環境，子育て支援，乳幼児との関わり方などについて基礎的な知識や技能を身に付け，子供を生み育てることの意義，親や家族及び地域や社会の役割の重要性について考察することができるようにすることをねらいとしている。家庭総合との違いを整理しておくこと。問4　今回の改訂では，情報活用能力を，言語能力と同様に「学習の基盤となる資質・能力」と位置付けている。一人一台の環境があれば，誰もが自分の端末で資料を見られるので，自分に合ったペースで学習を進めたり，理解を深めたりすることが可能となる。一人一台の端末を使って個々に作成した資料をクラス全体で同時に閲覧し，自己と他者の考え方の差異や共通性を確認し合う「他者との相互作用」により，学びを深めることができる

【2】問1　①　調査　　②　産業現場　　③　学校家庭クラブ活動
問2　2～4単位程度　　問3　(解答例)「家庭総合」における被服製作では衣生活の自立に必要な技能を身に付けることが目標である。そこで学習した知識と技術を活用するとともに，さらに発展させて高度な技術に挑戦する。生活産業に関する課題を発見するために，使う人の状況に応じた工夫をしたり，製作した作品を販売したりすることも視野に入れて製作する。企画から原価計算，マーケットリサーチを行う

などする。　問4　(解答例)　・生徒の興味・関心，進路希望などに応じて指導項目の中から，個人またはグループで生活産業に関する適切な課題を設定し，主体的・協働的に取り組む学習活動を通して，課題の解決に取り組む。　・課題研究の成果について発表する機会を設ける。

〈解説〉問1　主として専門学科において開設される教科「家庭」の科目である。指導項目のうち2項目以上にまたがるものを設定することができる。　問2　単位数はすべての科目について確認しておくこと。問3　高等学校学習指導要領解説には「被服製作や手芸などの作品製作とファッションショー，テーマに基づいた料理づくり，パンやケーキづくりと販売，食のトータルコーディネート，絵本や遊具づくりなどが考えられる。また，デザインをもとにドレスを製作する場合にも，表現したい形をどのような技法で行えばよいかなどの試行錯誤や素材そのものの工夫などが重要である。作品製作に当たっては，あらかじめ(1)調査・研究・実験を行ったり，(3)産業現場等における実習の中で作品製作を行ったり，技術検定等のように，作品製作を通して(4)職業資格の取得を目指したり，製作した作品を(5)学校家庭クラブ活動に活用したりするなど，2項目以上にまたがる課題を設定し，効果的な学習とすることも考えられる。」と示されている。　問4　高等学校学習指導要領に内容を取り扱う際の配慮事項が示されており，解説で具体的に説明されているので確認しておくこと。

【3】問1　(解答例)　原則として可食部100g当たりカロテン含有量が600μg以上のもの，あわせてトマト，ピーマンなど一部の野菜についてはカロテン含有量が600μg未満であるが摂取量及び頻度等を勘案の上，栄養指導上緑黄色野菜とする。　問2　(1)　3.8g　(2)　444g　(3)　(解答例)　鍋に水を入れ，沸騰したら火を止める。かつお節を入れて，1～2分間おき，ざるにキッチンペーパー(または布)をしいて，かつお節をゆっくりこす。　(4)　(解答例)　さといものぬめりはガラクタンという糖質とたんぱく質が結合したもので，血圧を下げ血中のコレ

ステロールを取り除く効果がある。また，ムチンも含まれており，体内に入るとグルクロン酸という成分に変わり，胃や腸壁の潰瘍予防になる。　(5)　(解答例)　段階的に手順を写真やイラストで提示する。安全への配慮を徹底するために，実習中の約束事を決め，随時生徒が視覚的に確認できるようにする。グループで実習することが難しい場合は，他の生徒と協力する具体的な内容を明確にして役割分担し，役割が実行できたかを振り返ることができるようにする。　(6)　(解答例)　①　さといもにはぬめりがあること，かゆみがでること(こんにゃくのあく抜き)　②　調理作業におけるぬめりの除去法(こんにゃくのあく抜きの仕方)　③　かつお節によるだしの取り方とうま味成分について(塩・しょうゆの塩分濃度による使用量の計算)　問3　(1)　(解答例)　卵のカーブの緩やかな方に気室があるので，小さな穴をあけておくと炭酸ガスが抜けて皮がむけやすくなる。　(2)　(解答例)　アミノ酸の一種のチロシンが結晶化したもので，食べても害はない。

〈解説〉問1　緑黄色野菜は，にんじん，ほうれん草，かぼちゃ，小松菜，春菊，チンゲン菜，にらなどが該当する。カロテン600μg未満であっても緑黄色野菜とみなす食品には，トマト，青ピーマン，グリーンアスパラガス，ししとうなどがある。　問2　(1)　150×0.008＝1.2g。塩としょうゆが1：1なので，しょうゆの塩分量0.6g。しょうゆの塩分含有量は16％なので，$0.6\times\frac{100}{16}=3.75$gで小数点第2位を四捨五入して3.8gである。　(2)　必要量＝純使用量÷可食部率(1－廃棄率)で求められる。400÷0.9＝444.44…で444gである。　(3)　かつお節を入れた後，煮込むと「えぐみ」が出る。2番だしは，一番だしをとったあとのかつお節(だしがら)と水(1番だしに使用した$\frac{1}{2}$量)を入れて火にかけ，沸騰したら弱火にして3～5分間煮出して火を止める。煮物や炊き込みご飯などに利用する。かつお節のうま味成分はイノシン酸である。かつお節，昆布，椎茸など，和風だしの取り方はそれぞれ記述できるようにしておくこと。　(4)　さといもにはカリウムも含まれ，血圧を下げ，生活習慣病の予防につながる。さといものカリウムは，でんぷんに守られているため，熱にも強く調理における損失が少ない。さといものぬめりでかゆみを起こす成分はシュウ酸カルシウムである。酢を用いるとかゆみもなくなる。他のいも類についても栄養価と身体への効果を調べておきたい。 (5) 個々の生徒の困難さに応じた指導内容や指導方法を工夫することが大切。調理実習を行う際，学校側としては，個別の指導計画を作成し，必要な配慮を記載し，他の担当者にも引き継ぐことが必要である。 (6) さといもの皮むきにはぬめりのため，けがをすることも多いので注意する事。また，かゆくなる生徒への対応にも気を付ける。多くの根菜類には有害微生物の付着が考えられるので洗浄を丁寧に行う。まな板・包丁をはじめとして使用する調理器具の衛生的な取り扱いも重要である。火の通りにくい材料から炒めていき，豆腐を加えてはグラグラ加熱をしない。最初に塩で調味，最後にしょうゆで仕上げる。しょうゆを加えたら沸騰しすぎないようにすることもおいしさに影響する。 問3 (1) 温泉卵や半熟卵，ポーチドエッグの作り方も指導できるようにしておきたい。卵の特性についての問題も頻出なので必ず学習しておくこと。 (2) たけのこのえぐみ成分は，ホモゲンチジン酸とシュウ酸である。タケノコをゆでる時，ぬかを使うのは，ぬかの中のカルシウムが，えぐみ成分のシュウ酸と結合し，水の方に移行するためである。皮ごとゆでるのは，皮に含まれる亜硫酸塩が繊維を軟化する作用を持っているためである。

【4】(1) (解答例) ゲノム編集は，植物の遺伝子の中にある特定の場所のみに直接働きかける。ゲノム(遺伝子又は染色体の意味)の配列の1塩基を変えることによって機能性を変える。 (2) (解答例) 高齢者などの尊厳の保持と自立生活の支援の目的のもとで，可能な限り住み慣れた地域で生活を継続することができるような包括的な支援・サービス提供体制のこと。 (3) (解答例) 発達途上国の原料や製品を公正な価格で継続的に購入することを通して，途上国の生産者や労働者の生活改善と自立をめざす貿易の仕組み。 (4) (解答例) 個々の消費者・生活者が，自らの消費行動を通して地球環境に与える影響を自覚して持続可能な社会の形成に積極的に参画する社会のこと。

〈解説〉(1)　ゲノム編集食品と遺伝子組み換え食品は両方とも遺伝子を操作して作られる食品だが全く違うものである。遺伝子組み換え食品は，外部から他の食品の遺伝子を入れるもので，ゲノム編集食品は自然界でも起こりうる可能性がある変異を意図的に作り出すことである。ゲノム編集食品の第1号のトマトは，遺伝子を操作して，アミノ酸の一種GABA(ギャバ)を一般的なトマトよりも多く含むようにしたトマトである。現在トマト，マダイ，トラフグの3品種の届け出がある。　(2)　住まい，医療，介護，予防，生活支援，の5つのサービスが地域内で提供される。詳細に学習しておきたい。　(3)　コーヒー，紅茶，チョコレートなどが認定されている。フェアトレード認証マークも確認しておきたい。　(4)　消費者教育の推進に関する法律の概要を確認しておきたい。エシカル消費の普及や食品ロス軽減などもSDGsの達成に貢献する施策である。

【5】問1　(解答例)　(1)　契約時に必要な金額(初期費用)がどれだけかかるのか，敷金と礼金の意味や管理費について理解させる。　(2)　(解答例)　・防犯上の注意点として，玄関の鍵が2重ロックになっているか。
・日当たり　・換気，通風　・各部屋の壁紙や床の傷
・水回り関する問題点のチェック　・上下左右の部屋からの生活音や壁の厚さ　・エアコン設置状況　から五つ　問2　(1)　ネガティブ・オプション(送り付け商法)　(2)　対処方法…支払い義務はなく，送られてきた物は処分してもよい。　法律名…特定商取引法
問3　(1)　(解答例)　実際に受け取る金額は，給与の総支給額から，税金＋社会保険料を差し引いたものである。　(2)　(解答例)　国民年金と厚生年金は義務として加入する公的年金制度である。私的に加入する保険は生涯設計のリスクに備えて個人の意思で加入するものである。　(3)　(解答例)　リボルビング払いは，大きな支出にも対応でき，毎月一定額の返済金額のため家計管理がしやすいことなどがメリットである。分割払いの場合は完済までの期間が分かるが，リボルビング払いは一定の金額を支払い続けるため，一つの買い物の返済が終わる

前に次の買い物をするなど，長期化しやすい。また手数料を多く支払うことになりやすいことなどがデメリットである。　問4　(1)　教育資金，住宅資金，老後資金　(2)　安全性(元本の保証度合い)，収益性(利回りの良さ)，流動性(現金化しやすさ)

〈解説〉問1　アパートを借りる場合は，防犯上の問題も含め，周辺環境の把握は大切である。チラシによる「歩9分」については，不動産の表示に関する公正競争規約で「1分＝80m」と定められている。実際に歩いてみたものとは異なるので，注意したい。　(2)　解答以外では，上下左右の部屋の住人がいる時間帯や夜の時間帯に内見して，地域住民の生活状況や夜間の道路の明るさ等が把握できるとよい。　問2　以前は，特定商取引法により基本的に「14日間」は商品を保管しておかなければいけなかったが，改正により，令和3(2021)年7月6日以降は，即日処分してもよいことになった。クーリング・オフ制度についても詳細に学習しておくこと。　問3　(1)　税金には住民税や所得税が含まれる。住民税は前年度の収入によって定められている。所得税は月の給与から年収を予想して所得税を算定し，年末調整で過不足が調節される。社会保険料には健康保険，介護保険，厚生年金，雇用保険などがある。家計の収支の項目について種類と内容を理解しておくこと。　(2)　私的な保険加入は，任意である。任意保険の種類と，金融商品の種類と内容について学習しておきたい。　(3)　解答参照。　問4　(1)　三大支出は記述できるようにしておくこと。ライフステージごとの家計の支出の割合のグラフなど確認しておきたい。　(2)　金融商品には，預貯金の他，民間保険や株式，債券，投資信託などがあるが，収益性，流動性，安全性の三つを同時に満たす商品はない。

【6】問1　(解答例)　・反物の幅は一定で，平面構成のため，作り直しがしやすい。　・手縫いのため，ほどきやすく，作り直しがしやすい。・古着屋など，布を再利用するための職業が存在した。から二つ　問2　(解答例)　素材の選定，生産，販売までのプロセスにおいて，環境や社会など倫理的に配慮したファッション。　問3　(解答例)　学習

のねらい…着なくなった浴衣を再利用することで，環境負荷の低い衣生活を現代に生かす。　考えられる学習活動…平面構成の特徴を考えさせる。和服の反物の幅の特徴を理解し，ほどいて何を製作するかグループで考察させる。一枚の浴衣の布の，身頃部分，袖部分，おくみ部分など各部分ごとに考え発表する。条件として，製作実習で，手縫いで3時間程度で仕上げられる製作物を考えること。グループごとに発表し，意見や評価を受ける。評価，改善を受けて製作物を決定させる。

〈解説〉問1　ものが充分になかった時代には，一人一人や各家庭，あるいは隣近所で，ものをとことん利用して生活する習慣がごく自然に身についていた。衣類に限らず，食生活においても野菜くずを出さずに現在では捨てられている皮部分までも加工して使い切ることをおこなっていた。　問2　エシカルファッションの具体的な取り組みとして，オーガニックコットンの利用や，リサイクル素材の使用，環境に良い素材を使用，ウール，アンゴラ，レザーといった動物由来の素材を使わない，生産する労働者の賃金，権利，労働環境を守っているなどがある。　問3　なんども使い古した浴衣地や日本手ぬぐいは生地が柔らかくなって，手縫いする場合は針を動かしやすいという利点がある。着用したときの肌触りもよいのは，他の生地にはない特徴である。また，日本手ぬぐいや和服地は，両端の布の始末をする必要がないので，製作時間の短縮になる。着用しなくなったからすぐに廃棄と考えず，リメイクして自分や家族が着用するなど，他に活用することを考える習慣ができれば，新しい衣類を購入する際に，本当に必要なのか，リメイクしやすい服なのか，何年も着用できる服なのか，買うのであればエシカルファッションの物を買うなど，衣生活における環境を考えた消費行動につながる。

2023年度　実施問題

【中学校】

【1】次の文は,「中学校学習指導要領解説　技術・家庭編(平成29年7月文部科学省)」より抜粋したものである。以下の設問に答えよ。

> 第2章　第3節　家庭分野の目標及び内容　1　家庭分野の目標
>
> 生活の営みに係る見方・考え方を働かせ, 衣食住などに関する実践的・体験的な活動を通して, よりよい生活の実現に向けて, 生活を工夫し創造する資質・能力を次のとおり育成することを目指す。―中略―
>
> 生活の営みに係る見方・考え方を働かせとは, 家庭分野が学習対象としている家族や家庭, 衣食住, 消費や環境などに係る生活事象を, (①), (②), (③), (④)等の視点で捉え, 生涯にわたって, 自立し共に生きる生活を創造できるよう, よりよい生活を営むために工夫することを示したものである。―略―

> 第3章　1　指導計画作成上の配慮事項
>
> (1)「主体的・対話的で深い学び」の実現に向けた授業改善
>
> この事項は, 技術・家庭科の指導計画の作成に当たり, 生徒の主体的・対話的で深い学びの実現を目指した授業改善を進めることとし, 技術・家庭科の特質に応じて, 効果的な学習が展開できるように配慮すべき内容を示したものである。―中略―
>
> 「深い学び」とは, 生徒が生活や社会の中から問題を見いだして(⑤)し, その解決に向けた解決策の検討, (⑥), (⑦), (⑧)といった一連の学習活動の中で, 生活の営みに係る見方・考え方や技術の見方・考え方を働かせながら課題の解決に向けて自分の考えを(⑨)したり, (⑩)したりして, 資質・能

力を獲得する学びである。―略―

問1　(　①　)～(　⑩　)に適する語句を記せ。

問2　家庭分野において，下線部が重視されている理由を記せ。

(☆☆☆☆◎◎◎◎◎)

【2】次の文は，「中学校学習指導要領解説　技術・家庭編(平成29年7月文部科学省)」の「第2章　第3節　家庭分野の目標及び内容　3　家庭分野の内容　B　衣食住の生活」から抜粋したものである。以下の設問に答えよ。

(6)　住居の機能と安全な住まい方 ア　次のような知識を身に付けること。 (ア)　＿＿①＿＿が分かり，住居の基本的な機能について理解すること。 (イ)　家庭内の事故の防ぎ方など＿＿②＿＿について理解すること。 イ　＿＿②＿＿について考え，工夫すること。

問1　下線部①，②に当てはまる語句を記せ。ただし，同一番号には同一の語句が入るものとする。

問2　次の①，②について説明せよ。

①　食寝分離　　②　就寝分離

問3　高齢者の家庭内事故の原因の一つである「ヒートショック」について，次の①，②に答えよ。

①「ヒートショック」について説明せよ。

②「ヒートショック」を予防する方法を記せ。

(☆☆☆◎◎◎◎)

【3】衣服の選択と着用に関してICTを活用した2時間扱いの授業を構想する。ICT活用の具体について，次の「本時のねらい」と「留意すべき事項」を踏まえて記せ。

◇本時のねらい

衣服と社会生活との関わり，目的に応じた着用，個性を生かす着用，衣服の適切な選択について理解するとともに，衣服の選択について考え，工夫することができる。

◇留意すべき事項

ICTを活用する「主な学習活動」の番号に◯を付け，「活用の目的」「どのように活用するか」「指導上の留意点」を記すこと。また，「指導上の留意点」について，ICTの活用に関する部分に下線を引くこと。

主な学習活動	活用の目的	どのように活用するか	指導上の留意点
1　衣服と社会生活との関わりについて考える。			
2　衣服の選択について課題を設定する。			
3　様々な行事や活動の際、どのように衣服を選ぶのかを考え、話し合う。			
4　遊園地に行く時にふさわしい服装について考え、発表する。			
5　組成表示や取扱い表示等、様様な表示について調べる。			

6　目的、デザイン、サイズ等を考慮しながら、遊園地に行く時にふさわしい衣服を選択する。			
7　選択した衣服についてペアで発表し、その後で自分の選択を見直す。			

(☆☆☆◎◎◎◎◎)

【4】消費生活について，次の設問に答えよ。

問1 「消費者の8つの権利と5つの責任」を提唱している組織の名称を記せ。

問2 「消費者の基本的な権利と責任」に関するペーパーテストにおいて，「消費者の5つの責任」に関する問題を，次の事項を踏まえて作成せよ。

> ・3分程度で解答できる内容と分量とすること。
> ・「知識・技能」を評価する問題であること。
> ・解答例を示すこと。

問3　消費者被害とその対応について，指導に当たって配慮すべきことを説明せよ。

(☆☆☆◎◎◎◎◎)

【5】次の文は,「中学校学習指導要領解説　技術・家庭編(平成29年7月文部科学省)」「第3章　1　指導計画作成上の配慮事項」より抜粋したものである。以下の設問に答えよ。

> (4)　題材の設定
> 技術・家庭科における題材とは,教科の目標及び各分野の目標の実現を目指して,各項目に示される指導内容を指導単位にまとめて組織したものである。したがって,題材の設定に当たっては,各項目及び各項目に示す事項との関連を見極め,相互に有機的な関連を図り,系統的及び総合的に学習が展開されるよう配慮することが重要である。—中略—
> また,生徒や学校,地域の実態等を十分考慮するとともに,次の観点に配慮して実践的・体験的な活動を中心とした題材を設定して計画を作成することが必要である。—略—

問1　下線部に関わって,配慮すべき観点を四つ記せ。

問2　「A　家族・家庭生活」の(3)「家族・家庭や地域との関わり」のア及びイとの関連を図った題材「家族・家庭や地域との関わり」を構想した。次の事項を踏まえて,題材の指導計画を作成せよ。

> ◇題材名　家族・家庭や地域との関わり
> ◇題材の目標
> (1)　家族の互いの立場や役割,家族関係をよりよくできること,家庭生活と地域との相互の関わり,高齢者など地域の人々と協働する必要があること,介護など高齢者との関わり方について理解する。
> (2)　家族関係をよりよくする方法及び高齢者など地域の人々と関わり,協働する方法について問題を見いだして課題を設定し,解決策を構想し,実践を評価・改善し,考察したことを論理的に表現するなどして課題を解決する力を身に付ける。

(3)　家族や地域の人々と協働し，よりよい生活の実現に向けて，家族・家庭や地域との関わりについて，課題解決に主体的に取り組んだり，振り返って改善したりして，生活を工夫し創造し，実践しようとする。

◇対象学年　中学校第1学年

◇考慮すべき事項

・本題材を構成する小題材と時数は次のとおりとする。

(1)　家族や地域の人々との関わりを考えよう…1時間

(2)　家族関係をよりよくする方法とは…………2時間

(3)　高齢者との関わり方を考えよう……………1時間

(4)　取り組もう，地域の人々との協働大作戦…2時間

・小題材「(1)　家族や地域の人々との関わりを考えよう」「(2)　家族関係をよりよくする方法とは」に当たる3時間分の指導計画を作成すること。

・「時間」「ねらい」「主な学習活動」「評価規準」「評価方法」を明示し，必要に応じて区切り線を入れること。ただし，「主体的に学習に取り組む態度」については，「家族や高齢者など地域の人々との関わりについて，課題の解決について主体的に取り組もうとしている。」をポートフォリオや行動観察で評価するものとする。

・題材の1時間目に，題材を貫く課題を記し，□で囲むこと。

時間	○ねらい ・主な学習活動	◎評価規準　［評価方法］		
		知識・技能	思考・判断・表現	主体的に学習に取り組む態度
				◎家族や高齢者など地域の人々との関わりについて、課題の解決について主体的に取り組もうとしている。 ［ポートフォリオ］ ［行動観察］

(☆☆☆☆◎◎◎◎◎)

解答・解説

【中学校】

【1】問1　①　協力・協働　②　健康・快適・安全　③　生活文化の継承・創造　④　持続可能な社会の構築　⑤　課題を設定　⑥　計画　⑦　実践　⑧　評価・改善　⑨　構想　⑩　表現
問2　(解答例)　理論のみの学習に終わるのでなく，調理，製作などの実習や観察，調査，実験などの活動を通して学習することにより，習得した知識・技能を生徒自らの生活に生かすことができる。そうして獲得した力が将来にわたって生活を工夫し創造する資質・能力の育成につながるから。

〈解説〉問1　家庭分野の目標についての解説部分と，指導計画の作成についての配慮事項の説明部分から文言の穴埋め記述式の問題である。A家族・家庭生活分野の視点は，協力・協働，B衣食住分野の視点は健康・快適・安全と生活文化の継承・創造，C消費生活・環境分野の視点は持続可能な社会の構築である。指導計画の作成について，同資料では，(1)「主体的・対話的で深い学び」の実現に向けた授業改善，(2)　3学年間を見通した全体的な指導計画，(3)　各分野の各項目に配当する授業時数及び各項目の履修学年，(4)　題材の設定，(5)　障害のある生徒などへの指導，(6)　道徳科などとの関連の6項目で解説されているので，出題された(1)以外も確認しておくこと。　問2　中学校学習指導要領解説の該当箇所を確認しておくこと。目標については，文言を覚えるだけでなく，解説で内容を理解しておきたい。

【2】問1　①　家族の生活と住空間との関わり　②　家族の安全を考えた住空間の整え方　問2　(解答例)　①　食べる場所と寝る場所を分離しようという考え方。第二次大戦後に，わが国の住宅平面計画の基本理念のひとつとなり，現在まで大きな影響を与えている。利点としては，衛生面の改善，家族内の生活時間帯のずれに対応した食事，就寝時間の確保，食卓が固定されることによる家事労働の軽減等が挙げ

られる。　②　親と子ども，異性の子ども同士の寝室をわけること。戦前は，家庭の中で個人の空間や時間が確保しにくかった。

問3　①　(解答例)　ヒートショックは急激な温度変化によって血圧が上下し，心臓や血管の疾患が起こることで高齢者に多い。　②　急激な温度変化は，風呂場やトイレで起こるケースが多く，予防するには，脱衣所を温め温度差を少なくする，入浴前は飲酒を控える，風呂温度を熱くしすぎない，トイレに暖房機器を置くなど。

〈解説〉問1　B　衣食住の生活の内容から語句の穴埋め記述式の問題である。ここでは(6)から出題されたが全部で7項目あるので，他の項目も確認しておくこと。　問2　第二次世界大戦後に普及したダイニングキッチン(DK)や，2DK，3DKなどの平面構成を，日本住宅公団が取り入れる際の理論的根拠になった。利点としては，衛生面の改善，家族内の生活時間帯のずれに対応した食事，就寝時間の確保，食卓が固定されることによる家事労働の軽減などが挙げられる。　問3　部屋の温度差をなくすことが大切である。ヒートショックに関する問題は頻出なので，詳細に学習しておくこと。

【3】(解答例)

	活用の目的	どのように活用するか	指導上の留意点
衣類と社会生活との関わりについて考える。	＜個性を表現する＞ 日曜日に友達とデパートに出かけるときの服。 生徒の個性を生かした好みの色やデザイン等，言語だけでは他者に伝わらない。タレントのファションを参考に表現したり，好みの色彩をパソコンで選択するなどの作業はICT活用に適している。	・事前学習として，自分の好みの衣服をカメラに収めたり，インターネット，雑誌等から画像を取り込み，保存する。 ・プレゼンテーションソフトにより作成した学習シートに保存した画像を切り取ったり，大きさを合わせたりするなど加工して，自分の顔写真と合わせ，コーディネートを完成させる。 ・プレゼンテーションする コーディネートのポイント，自分なりに工夫した点などを説明する。	・本や雑誌から撮影する際，著作権法第35条の運用指針に沿って，著作物の取扱いに十分留意するようにする。場合によっては著作物に関しての指導を行う。 ・プレゼンテーションをやることによって表現する力を育む。

〈解説〉TPOを考え個性も表現できる服装について，言語やワークシートで第3者に伝えることは難しい。ICT機器を活用し，画像や映像をデジタルカメラやビデオカメラで記録し，パソコンで映像を流しながら，発表することは情報を伝えやすい。衣生活分野については，本時だけでなく，被服製作や，和服の着装順序の説明場面などで，動画を見せながら授業を進めることができる。理解度を深めるだけでなく，生徒を集めて行う示範実技の時間も省け，時間短縮につながる。衣生活だけでなく，調理実習の調理の具体的な映像，日本各地の伝統的住まい，消費者被害の実態など，活用場面はたくさんあるだろう。

【４】問1　国際消費者機構(CI)

問2　(解答例)

問題　次の説明から該当する責任を答えなさい。

①　ブランド品があまりにも安く売られていたので，偽物ではないかと疑問に思った。

②　買った商品に何か問題があったときに，販売元に問題の改善を求めたり，消費生活センターなどに相談する。

③　トラブル防止のために，利用者同士で情報を共有するコミュニティを立ち上げることにした。

④　チョコレートを買うときには生産者の持続的な生活向上を支える仕組みの「フェアトレード」商品を選ぶように心がけている。

⑤　渋滞解消のため，自家用車でなく電車とバスを利用して外出することにした。

解答例

①　批判的意識を持つ責任

②　主張し，行動する責任

③　団結し連帯する責任

④　自分の消費行動が社会的弱者への配慮をする責任

⑤　環境への配慮をする責任

問3 (解答例) 消費者被害については，国民生活センターなどが公表している具体的な例をあげて，生徒にとって身近な事例を取り上げるように工夫する。実際に消費生活センターの相談員から話を聞いたり，対応の仕方についてロールプレイングを取り入れるなどして，具体的に考慮できるよう配慮する。

〈解説〉問1 国際消費者機構の提唱した，8つの権利と，5つの責務は覚えること。 問2 条件をよく確認し，問題の内容と目的がずれないように気をつけること。 問3 中学校学習指導要領解説では「また，消費者被害とその対応については，国民生活センターが公表しているデータなどを活用したり，消費生活センターなどの各種相談機関と連携したりして，中学生の身近な消費行動と関連を図った事例を取り上げるよう配慮する。例えば，いわゆる悪質商法が，なぜ悪質なのかを売買契約の仕組みを踏まえて考えたり，地域の消費生活センターの相談員から中学生が巻き込まれやすい消費者被害について話を聞いたり，対応の仕方についてロールプレイングをしたりする活動などが考えられる。選択に必要な情報の収集・整理については，(ア)における購入方法や支払い方法の学習と関連させて扱うよう配慮する。例えば，中学生にとって身近な商品などを取り上げ，情報の収集・整理や信頼性について話し合う活動などが考えられる。この学習では，社会科〔公民的分野〕「市場の働きと経済」の学習などとの関連を図るよう配慮する。」としている。

【5】問1 (解答例) ① 小学校における家庭科及び図画工作科等の関連する教科の指導内容や中学校の他教科等との関連を図るとともに，高等学校における学習を見据え，教科のねらいを十分達成できるよう基礎的・基本的な内容を押さえたもの。 ② 生徒の発達の段階に応じたもので，興味・関心を高めるとともに，生徒の主体的な学習活動や個性を生かすことができるもの。 ③ 生徒の身近な生活との関わりや社会とのつながりを重視したもので，自己の生活の向上とともに家庭や地域社会における実践に結び付けることができるもの。

④　持続可能な開発のための教育を推進する視点から，関係する教科等のそれぞれの特質を踏まえて連携を図ることができるもの。

問2　(解答例)

3．指導計画

	○ねらい　・主な学習活動	評価基準・方法		
		知識・技能	思考・判断・表現	主体的に学習に取り組む態度
導入 10分	○小学校までの自分の生活が家族や，家庭生活に関わる地域の人々に支えられ，見守られてきたことを理解できる。 ・1年最初の授業内容(ガイダンス)を思い出し，小学校までの成長を振り返り，自分と家族，地域との関わりに気付く。	①自分の成長と家族や家庭生活とのかかわりについて理解している ・ワークシート	・小学校時代，登下校の見守り，花壇等の学校環境整備，授業補助等，土曜日の教育活動等の場面を考える。	自分の日常生活を振り返り，中学生の自分にも，できる家事労働の一端に参加しようと取り組んでいる。
	よりよい家族関係を作るにはどんなことができるか考えよう			
30分 1時間	○家族全員の協力が家庭生活をよりよいものにすることを自覚できる。 ・市販のシュミレーションドラマのDVDを視聴し，・中学生が実践できることを考え，問題点，改善点を発表する。 ・自分の家庭生活から課題を見出し，自分にできることに気付き，具体的な解決法を見出す ワークシートに記入→グループ内で話し合い共有→グループごとに発表	①衣食住の学習内容を理解している。 ワークシート	朝，学校に行くまでの時間，帰宅後等，限られた時間で，自立した生活を目指して継続的にできることを考えている。	
1時間	高齢者など地域の人びとと関わるには，どんな方法があるか考えてみよう			
	○地域の一員として，自分たちにも関われる行事などに気付き，課題を見出すことができる。 ・地域の方の講話などを紹介 ・中学生にもできる地域の人々との協働を考える。 グループ学習→協働する課題，方法を考える。→グループごとに発表＜ICT活用＞	家庭生活は地域との相互関係で成り立っていることを理解している。	高齢者など地域の人びとと関わり，協働する方法について問題を見出し，課題を設定している。	
まとめ 5分	・家事労働の一端を担うことにより，よりよい家族関係を気付くことができる。生徒自身も生活の自立や将来の生活の展望にもつながる。 ・自分たちにできる地域との連携 ・次回高齢者との協働に向け，高齢者への理解			

〈解説〉問1　指導計画の作成上の配慮事項は，設問の(4)を含め全部で6項目説明されている。すべて具体的で重要な内容なので，確認し理解を深めること。　問2　中学校学習指導要領解説では「A(3)　家族・家庭や地域との関わり」において「ア(イ)家庭生活は地域の相互の関わりで成り立っていることがわかり，高齢者など地域の人びとと協働する必要があることや介護など高齢者との関わりついて理解すること」としている。題材の目標と，小題材と，時間，ねらい，学習活動，評価規準，評価方法がずれないように指導計画を作成すること。日頃からさまざまな題材について指導計画を作成し，このような問題に時間をかけずに解答できるようにしておきたい。

2022年度　実施問題

【中学校】

【1】次の図は,「中学校学習指導要領解説　技術・家庭編(平成29年7月文部科学省)」の「第2章　第3節　家庭分野の目標及び内容」より抜粋した「家庭科，技術・家庭科(家庭分野)の学習過程の参考例」である。①～⑩に適する語句を記せ。ただし，同じ番号には同じ解答が入る。

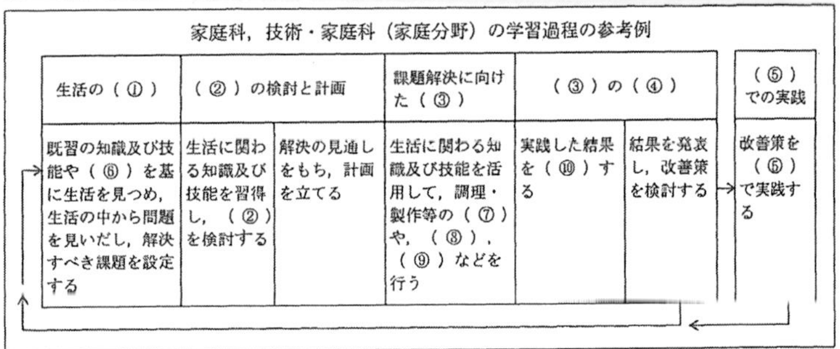

(☆☆☆◎◎◎)

【2】幼児の生活と家族について，次の設問に答えよ。

問1　次の文は,「中学校学習指導要領解説　技術・家庭編(平成29年7月文部科学省)」「第2章　第3節　3　家庭分野の内容　A　家族・家庭生活」の「(2)　幼児の生活と家族」より抜粋したものである。子供が育つ環境としての家族の役割について説明せよ。

> (2)　幼児の生活と家族
>
> ア　次のような知識を身に付けること。
>
> (ア)　幼児の発達と生活の特徴が分かり，子供が育つ環境としての家族の役割について理解すること。
>
> ―　略　―

問2　乳・幼児のための施設には，保育所や幼稚園，認定こども園などがある。認定こども園がもつ機能を二つ記せ。

問3 「子どもの権利条約」について，次の①，②に答えよ。

① 「子どもの権利条約」では四つの権利が定められている。「守られる権利」以外の三つの権利を記せ。

② 「守られる権利」の具体的な内容を二つ記せ。

(☆☆☆◎◎◎)

【3】食品について，次の設問に答えよ。

問1 「日本食品標準成分表2020年版(八訂)」について，改訂のポイントを次のようにまとめた。①，②に適する語句を記せ。

・　(　①　)食品に関する情報を充実 ・炭水化物の細分化と(　②　)の変更 ・七訂追補の検討結果を全体に反映

問2 「賞味期限」と「消費期限」に関する小テストを，次の事項を踏まえて作成せよ。

・3分程度で解答できる内容と分量とすること。 ・「知識・理解」を評価する問題であること。 ・表示されている食品例も問うこと。 ・解答例を示すこと。 ・20点満点の小テストとし，その配点を示すこと。

(☆☆☆◎◎◎)

【4】日常食の調理と地域の食文化において，ハンバーグステーキの調理に関する題材を構想した。

「(4)ハンバーグを主菜とした「休日ランチ」を調理しよう」について，次の考慮すべき事項を踏まえて，4時間の学習計画を作成せよ。

◇題材名　ハンバーグを主菜とした家族のための「休日ランチ」を作ろう

◇題材の目標

(1)　用途に応じた食品(肉，野菜)の選択，食品(肉)や調理用具等の安全と衛生に留意した管理，材料(肉，野菜)に適した加熱調理の仕方(焼く，蒸す)について理解するとともに，それらに係る技能を身に付ける。

(2)　ハンバーグを主菜とする1食分の調理における食品の選択や調理の仕方，調理計画について問題を見いだして課題を設定し，解決策を構想し，実践を評価・改善し，考察したことを論理的に表現するなどして課題を解決する力を身に付ける。

(3)　よりよい生活の実現に向けて，ハンバーグを主菜とする1食分の調理について，課題の解決に主体的に取り組んだり，振り返って改善したりして，生活を工夫し創造し，実践しようとする。

◇対象学年　中学校第1学年

◇題材の学習内容

(1)　家族のための「休日ランチ」を作ろう　…………1時間

(2)　用途に応じた食品の選択の仕方を知ろう　………1時間

(3)　ハンバーグと蒸し野菜の調理の仕方を知ろう(調理実験)　…………3時間

<u>(4)　ハンバーグを主菜とした「休日ランチ」を調理しよう　…………4時間</u>

◇考慮すべき事項
- 「時間」「ねらい」「主な学習活動」「指導上の留意点」「評価規準」を明示し，必要に応じて区切り線を入れること。
- 題材の1時間目に，題材を貫く課題を設定している。
- ICTを活用する場面を二つ設定して，それが分かるよう「主な学習活動」の欄に具体的に記入し，下線を引くこと。さらに，「指導上の留意点」の欄にICTを活用するねらいを記入し，下線を引くこと。

時間	ねらい	主な学習活動	指導上の留意点	評価規準

(☆☆☆◎◎◎)

【5】衣服の手入れについて，次の設問に答えよ。

問1　平成28年12月から導入された洗濯表示について，次の(1)，(2)に答えよ。

(1)　洗濯表示は，五つの基本記号と付加記号・数字によって表示される。五つの基本記号とその意味をそれぞれ記せ。

(2)　次の洗濯表示の記号の見方について記せ。

①　　　②　

問2　洗濯について，中学校で指導する内容を，小学校で指導する内容との違いを明確にしながら説明せよ。

(☆☆☆◎◎◎)

【6】次の文は，「中学校学習指導要領解説　技術・家庭編(平成29年7月文部科学省)」「第2章　第3節　家庭分野の目標及び内容」の「3　家庭分野の内容　C　消費生活・環境」より抜粋したものである。以下の設問に答えよ。

> (1)　金銭の管理と購入
> 　ア　次のような知識及び技能を身に付けること。
> 　　(ア)　購入方法や支払い方法の特徴が分かり，計画的な金銭管理の必要性について理解すること。
> 　　(イ)　売買契約の仕組み，(　①　)の背景とその対応について理解し，(　②　)の選択に必要な情報の収集・整理が適切にできること。

問1　①，②に適する語句を記せ。

問2　民法の改正による成年年齢の引き下げについて，次の①，②に答えよ。

①　施行される年月日を記せ。

②　成年年齢の引き下げによって，契約に関してこれまでと変わることを説明せよ。

問3「金銭の管理と購入」において，1単位時間扱いの授業を構想することとした。次の事項を踏まえ，学習指導案を完成させよ。

◇小題材名

　多様な支払い方法に応じた計画的な金銭管理[2時間]　(本時2／2)

◇本時のねらい

　多様な支払い方法に応じた計画的な金銭管理の必要性について理解することができる。

◇評価の観点

　知識・技能

◇生徒の実態

・第3学年30人が対象である。

・生徒は，購入方法や支払い方法の特徴について前時で学習している。

◇学習指導案を作成する上で考慮すべき事項

・学習課題を明記すること。

・「評価」の欄に，評価規準は□，評価場面は下線，評価方法は(　)で明記すること。

学習過程	学習活動	時間(分)	指導上の留意点	評価 評価規準・評価場面・(評価方法)

(☆☆☆◎◎◎)

解答・解説

【中学校】

【1】① 課題発見　② 解決方法　③ 実践活動　④ 評価・改善　⑤ 家庭・地域　⑥ 生活経験　⑦ 実習　⑧ 調査　⑨ 交流活動　⑩ 評価

〈解説〉この学習過程は「家族・家庭や地域における生活の中から問題を見いだして課題を設定し，解決策を構想し，実践を評価・改善し，考察したことを論理的に表現するなど，これからの生活を展望して課題を解決する力を養う」を図式化したものであり，いわゆるPDCAサイクルを表している。なお，この学習過程は「3学年間を見通して，このような学習過程を工夫した題材を計画的に配列し，課題を解決する力を養うことが大切」としている。

【2】問1 (解答例) 家庭には幼児の心身の発達を支え，生活の自立に向けた生活習慣の形成を促すために，幼児にふさわしい生活を整える役割があること。　問2 (解答例) ・就学前の子どもに幼児教育・保育を提供する機能　・地域における子育て支援を行う機能
問3 ① 生きる権利，育つ権利，参加する権利
② (解答例) ・紛争に巻きこまれず，難民になったら保護されること。　・暴力や搾取，有害な労働などから守られること。

〈解説〉問1 ここでの具体的内容について，本資料では「家庭生活の中で，親やそれに代わる人が愛情をもって接し，幼児との基本的な信頼関係を形成することが，その後の発達においても大切である」としている。信頼関係を基礎として，幼児の心身の発達を行うことをおさえておくとよい。　問2 なお，認定こども園の管轄は内閣府であるが，認定こども園の基準作成には内閣総理大臣のほか，文部科学大臣，厚生労働大臣もかかわることを知っておくとよい。　問3 ①のここでいう「参加する権利」とは自由に意見を表したり，団体を作ったりで

きること。具体的には自分に関係することについて自由に意見を述べること，知る権利，結社・集会の自由などを指す。

【3】問1　①　調理済み　　②　エネルギーの算出方法　　問2　解答略

〈解説〉問1　②は，具体的にはFAO/INFOODSが推奨する組成成分を用いる計算方法を導入することで，エネルギー値の科学的推計の改善を図っている。　問2　ここでは奇をてらわず，問題文が要求すること，踏まえるべき事項をおさえながら作成すること。解答時間が3分であるため長文解答は難しく，空所補充か短答式，または選択問題が適切だろう。問題数は指定されていないので，複数問にする方法も考えられる。細かいところでは配点の合計が20点にならないといったミスが考えられるので，注意すること。

【4】解答略

〈解説〉本単元における調理では，小学校での学習を踏まえ，1食分の献立を手順を考えながら調理できること，安全と衛生に留意して食品や調理用具等の適切な管理ができるようにすることを目的としている。例えば，食品の選択では目的，栄養，調理の能率，環境への影響などの諸条件を考えて選択すること，さらに生鮮食品では，実習で使用する魚，肉，野菜などの鮮度や品質などを原産地も踏まえながら見分けられように指導することが求められる。ICTの活用についても示されているが，例えば材料の鮮度の見分け方について，新鮮な材料と古い材料を写真で比較しながら確認するといった方法が考えられる。限られた時間でまとめなければならないので，対策として事前に想定されるものをいくつか作成するとよい。

【5】問1　(1)

記号	（家庭洗濯の記号）	（漂白の記号）	（乾燥の記号）	（アイロン仕上げの記号）	（商業クリーニングの記号）
意味	家庭洗濯	漂白	乾燥	アイロン仕上げ	商業クリーニング

(2)　(解答例)　①　酸素系漂白剤は使用できるが，塩素系漂白剤は使用できない。　②　パークロロエチレン及び石油系溶剤による弱いドライクリーニングができる。　問2　(解答例)　小学校で学習した手洗いによる洗濯を基礎として，電気洗濯機を用いた洗濯の方法と特徴を理解し，洗濯機を適切に使用できるようにする。また，洗剤のはたらきと衣服の材料に応じた洗剤の種類などが分かり，洗剤を適切に選択して使用できるようにする。

〈解説〉問1　(2)について，洗濯表示記号は形と線で構成される。記号の下の線が1本の場合は「弱く」，2本の場合は「非常に弱く」，×で記号を消している場合は不可であることを知っておくとよい。　問2　電気洗濯機は小学校でも扱うが，脱水や手洗いとの比較に使用する程度としている。また，洗剤について，小学校では洗剤の量を中心に，洗剤の量を考えつつ，水を無駄にしない洗濯の仕方を学習するとしている。

【6】問1　①　消費者被害　　②　物資・サービス

問2　①　2022(令和4)年4月1日　　②　(解答例)　18～19歳の人が契約する場合，基本的に親の同意が必要なくなるが，未成年者契約取消権が行使できなくなる。　　問3　解答略

〈解説〉問1　消費者被害の原因は販売者と購入者の情報格差，ネット取引やキャッシュレス決済の浸透などにより，取り引き形態が複雑化していること等があげられる。特に，近年では購買層の拡大により消費者被害の低年齢化が問題となっており，中学生でも被害者になりうることに注意しなければならない。　問2　未成年者契約取消権とは，未成年者が法定代理人(親)の同意を得ないで契約したものは一定の条

件で，取り消しができるというもの。成年になれば親の同意なしにできることが広がるが，それに伴って責任も生じることを中学生の段階から考えさせることも必要であろう。　問3　問題にある通り，近年では支払方法には多様性がある。そして，支払方法が多様化すると適切な管理が求められる。特に，クレジットをなどを使った後払い方式では，支払い時に金銭が減少しないため，自分が使える残高がどれぐらいあるのか把握することは難しい。そこで，家計簿をつけるといった工夫が必要になる。生徒が，自身に最適な管理方法を見つけられるような指導を考えてほしい。

2021年度　実施問題

【中学校】

【1】「令和2年度　学校教育の指針　令和2年度の重点」(秋田県教育委員会)に示された，「家庭，技術・家庭，情報」の「令和2年度　目指す児童生徒の姿」と「重点」について，以下の設問に答えよ。

> 「令和2年度　目指す児童生徒の姿」
> □それぞれの教科の特質に応じた見方・考え方を働かせて，課題解決に取り組んでいる。
> □生活や社会の中から問題を見いだして課題を設定し，主体的に解決に向けて取り組んでいる。
>
> 「重点」
> ①　生活や(情報)社会の中から問題を見いだし，課題解決に主体的に取り組む学習活動の充実
> ②　変化する社会に主体的に対応する資質・能力の育成を目指した指導計画の工夫

問1　下線部について，家庭科，技術・家庭科家庭分野においては「生活の営みに係る見方・考え方」を指す。この「生活の営みに係る見方・考え方」を働かせるとは，どのようなことを示すのか説明せよ。

問2　波線部について，どのような工夫が考えられるか，二つ記せ。

(☆☆☆◎)

【2】「家族・家庭や地域との関わり」について，題材を構想することにし，題材の目標を次のように設定した。あとの設問に答えよ。

◇「題材の目標」

(1) 家族の互いの立場や役割，協力することによって家族関係をよりよくできること，家庭生活と地域との相互の関わり，高齢者など地域の人々と協働する必要があること，介護など高齢者との関わり方について理解する。

(2) 家族関係をよりよくする方法及び高齢者など地域の人々と関わり，協働する方法について問題を見いだして課題を設定し，解決策を構想し，実践を評価・改善し，考察したことを論理的に表現するなどして課題を解決する力を身に付ける。

(3) 家族や地域の人々と協働し，よりよい生活の実現に向けて，家族・家庭や地域との関わりについて，課題解決に主体的に取り組んだり，振り返って改善したりして，生活を工夫し創造し，実践しようとする。

問1 下線部について，どのような内容が考えられるか，二つ記せ。

問2 次の事項を踏まえて題材構想を記せ。

◇ 第1学年で履修する。

◇ 6時間扱いの題材とする。

◇ 「時間」，「ねらい」，「主な学習活動」，「指導上の留意点」を明示し，必要に応じて区切り線を入れること。

◇ 「介護など高齢者との関わり方」について，体験的な活動を設定すること。また，それが分かる部分に下線を引くこと。

時間	ねらい	主な学習活動	指導上の留意点

(☆☆☆☆◎◎◎)

【3】次のA，Bの文は，「中学校学習指導要領解説　技術・家庭編(平成29年7月文部科学省)」「第3章　指導計画の作成と内容の取扱い」より抜粋したものである。あとの設問に答えよ。

A

> 1　指導計画作成上の配慮事項
> (5)　障害のある生徒などについては，学習活動を行う場合に生じる困難さに応じた指導内容や指導方法の工夫を計画的，組織的に行うこと。

B

> 3　実習の指導に当たっては，施設・設備の安全管理に配慮し，学習環境を整備するとともに，火気，用具，材料などの取扱いに注意して事故防止の指導を徹底し，安全と衛生に十分留意するものとする。

問1　Aについて，技術・家庭科の目標や内容の趣旨，学習活動のねらいを踏まえ，学習内容の変更や学習活動の代替を安易に行うことがないよう留意するとともに，生徒の学習負担や心理面にも配慮する必要がある。家庭分野における配慮として考えられることを，次の①，②に分けて記せ。

①　調理や製作等の実習を行う際，学習活動の見通しをもったり，安全に用具等を使用したりすることが難しい場合

②　グループで活動することが難しい場合

問2　Bにおける安全指導について，調理実習を行う上で食物アレルギーへの配慮として考えられることを箇条書きで記せ。

問3　Bにおける安全指導について，①見学，調査，実習等を校外で実施する場合に教師が留意すべきこと，②学習の対象が幼児や高齢者など人である場合に生徒へ指導すべきことは何か，それぞれ記せ。

(☆☆☆☆◎◎◎)

【4】生活を豊かにするための布を用いた製作について，次の設問に答えよ。

問1　資源や環境に配慮して製作計画を考え，製作を工夫することができるようにするために，どのような指導の工夫や手立てが考えられるか，学習活動を挙げながら記せ。

問2　次の①，②をミシンを用いて製作する際に，適した糸の種類と太さ，また，針の太さを「(　　)糸，(　　)番，ミシン針(　　)番」に沿って記せ。

①　ジーンズを再利用したバッグ

②　綿の開襟シャツを再利用したクッションカバー

問3　ミシンに次のような不調が見られたとき，生徒に確認させる点を二つずつ記せ。

①　縫い目が飛ぶ　　②　上糸が切れる

問4　ミシンを使用する場合，安全面についての指導事項としてどのようなことが考えられるか箇条書きで記せ。

問5　「衣食住の生活の課題と実践」において，「生活を豊かにするための布を用いた製作」の学習を基礎とし，「A家族・家庭生活」や「C消費生活・環境」との関連を図った題材を構想することにした。次の事項を踏まえ，題材の構想計画を記せ。

◇　「関連を図る内容」，「題材名」を明示すること。 ◇　「主な学習活動」を学習の流れに沿って明示すること。 ◇　題材を構想する際に「配慮すべき点」を明示すること。

関連を図る内容	
題材名	
主な学習活動	
配慮すべき点	

(☆☆☆☆◎◎◎)

【5】住生活について，次の設問に答えよ。

問1　住居の基本的な機能についてどのようなことを学習するか，①小学校で学習する働き，②中学校で学習する働きに分けて記せ。

問2　次の①～③について，意味や用途等を説明せよ。

①　床の間　　②　縁側　　③　欄間

問3　次の①，②について説明せよ。

①　コーポラティブハウス　　②　コレクティブハウス

(☆☆☆◎◎◎◎)

【6】蒸し調理について，次の設問に答えよ。

問1　蒸し調理の特徴について，ゆでる調理と比較しながら説明せよ。

問2　蒸し器の使い方について，「①　蒸し水の量」，「②　蒸し水の補充」，「③　食品を入れるタイミング」に分けて説明せよ。

問3　中学校で扱う蒸し調理の例を二つ記せ。また，高等学校で扱う蒸し調理の例として茶碗蒸しやカスタードプディングがあるが，中学校で茶碗蒸しやカスタードプディングを扱わない理由を記せ。

(☆☆☆☆◎◎◎)

【7】「消費生活・環境」について，次の設問に答えよ。

問1　次の文は，「消費者市民社会」について説明したものである。下線部に入る法律名を記せ。また，①，②に適する語句を記せ。

2012年に制定された________の中で，「自らの(　①　)が将来にわたって内外の社会，経済，環境に影響を及ぼしうることを自覚し，(　②　)かつ持続可能な社会の形成に積極的に参画する社会」と定義されている。

問2　消費者の権利と責任について，事例を通して生徒が考えることができるよう，商品やサービスに関する不満や被害があったと想定し，企業への手紙を書く活動を取り入れることにした。次の事項を踏まえて，生徒に提示する資料を作成せよ。

◇「携帯音楽プレーヤーを使用したところ，本体に熱を感じ，さらに使用を続けていたら低温やけどのような炎症が生じた」と想定する。 ◇　資料の左側に，例文を記すこと。 ◇　資料の右側に，「ポイント」として記載すべき内容を記すこと。

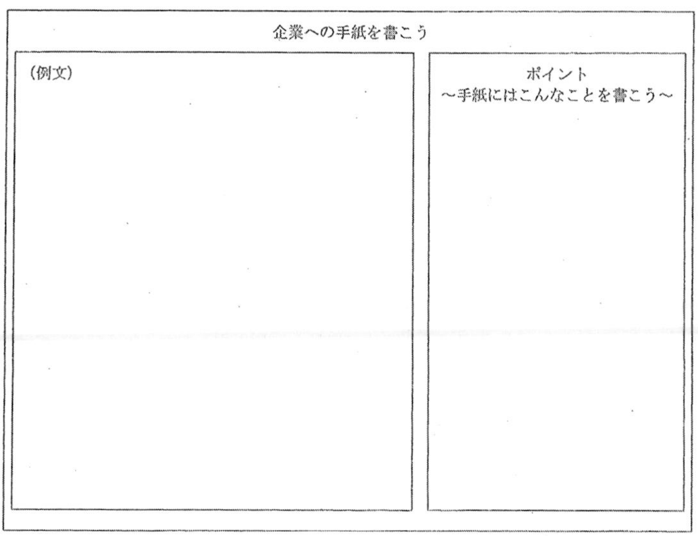

問3　次の①，②について説明せよ。

①　エシカルコンシューマー　　②　SDGs

(☆☆☆◎◎◎)

【高等学校】

【1】「令和2年度　学校教育の指針　令和2年度の重点」(秋田県教育委員会)に示された，「家庭，技術・家庭，情報」の「令和2年度　目指す児童生徒の姿」と「重点」について，あとの設問に答えよ。

「令和2年度　目指す児童生徒の姿」

□それぞれの教科の特質に応じた見方・考え方を働かせて，課題解決に取り組んでいる。

□生活や社会の中から問題を見いだして課題を設定し，主体的に解決に向けて取り組んでいる。

「重点」

①　生活や(情報)社会の中から問題を見いだし，課題解決に主体的に取り組む学習活動の充実

> ②　変化する社会に主体的に対応する資質・能力の育成を目指した指導計画の工夫

問1　下線部について，家庭科，技術・家庭科家庭分野においては「生活の営みに係る見方・考え方」を指す。この「生活の営みに係る見方・考え方」を働かせるとは，どのようなことを示すのか説明せよ。

問2　波線部について，どのような工夫が考えられるか，二つ記せ。

(☆☆☆◎)

【2】高等学校学習指導要領(平成30年3月告示)　第2章　第9節　家庭について，次の設問に答えよ。

問1　次の文は科目「家庭総合」の科目の性格を示している。文中の空欄【　A　】～【　D　】に当てはよる語句を記せ。但し，同一記号には同一の語句が当てはまる。

> この科目は，少子高齢化等の社会の変化や【　A　】の構築，食育の推進，男女共同参画社会の推進，成年年齢の引下げ，生活文化の継承等を踏まえて，生活を【　B　】に営むために必要な【　C　】な理解と技能を体験的・総合的に身に付け，【　C　】な根拠に基づいて課題を解決する力を養い，生活の充実向上を図ろうとする【　D　】な態度を養うことにより，家庭や地域の生活を創造する資質・能力を育成する科目である。(『高等学校学習指導要領(平成30年告示)解説　家庭編』より)

問2　次の文は「第2款　各科目　第2　家庭総合　2　内容　A　(4)高齢者との関わりと福祉　ア　(ア)」から抜粋したものである。あとの設問に答えよ。

> $_A$高齢期の心身の特徴，高齢者の尊厳と自立生活の支援や介護について理解を深め，高齢者の心身の状況に応じて適切に関わるための$_B$生活支援に関する技能を身に付けること。

(1)　下線部Aについて理解を深めさせたい内容について記せ。

(2)　下線部Bについて，ここで身に付けさせたい技能とはどのような技能か，具体例を記せ。

(☆☆☆◎◎◎)

【3】高等学校学習指導要領(平成30年3月告示)　第3章　第5節　家庭について，次の設問に答えよ。

問1　次の文は，専門教科「家庭」の「各科目にわたる指導計画の作成と内容の取扱い」から抜粋したものである。空欄(　ア　)～(　キ　)に当てはまる語句または数値を記せ。但し，同一記号には同一の語句が当てはまる。

> (1)　単元など内容や時間のまとまりを見通して，その中で育む資質・能力の育成に向けて，生徒の主体的・対話的で深い学びの実現を図るようにすること。‥‥(以下省略)
>
> (2)　家庭に関する各学科においては，「(　ア　)」及び「課題研究」を原則として全ての生徒に履修させること。
>
> (3)　家庭に関する各学科においては，原則としてこの章に示す家庭科に属する科目に配当する総授業時数の(　イ　)分の(　ウ　)以上を(　エ　)に配当すること。また，(　エ　)に当たっては，ホームプロジェクトを取り入れることもできること。
>
> (4)　地域や(　オ　)等との連携・交流を通じた実践的な学習活動や(　カ　)活動を積極的に取り入れるとともに，(　キ　)を積極的に活用するなどの工夫に努めること。
>
> (5)　障害のある生徒などについては，学習活動を行う場合に生じる困難さに応じた指導内容や指導方法の工夫を計画的，

組織的に行うこと。

問2　下線部「課題研究」は，卒業年次で履修させるよう記されているが，その理由を科目のねらいから記せ。

問3　専門学科における専門教科・科目の最低必修単位数を記せ。

(☆☆☆◎◎◎◎)

【4】高等学校学習指導要領(平成30年3月告示)　第2章　第9節　家庭について，次の設問に答えよ。

問1　次の文は，「第2款　各科目　第1　家庭基礎　2　内容　D　ホームプロジェクトと学校家庭クラブ活動」から抜粋したものである。空欄(　1　)，(　2　)に当てはまる語句を記せ。

> 生活上の課題を設定し，解決に向けて生活を科学的に(　1　)したり，(　2　)したりすることができるよう次の事項を指導する。
>
> ア　ホームプロジェクト及び学校家庭クラブ活動の意義と実施方法について理解すること。
>
> イ　自己の家庭生活や地域の生活と関連付けて生活上の課題を設定し，解決方法を考え，計画を立てて実践すること。

問2　ホームプロジェクトの指導に当たっての留意事項を記せ。

(☆☆☆◎◎◎)

【5】食に関する，次の設問に答えよ。

問1　調理実習を行うに当たっては，食物アレルギーにも配慮する必要がある。どのようなことに配慮すべきか記せ。

問2　次の①～③の事象の理由を説明し，適切な調理方法や食材の用い方を記せ。

①　イカを加熱したら，収縮し硬くなった。

② かきたま汁のスープが濁った。

③ パパイヤを使ったゼリーを作ろうとしたが，固まらなかった。

問3 和食のマナー違反を示した次の①，②はどのような行為か，簡潔に記せ。

① 膳越し ② 袖越し

問4 災害時の食事づくりに関する授業を実施する。次の内容を踏まえた授業構想をあとの様式に従って記し，必要に応じて区切り線を入れよ。

〔科目名〕 家庭総合

〔対象生徒〕 高等学校 普通科 第1学年 35名

〔授業時間〕 50分(過程は導入5分程度，展開40分程度，まとめ5分程度とする。)

〔単元名〕 食生活の科学と文化 非常時に配慮した調理(本時2/2)

〔使用教室〕 調理実習室

〔使用教材〕 ※調理実習室にある教材のうち，1グループで使用できるものを示す。

鍋：1つ 加熱器具(カセットボンベ，カセットコンロ)：各1 ポリ袋：1～5枚 米計量用カップ：1つ 包丁 ボウル 水：2ℓペットボトル容器2本 箸 紙皿 精白米：150g 調味料(しょうゆ，塩)

[授業構想を作成する上での留意点]

・「本時の目標」を明記し，□で囲むこと。

・前時の学習を生かした，実験・実習等を伴う授業を構想すること。

・指導上の留意点の欄には，本時の目標を達成するために効果的と思われる支援を具体的に記入し，それに当たる部分に下線を引くこと。

・これまでの学習で身に付けた資質・能力を活用できる場

面を設定し，枠囲みで記すこと。
・本単元のねらいを達成するために行った，前時の工夫を簡潔に記すこと。

<table>
<tr><td rowspan="3">問4</td><td>段階
時間(分)</td><td>主な学習活動
(これまでの学習で身に付けた資質・能力を活用できる場面を[　　]で囲む)</td><td>指導上の留意点
(本時の目標を達成するために効果的と思われる支援に下線を引く)</td></tr>
<tr><td></td><td></td><td></td></tr>
<tr><td>前時の内容

＊本単元のねらいを達成するための工夫</td><td colspan="2"></td></tr>
</table>

問5　α(アルファ)化米について，次の用語を用いて説明せよ。

生米　，　糊化　，　飯

(☆☆☆☆◎◎◎)

【6】次の文を読み，以下の設問に答えよ。

Xさんは，現在，両親，弟との4人家族である。父方の祖父母とは離れて暮らしていたが，先月，祖母が亡くなった。Xさんの父には兄が1人いるが，現在は海外で暮らしている。祖父は，昨年自宅で転倒した後遺症で，歩行に支障が出てきていることから，今後介助が必要になることを考え，Xさんの家で，祖父と同居することを検討することになった。

問1　Xさんにとって，父の兄は何親等に当たるか記せ。

問2　Xさんの祖母の遺産は法定相続分に従い相続されることになった。祖母の親族は，配偶者であるXさんの祖父の他，Xさん一家，そして，Xさんの父の兄夫婦の計7人である。この場合，祖母の遺産相続人となることができるのは何人か記せ。

問3　次の図は，Xさんの家の間取りを示している。①～③の設問に答えよ。

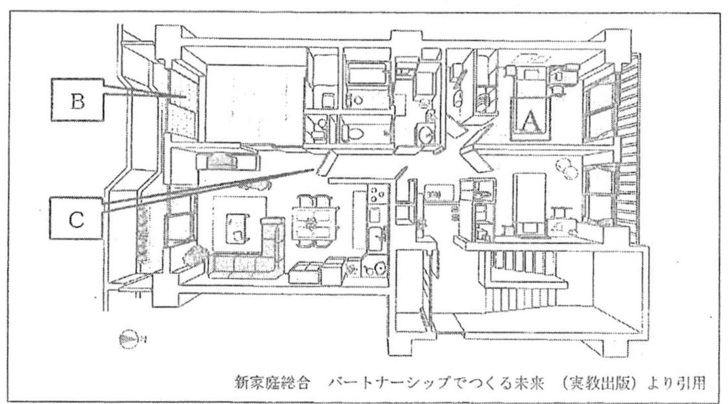

新家庭総合　パートナーシップでつくる未来（実教出版）より引用

①　祖父との同居に際し，車椅子での生活も想定したバリアフリー点検をすることにした。点検するポイントを記せ。

②　図中AはXさんの部屋であるが，勉強や読書をする際に机上の明るさとして適するものを次のア～ウから選び，その記号を記せ。

ア　150～300ルクス　　イ　300～500ルクス

ウ　500～1000ルクス

③　図中のB(引き違い戸)，C(片開きとびら)を示す平面表示記号を次のア～オからそれぞれ選び，その記号を記せ。

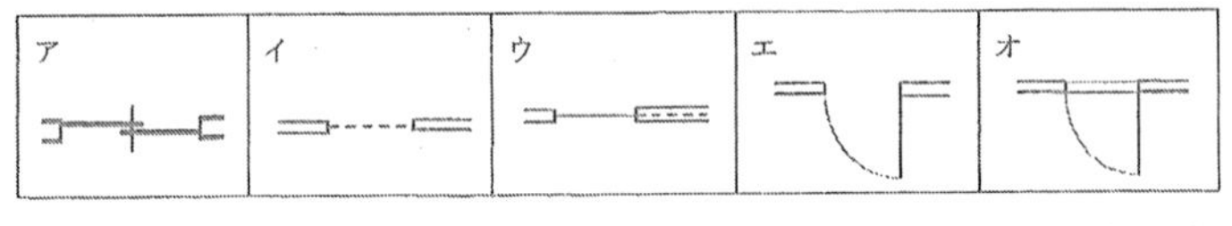

(☆☆☆◎◎◎)

【7】衣生活に関する，次の設問に答えよ。

問1　次の図に示すシャツの縫い代の分量を決定する際に留意すべき事項を記せ。但し，縫合部分の縫い代仕上がり巾は1～1.5cmを基準とするものとする。

図

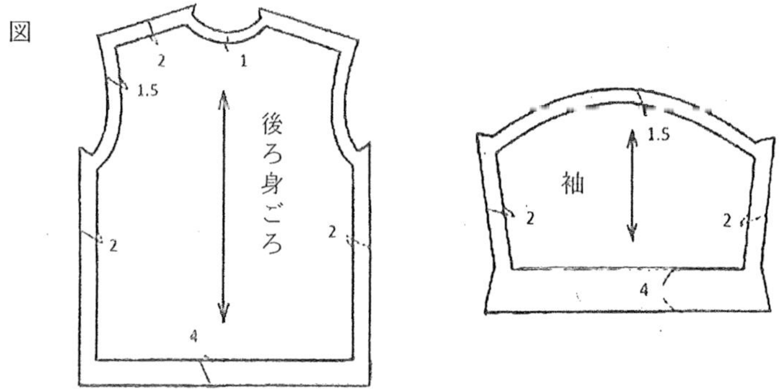

問2　次の①～③は，折り目を押さえる縫い方を示している。それぞれの縫い方の名称と，その用途や特徴を記せ。

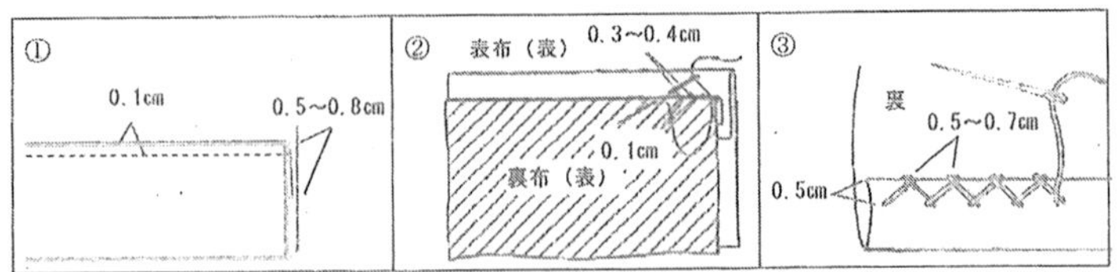

問3　手縫いをする際，ミシン糸が適さない理由を記せ。

問4　折れたバットから作った箸や，使用済みの消防服から作ったバッグやポーチなど，廃棄物や使用しなくなったものを，新しい素材やよりよい製品に変換して価値を高めるリサイクル方式の名称を記せ。

(☆☆☆◎◎◎)

解答・解説

【中学校】

【1】問1　(解答例)　家族や家庭，衣食住，消費や環境などに係る生活事象を，協力・協働，健康・快適・安全，生活文化の継承・創造，持続可能な社会の構築等の視点で捉え，生涯にわたって，自立し共に生きる生活を創造できるよう，よりよい生活を営むために工夫すること。
問2　(解答例)　・将来にわたって自立した生活を営む見通しをもち，よりよい生活の実現をするには，生徒の実態にあわせた生活の課題を主体的に捉えさせ，実践的・体験的な活動を通して，課題の解決を目指す。　・生活に応用・発展できるもの，生活における工夫・創造につながる題材を選び，小・中・高等学校と系統性を重視して学習内容を発展させていくことで，一連の学習過程を通して，生徒が課題を解決できた達成感や，実践する喜びを味わい，課題に対して主体的に取り組むことができるようにする。

〈解説〉問1　秋田県教育委員会の「学校教育の指針」から出題された。学習指導要領にそって解答できるように，指針の内容は確認しておこう。生活の営みに係る見方・考え方については，学習指導要領解説に説明されているので，覚えておきたい。　問2　生産人口の大幅な減少や絶え間ない技術革新により，社会構造や雇用環境は変化している。このような時代にあって，学校教育で得た「知識・技能」，それを活用し対応できる力となる「思考力・判断力」，さらにどのようにして社会・世界と関わり，よりよい人生を送るかを探求する「学びに向かう力・人間性など」を身に付けさせることが大切である。

【2】問1　(解答例)　・隣近所の高齢者と日頃から交流，日常生活の手助けをする(買い物の荷物持ち，電球の交換，買い物の代理など)。
・外出，催し物への参加に付き添い，介助を行う。

問2　(解答例)

	ねらい	主な学習活動	指導上の留意点
導入	家庭生活と地域との関連がわかり，地域社社会における高齢者の仕事ぶりを理解する。	1．生徒が今までに見聞きした高齢者の活動や生活の様子を互いに発表し合う（ゴミ出し，登下校の交通整理，夏祭りの主催などのボランティア活動）　＜10分＞	・地域の中での家庭生活が高齢者に支えられていることを認識させる。
展開	実習を通じて，高齢者と関わり，自分達にできる介助方法を探る。 地域行事での高齢者との協働を通して，高齢者の身体の特徴を理解する。 高齢者の疑似体験を通して，介助法を身に付ける。	2．(課題設定) ○高齢者の身体の特徴を理解する。 地域包括支援センターでの高齢者の様子の観察，ケアマネージャーの話　＜1時間15分＞ 3．高齢者との協働　＜2時間＞ ○実際に高齢者と関わってみよう 夏祭りへの参加と手伝い（協働） 4．夏祭りの地域活動の際，気付いた問題を話し合う　＜10分＞ 5．班ごとに立ち上がりや歩行の介助のポイントを探る　＜2時間＞ ①2人1組になり，座っている姿勢から，介助して立ち上がらせる。 ②杖利用者の付き添い体験 6．考えたことをワークシートにまとめる	・生徒が感じる高齢者の印象 ・ビデオによる観察 ワークシートへのメモ ・安全面，高齢者への配慮などの事前学習 ・地域の福祉協議会との連絡調整 実際に高齢者に関わることによって高齢者の身体の特徴を実感できるようになる， 自分達にもできる手助け，介助は何か考えさせる。 ①足の動き，頭の位置に注視し・転倒の危険をなくす方法を探らせる。 声がけをするか，椅子に深く座るかどうか，高齢者の状態がまっすぐかどうか，介助者は足を開いた方がいいのかなど。 ②足の不自由な側に付き添うのがいいか，その逆がいいのか。 歩く速度はどうすればよいか
まとめ		7．まとめる＜15分＞	振り返りをさせ，自己評価させる。

〈解説〉問1　中学生が参加しやすい地域の行事には，一斉清掃，餅つき大会，避難訓練，盆踊り大会などがある。中学生は主催者側の手伝いにも充分対応でき，高齢者への理解や介助もでき，地域社会との関わりの中で支える側の役割も果たすことができる。　問2　高校における高齢者との関わりは，車椅子の操作や移動の介助，服の着脱，食事介助があげられる。又，中学では高齢者の難聴や筋肉の衰え，視力の衰えなどの身体的特徴を理解させるが，高校では精神的な変化についても学ぶ。

【3】問1　(解答例)　①　手順を写真やイラストで提示し，容易にイメージが持てるようにし，随時生徒が視覚的に確認できるようにする。実習場所も教諭の近くにし，実習補助をつけるなどの人的配慮をするなどして，用具等を使用するときは常に目が届くようする。
②　他の生徒と協力しなければならない協同の作業ではなく，役割を与えることで，グループ全体の取組に参加させる。具体的な内容を明確にして役割分担する。　問2　(解答例)　アレルギーを引き起こす可能性のある食品と発症した場合の対応について，情報を共有する。アレルギーのある生徒がおり，原因食品がある場合は，他の食品に変更しての実習が可能か検討する。代替食品を使用するにあたって，全員にアレルギーについて，理解を深める説明を行う。
問3　(解答例)　①　学校を出るときは近隣に配慮し，交通ルールを守る。事前に危険箇所，見学先や実習内容に適した服装など先方との打ち合わせを行う。又，生徒の中に，食物アレルギーなどがある生徒がいる場合は情報を伝えておく。　②　爪は短く切る。ヘアピン，アクセサリー，腕時計等幼児や高齢者と触れ合う時に危険なので身に付けない。施設内での激しい動きや大声は幼児が驚くので控える。相手先の職員からの注意事項(危険な場所，してはいけない行為など)について厳守すること。
〈解説〉問1　インクルーシブ教育とは，子どもたち一人ひとりが多様であることを前提に，障害の有無にかかわりなく，誰もが望めば自分に合った配慮を受けながら地域の通常学級で学べることを目指す教育である。　問2　食物アレルギーの生徒については，「学校生活管理指導表」の提出が義務づけられ，教職員全員が食物アレルギーの生徒に関する共通認識を持つことになっている。又，症状が起きた場合の対応についても具体的な係分担など対応を明確にしている。　問3　地域や関係機関との連携・交流，外部講師の活用にあたっては，学校や地域の実態に応じて，適切な時期や内容を検討する。学校内外の協力体制を構築することが安全指導にもつながる。

【4】問1　(解答例)　着なくなった服の再使用や手を加えたリメイクなど，提案する。環境に対する負荷の少ない材料を調べ，例えば長く使える天然繊維や再生繊維の生地を使用し，流行に左右されない長期間使用できるものを製作する。　問2　①　ポリエステル糸…50番，ミシン針…14番　②　カタン糸…50番，ミシン針…11番
問3　(解答例)　①　針のつけ方が正しくない／針が曲がっている／布に対して針と糸の太さが適当ではない　のうち二つ　②　上糸のかけ方が間違っている／上糸の調子が強すぎる／針のつけ方が正しくない　のうち二つ　問4　(解答例)　・裁ち切りばさみの受け渡しの際の向き(相手に刃先を向けない)に気をつける。　・針，まち針の本数を実習前と後片付けに確認する。　・縫うとき以外はミシンのコントローラから足をはずしておく。　・ミシンを使っている人に急に話しかけない。　・縫っているときは針先から目を離さない。　・針の下に手を入れない。

問5 (解答例)

<table>
<tr><td colspan="2">関連を図る内容</td><td>・計画場面，評価場面などにおける言語活動
・素材選択場面での環境に配慮した物作り</td></tr>
<tr><td colspan="2">題材名</td><td>着られなくなった服を利用した小物作り</td></tr>
<tr><td>主な学習活動</td><td colspan="2">1．計画
・家庭の中で，布を用いた小物や布製品のものを発表させる。又，家族が喜ぶものを出し合う。どんな用途のものを作るか考える。(小さくなった服の活用？　自分や家族が使うもの？を作るなど　　ポシェット，ランチョンマット，ペットボトルカバー，買い物用マイバックなど)。
2．準備
・型紙を作り，製作手順の確認「見通しをたてての学習活動」布地の選択，用具の準備
3．製作
・裁断，しるしづけ，仮縫い，サイズ調整，縫い合わせ
4．使い心地を確かめる
5．評価・改善　友達同士で相互評価し，次の製作に生かす。</td></tr>
<tr><td>配慮すべき</td><td colspan="2">・計画段階では，友達同士の情報交換を積極的に行う。
・部分的に手縫い部分を設ける。ボタン付け或いはホック付けは必ず行うことを通して小学校から中学までに学んだ知識・技能を確認する。
・布に適した糸・ミシン針の選択，はさみ・針・ミシンの扱いなど安全面への注意を常に促す。</td></tr>
</table>

〈解説〉問1　環境負荷を与えるレザーやファー，羽毛といった動物由来の素材やPVC(ポリ塩化ビニール)を使用しないで，代わりに再生カシミヤや再生繊維，人工スパイダーシルク，パイナップルの皮から作る生地などの研究開発，ブランド業界でも在庫や売れ残りを極力減らす等「サステナブルファッション」の考えが起きている。　問2　ジーンズ生地は厚い生地，綿生地は普通生地である。カタン糸は綿の糸である。綿素材生地には綿の糸，ポリエステル生地にはポリエステル糸が理想的であるが，綿糸は長期間が経過するともろくなることから，既製品は綿素材の縫製にポリエステル糸を使用することがある。

問3　他に「針が折れる」「布が進まない」等の不具合が起きることがある。　問4　はさみや裁縫箱の位置が確認できるよう，自分の周りを常に片付けておくことも安全上大事である。　問5　製作したいものは，生徒で異なるので，希望する作品の製作とすることが望ましい。小さくなったトレーナーを数枚縫い合わせ，犬・猫専用のクッションを作る，ジーパンのポケットをそのまま利用した整理用壁掛けを作る，乳幼児が身近にいる生徒の場合は布の手作りの玩具等，色々あるだろう。

【5】問1　(解答例)　①　住居の基本的な機能(雨や風，暑さ・寒さの過酷な自然から守る)　　②　心身の安らぎ，健康の維持，子育ての機能，家族の安全を考えた住空間の整え方　　問2　(解答例)　①　掛け軸や置物，花などを飾り，季節感をあらわすことができる場所。

②　部屋の外に張り出して設けられた板張りの通路。夏の暑さや冬の寒さをコントロールするという機能が期待できる。又，近所の方とのコミュニケーションを住居に入らなくても行うことができる。

③　室内外および部屋境の天井と鴨居の間に設ける開口のことで，襖や障子などの引き戸の上部に設けられる。採光・通風を兼ねる。

問3　(解答例)　①　住む人達が土地の購入，建築段階から，各自の暮らしにあった集合住宅を自由に設計，建設した住宅。　　②　独立した個人生活のプライベートな部屋の他に共用生活スペースを設けた集合住宅のこと。

〈解説〉問1　小学校では季節の変化に合わせた住まい方，暑さ・寒さ，通風・換気，採光，音について学習する。中学校では住まいの機能をベースに家族の安全を考えた住空間の整え方について，家庭内の事故を防ぎ，自然災害に備えるための住空間の整え方を学習する。

問2　①　正式な床の間は「床の間」「違い棚」「書院(付け書院)」の3つで構成される。季節に応じて美術品，花などを飾る場所である。

②　夏には直射日光が入るのを防ぎ，冬には暖かな日だまりをつくる。

③　多種多様なデザインがある。初期の欄間は格子組で，彫刻を施したものが登場するのは桃山時代以降である。　問3　①　低予算で建築できる。居住希望者の「理想の住まい」に合わせた内装設計を行っていくため，予算の使い方を自分たちで決めることができる。設計段階から入居者たちが話し合いを重ねて完成させるので，入居後のコミュニケーションが良好。　②　コレクティブハウスは個々の住戸にトイレ，浴室，キッチンが完備されており，住まいの延長としての共有スペースもあるので，シェアハウスより個々の住宅の独立度が高い。家事・育児を分担し，助け合うことも可能になる。高齢者・単身者等のさまざまな世代間で豊かなコミュニティが生まれるというプラス面がある。

【6】問1 (解答例) 料理の形が崩れない。水蒸気で調理するので，水につけることがなく，水溶性成分の損失が茹で加熱に比べて少ない。食品本来の味が保たれる。 問2 (解答例) ① 蒸し水は容器の80%が目安。中華せいろで蒸す場合は蒸し水がせいろの底に浸らないようにする。 ② 蒸し水がなくならないように注意し，補充する場合は沸騰しているお湯を加えて加熱温度を一定にする。 ③ 蒸気が上がってから，蒸し始める。 問3 (解答例) 蒸しパン／ふかしいも 中学校では蒸し料理の基礎的なものを扱う。茶碗蒸しやカスタードプディングは蒸し温度を85～90℃に保つ等温度調節が必要。材料にすが立たないように仕上げる技術が必要で，蒸し料理を初めて扱う中学生には，難易度が高すぎる。

〈解説〉問1 蒸し料理は「煮る」「焼く」「炒める」「揚げる」の加熱料理に比べてレパートリーが少なく，又，電子レンジの普及によって，生徒にとって経験の少ない調理法であるが，良い特徴が多いので積極的に取り入れたい調理法である。 問2 蒸し調理には，一定量の蒸し湯が必要である。おこわのように蒸している途中で振り水をする料理もある。 問3 茶碗蒸しやカスタードプディングは，表面が凝固してきたら，火力を落とす，蒸し器の蓋をずらすなどの操作が必要になる。

【7】問1 (解答例) 消費者教育推進法 ① 消費行動 ② 公正

問2 (解答例)

企業への手紙を書こう	
○○月△△日，秋田駅前商店街××店で「携帯音楽プレーヤー」を買いました。 次の日から毎日30分間ほどプレーヤーを使い続けました。使い始めて10日目の××月◎◎日，本体が熱くなっているように感じましたが，そのまま使用を続けていたら，プレーヤーを触っていた指先が低温やけどのような炎症が生じました。購入して10日目で総使用時間は短く，普通に操作していたのに熱を持つのは，本体内部の部品に不都合な箇所があると考えますので調べてください。新しいものに交換していただくか，修理して使えるようにしてください。更に医療費を企業で持ってください。	ポイント ・いつ，どこで，何を手に入れたのか ・その商品をどのように扱ったのか ・何をしているときにどうなったのか ・そのときどう思ったのか ・調べてもらいたいことは何か ・自分の希望は何か，具体的にどうしてもらいたいのか (できるだけ正確に書いてコピーをとっておこう。)

問3　(解答例)　①　環境や社会に配慮した工程や流通で製造された商品を選択し，そうでないものを選択しない消費行動をとる消費者。②　私たちが暮らすこの地球が，持続可能で誰にとってもより良い社会として発展していくことを目指し，2030年を達成期限につくられた持続可能な開発目標。

〈解説〉問1　環境や社会全体に与える影響までを考え，社会的関心を持って責任ある消費者として行動することで，事業者の製品開発や販売方法の改善を促し，消費者市民社会を作ることにつながる。

問2　権利と責任を理解して行動することの具体例である。製品の使用によって，購入者が低温やけどの被害を受けたので事業者に連絡(行動する責任)。事業者が対応しないので消費生活センターや消費者団体にトラブル，被害情報を提供する(行動する責任)。他の消費者からも苦情が続出していたので消費者庁や自治体が動く(連帯する責任)。事業者に対し原因究明と改善，再発防止を要求する(行動する責任)。被害が縮小，消費者への補償が行われる(補償を受ける権利)。

問3　①　環境や安全に配慮されている，省エネに優れている等を優先に購入する等，良い物を安く買うという利己的な消費者でなく，消費行動が社会に与える影響を認識できる消費者のことを指す。

②　2015年9月に国連で，17の目標と169のターゲットを掲げ，2030年までの15年間で達成するための取組み。

【高等学校】

【1】問1　(解答例)　家族や家庭，衣食住，消費や環境などに係る生活事象を，協力・協働，健康・快適・安全，生活文化の継承・創造，持続可能な社会の構築等の視点で捉え，生涯にわたって，自立し共に生きる生活を創造できるよう，よりよい生活を営むために工夫すること。

問2　(解答例)　・将来にわたって自立した生活を営む見通しをもち，よりよい生活の実現をするには，生徒の実態にあわせた生活の課題を主体的に捉えさせ，実践的・体験的な活動を通して，課題の解決を目指す。　・生活に応用・発展できるもの，生活における工夫・創造につながる題材を選び，小・中・高等学校と系統性を重視して学習内容を発展させていくことで，一連の学習過程を通して，生徒が課題を解決できた達成感や，実践する喜びを味わい，課題に対して主体的に取り組むことができるようにする。

〈解説〉問1　秋田県教育委員会の「学校教育の指針」から出題された。学習指導要領にそって解答できるように，指針の内容は確認しておこう。生活の営みに係る見方・考え方については，学習指導要領解説に説明されているので，覚えておきたい。　問2　生産人口の大幅な減少や絶え間ない技術革新により，社会構造や雇用環境は変化している。このような時代にあって，学校教育で得た「知識・技能」，それを活用し対応できる力となる「思考力・判断力」，さらにどのようにして社会・世界と関わり，よりよい人生を送るかを探求する「学びに向かう力・人間性など」を身に付けさせることが大切である。

【2】問1　A　持続可能な社会　　B　主体的　　C　科学的　　D　実践的　　問2　(1)　身体的特徴と，心理的特徴について，理解させる。加齢に伴って全ての機能が衰えるわけではなく，成熟期として捉えられる面もあることや，個人差が大きいこと，また，認知症などについては，物忘れと認知症の違い，認知症の対応方法を理解できるようにする。　　(2)　(解答例)　食事の介助，杖使用の場合の補助，車椅子での移動介助，ベットから姿勢を変えるときの介助，着脱衣の介助「脱健着患」の技能など。

〈解説〉問1　問題文の「少子高齢化」「持続可能な社会の構築」「食育の推進」「男女共同参画社会の推進」「成年年齢の引下げ」「生活文化の継承」これらの文言は現代の日本社会が抱えている課題である。学習指導要領解説で学習し理解を深めよう。　問2　(1)　高齢者疑似体験や視聴覚教材などを通して体験的に理解を深めることができるとよい。具体的な例では，皮膚感覚が鈍くなっているので食事の際にやけどに注意すること，脱水症状を起こしやすいこと，身体能力の低下から服のデザインの工夫なども必要なこと，移動については，少しの段差でも躓きやすいことを理解させる。　(2)　立ち上がりや歩行の介助は中学で学習している。介助する際は，高齢者の残存能力をいかし，高齢者の自立を手助けする意識を持つことが大事である。

【3】問1　ア　生活産業基礎　　イ　10　　ウ　5　　エ　実験・実習　オ　産業界　　カ　就業体験　　キ　社会人講師

問2　(解答例)　課題研究は，生活産業の各分野について体系的・系統的に理解し，相互に関連付けられた技術を身に付けるうえで，各科目の学習で得られた知識と技術を，実際の場面に応用発展できる確かなものとして深化・総合化を図ることが重要であるので，最終学年に行うのがよい。　　問3　25単位

〈解説〉問1　「生活産業基礎」は，実践的・体験的な学習活動を重視することから10分の5以上を実験・実習に当てるとし，調査，研究，実験，作品製作，現場実習も含む。実践的・体験的な学習活動として，産業界と連携し，就業体験や社会講師の活用を通して，勤労観，職業観を育成しようと考えている。学習指導要領解説に詳しく説明されているので学習しておこう。　問2　課題研究は(1)調査，研究，実験，(2)作品製作，(3)産業現場等における実習，(4)職業資格の取得，(5)学校家庭クラブ活動の5つの項目のうち，2項目以上にまたがるものを設定する。　問3　専門科目は21科目が設定されている。新設科目は「総合調理実習」，名称変更になった科目は「保育基礎」「保育実践」「住生活デザイン」である。

【4】問1　(1)　探究　　(2)　創造　　問2　(解答例)　人の一生と家族・家庭及び福祉，衣食住の生活の自立と設計，持続可能な消費生活・環境の学習を進める中で，自己の家庭生活の中から課題を見いだし，課題解決を目指して主体的に計画を立てて実践する。年間指導計画に位置づけて，習得した知識と技能を一層定着させ，総合化し，問題解決能力と実践的態度を育てる。

〈解説〉問1　今回の改訂により，知識及び技能を活用し思考力，判断力，

表現力等を育成することによって，課題を解決する力を養うことを目指している。高等学校家庭科の特色であるホームプロジェクトと学校家庭クラブ活動の意味と実施方法について理解を深めておこう。
問2　ホームプロジェクトと学校家庭クラブ活動は重要性が増しているので，具体的な授業内容など指導案を作るなどして対策したい。

【5】問1　(解答例)　アレルギーを引き起こす可能性のある食品について，また発症した場合の緊急時対応について理解させる。アレルギーのある生徒と，その内容について教職員，参加する生徒で情報共有する。実習内容については保護者・教職員にも連絡し了解を得るようにする。　　問2　(解答例)　①　イカの外側には4層の皮があり，1層だけ真皮のコラーゲン繊維の皮が体軸方向に走る。加熱すると体軸方向の収縮による変形が激しく起こる。体軸(縦方向)に対し直角に厚みの半分くらいまで切り込みを入れる。　②　汁の加熱が不充分だったため。水溶き片栗粉を加え，必ず沸騰させてから溶き卵を糸状に垂らす。　③　パパイヤにはたんぱく質分解酵素が含まれているため。煮て使うか，或いは缶詰の果物を使えば固まる。
問3　(解答例)　①　膳の向こうにある料理や，大皿料理を取り分けないで，直接自分の箸で取り，口に運ぶこと。　②　右側にある料理を左手で取り，左側にある料理を右手で取ること。

問4　(解答例)

	主な学習活動	指導上の留意点
導入 5分	1.ポリ袋調理の炊飯ビデオ確認 2.本時の目標 非常時に配慮した調理 —ポリ袋とカセットボンベで炊飯実習—	炊飯の水加減を確認させる。 ○ビデオ鑑賞しながらポイントをワークシートにメモさせる。 ・鍋底にお皿を置く理由 ・空気を抜いて結ぶ方法 ・結び目がお湯につからない工夫
展開 35 分	3.グループ毎に実習 実習しながら，記録も同時にとるようにする。 4.試食 グループ間で出来上がり具合の比較をする。 複数で食べる場合のとりわけ方法を考える。 米飯しかない時，どんな工夫ができるか考える。 米飯とともに食べたいものを考えさせる。 栄養の観点から考えさせる	○ガスボンベ周囲の安全確認 ○実習中，ポイントポイントで生徒へ注意を投げかける。 ・ビニール袋の閉じ方 ・米入りビニール袋を入れるタイミング ・糊化状態の観察（経過時間・火力・米の膨らみ） ○しょう油，塩を活用して味に変化をつけることに気付かせる。 災害時に不足しがちな栄養素や食品群を考えさせる。
まとめ 10分	実習後のワークシート記入 ポリ袋調理の利点の発表 白飯と一緒に摂りたい食品のポリ袋調理を2種類ずつ調べて実習し，ワークシートを完成させ，次回までに提出。	○2種類の料理を同時に1つの鍋でできるようなメニューを考えさせる。
前時の 内容	災害時のライフライン壊滅の実態理解，災害に向けて水，缶詰などの食料ストック，ローリングストックの考え方，できたての食事を食べたいときの対策	

問5　(解答例)　生米の澱粉をアルファ化(糊化)させたのち，乾燥処理によってその糊化の状態を固定させた乾燥米飯のこと。

〈解説〉問1　食物アレルギーの生徒については，「学校生活管理指導表」の提出が義務づけられ，教職員全員が食物アレルギーの生徒に関する共通認識を持つようになっている。又，症状が起きた場合の対応についても具体的な係分担など対応を明確にしている。　問2　①　切れ目は横にまっすぐ切る以外に縦横格子状になるように切り込みを入れる「松笠イカ」，斜めに包丁を入れて格子状にする「鹿の子いか」の方法もある。 ② 解答参照。 ③ たんぱく質分解酵素を含む食品にはパパイヤの他にキウイフルーツ，パイナップルがある。たんぱく質分解酵素は熱に弱いので加熱すればゼリーに使用出来る。
問3 ① 大皿の料理などは，目の前の個人お膳よりも遠くに配膳されることが多いので，皿の上を箸でまたがないよう，小皿に取り分けて運ぶ。 ② 蓋のある料理についても同様で，左にあるものは左手，右にあるものは右手で持つ。 問4 白飯と一緒に摂取すると栄養価が高くなる栄養素・食品は何か，各自ポリ袋調理を体験実習させ，この単元を完成させるとよい。α-でんぷんに変化していく状態を目で確認できるよい機会であろう。 問5 熱湯や冷水を注入すると飯の状態になり，食べられる。

【6】問1 3親等 問2 3人 問3 (解答例) ① 片開き戸や通路幅は，杖や車椅子の移動に問題ないかどうか，トイレ，浴室，場合によっては通路部分にも手すりが必要かどうか，足下を照らすフットライトがあるか，床の段差の点検等。 ② ウ ③ B ア C エ

〈解説〉問1 両親は1親等，祖父母は2親等，親の兄妹(叔父・叔母)は3親等になる。 問2 祖父は2分の1，祖母の子(Xさんの父と父の兄)も2分の1が相続分である。Xさんの父，父の兄は4分の1ずつの相続分し，2人合わせて2分の1。 問3 ① 松葉杖や車椅子での移動には，幅95㎝以上が必要とされる。高齢者は転倒による事故が最も多く，僅かの段差(居間などのカーペットの敷物など)で転倒しやすいことが報告されている。 ② 500～1000ルクスは，一般の人の読書や勉強時の明るさである。それぞれの部屋の照度基準を確認しておこう。 ③ イは網戸，ウは引込み戸，オは片開き窓である。

【7】問1 (解答例) 曲線部分は少なめ，補正が予測される部分は多めにつける。ほつれやすい素材の生地の場合は多めにつける。

問2　(解答例)　(名称／用途や特徴の順)　①　(解答例)　三つ折り縫い／表にミシン目が見えても差し支えないスカートの裾，袖口，フリル端，小物などの処理に適している。　②　(解答例)　たてまつり／アップリケ，パイピング等につかう。表に縦の縫い目ができる。縫い目が目立たない。　③　(解答例)　ちどりがけ／ほつれやすい毛織物，裏付き袖口や裾の始末などに行なう。　問3　(解答例)　ミシン糸は「左撚り」になっているので，手縫いに使用するとよじれやすい。　問4　アップサイクル

〈解説〉問1　縫い代については素材や縫い代の始末の方法による。曲線部分に多めの縫い代をつけると，縫い代がゴワゴワし，仮縫い時に的確な判断が難しく，本縫い時もスッキリ仕上がらず，着心地が悪いものになる。　問2　①　1つ目の折り目を2つ目の折り目より2～3ミリ狭くすると，三つ折りにした時の収まりがよくなり，きれいに仕上がる。　②　他のまつり縫いよりも，布の端をぴったりと落ち着かせる事が出来る。　③　パンツの裾上げやジャケットのヘムを縫うときに使う千鳥の足どりのように糸を交差させるさせることにより，布をしっかりと押さえることができる。　問3　ミシン糸は切れにくいことが大事なので，撚りを左撚り(Z撚り)になっている。一方，手縫い糸はよじれにくいように右撚り(S撚り)である。ミシン糸を手縫いに使う場合はよじれないように，糸の長さを短めにカットして使うとよい。

問4　リサイクルやリユースとは異なり，もともとの形状や特徴などを活かしつつ，古くなったものや不要だと思うものを捨てずに新しいアイデアを加えることで別のものに生まれ変わらせる。

2020年度　実施問題

【中学校】

【1】次の文は，「中学校学習指導要領解説　技術・家庭編(平成29年7月文部科学省)」「第2章　第3節　家庭分野の目標及び内容」の「1　家庭分野の目標」より抜粋したものである。以下の設問に答えよ。

> (　①　)を働かせ，衣食住などに関する実践的・体験的な活動を通して，よりよい生活の実現に向けて，生活を工夫し創造する資質・能力を次のとおり育成することを目指す。
>
> (1)　家族・家庭の機能について(　②　)を深め，家族・家庭，衣食住，消費や環境などについて，生活の自立に必要な基礎的な(　②　)を図るとともに，それらに係る(　③　)を身に付けるようにする。
>
> (2)　家族・家庭や地域における生活の中から問題を見いだして課題を設定し，解決策を構想し，実践を評価・改善し，考察したことを論理的に表現するなど，これからの生活を展望して課題を解決する力を養う。
>
> (3)　自分と家族，家庭生活と地域との関わりを考え，家族や地域の人々と協働し，よりよい生活の実現に向けて，生活を工夫し創造しようとする実践的な態度を養う。

問1　①～③に適する言葉や語句を記せ。但し，同一番号には同一の言葉や語句が入るものとする。

問2　(2)に関わって，「家庭科，技術・家庭科(家庭分野)の学習過程の参考例」が示されている。この学習過程を踏まえ，次の事項を考慮して，より安全で快適な住まい方を考える題材を構想することにした。10時間扱いの題材計画を作成せよ。

◇題材名　「快適な住空間～より安全で快適な住まい方を求めて～」

◇題材の目標
・住居の機能と安全で快適な室内環境の整え方や住まい方についての知識及び技能を身に付けている。
・自分や家族の住生活の課題を見付け，その解決を目指して工夫している。
・自分や家族の住生活に関心をもち，よりよい住生活の実現に向けて，進んで工夫し創造しようとしている。

◇生徒の実態
・中学校第2学年35名
・第1学年では，「B　衣食住の生活　(6)　住居の機能と安全な住まい方」を履修していない。

◇その他
・「B　衣食住の生活　(6)　住居の機能と安全な住まい方」と「B　衣食住の生活　(7)　衣食住の生活についての課題と実践」を関連付けた題材とする。
・「時数」「ねらい」「学習活動」「評価規準」「評価方法」を明示し，必要に応じて区切り線を入れること。

時数	○ねらい　・学習活動	評価規準(評価方法)			
		生活や技術への関心・意欲・態度	生活を工夫し創造する能力	生活の技能	生活や技術についての知識・理解

(☆☆☆☆◎◎◎◎)

【2】次の文は，「中学校学習指導要領解説　技術・家庭編(平成29年7月文部科学省)」「第2章　第3節　家庭分野の目標及び内容」の「2　家庭分野の内容構成」より抜粋したものである。以下の設問に答えよ。

> (1)　内容構成の考え方
> 　今回の改訂における内容構成は，次の三つの考え方に基づいている。
> 　一つ目は，小・中・高等学校の(　　)の明確化である。
> －略－
> 　二つ目は，空間軸と時間軸の視点からの小・中・高等学校における学習対象の明確化である。
> －略－
> 　三つ目は，学習過程を踏まえた育成する資質・能力の明確化である。－略－
> －略－

問1　(　　)に適する言葉を記せ。

問2　波線部について，中学校における空間軸の視点からの学習対象，時間軸の視点からの学習対象は，それぞれどのように示されているか記せ。

(☆☆☆◎◎◎◎)

【3】栄養素の種類と働きについて，以下の設問に答えよ。

問1　小学校家庭科「体に必要な栄養素の種類と主な働き」，中学校技術・家庭科「栄養素の種類と働き」では，五大栄養素についてどのようなことを理解させるのかそれぞれ記せ。

問2　次の①～⑤に適する言葉を記せ。

　食物繊維は，人間のもつ(　①　)で分解されない動植物食品中に含まれる難消化成分をいい，その多くが(　②　)類である。消化・吸収されず，(　③　)とはならないが，(　④　)の調子を整えて排便を促すほか，(　⑤　)の予防に役立つ。

問3　食物繊維を過剰に摂取することによって，人体にどのような影響があるか記せ。

(☆☆☆◎◎◎)

【4】衣服の洗濯について，以下の設問に答えよ。

問1　洗濯用洗剤についてまとめた次の表中の①～④に適する説明や言葉を記せ。但し，①，②については，「汚れ落ち」という言葉を使い，適した繊維名を挙げて説明することとする。

<table>
<tr><th>主な液性</th><th>特　　徴</th><th>洗濯用洗剤の種類</th></tr>
<tr><td rowspan="2">弱アルカリ性</td><td rowspan="2">①</td><td>③</td></tr>
<tr><td rowspan="2">④</td></tr>
<tr><td>中　性</td><td>②</td></tr>
</table>

問2　次の図は，洗剤によって衣服の汚れが落ちる過程を，界面活性剤の分子モデルを用いて4段階で示したものである。①～④に適する言葉を記せ。また，それぞれの作用について説明せよ。

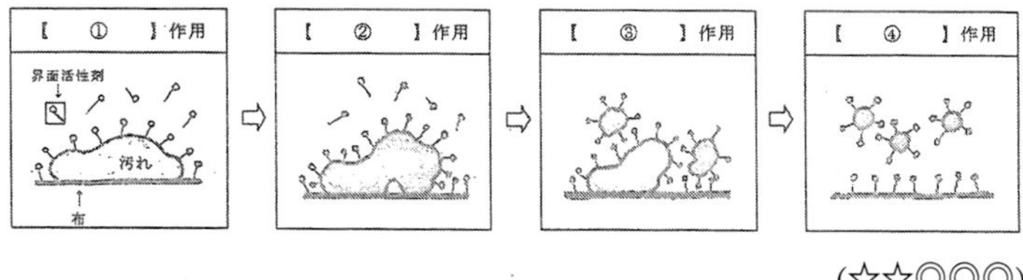

(☆☆◎◎◎)

【5】和服について，以下の設問に答えよ。

問1　着物には大きく分けて「染め」の布と「織り」の布が使われている。それぞれの布の特徴について説明せよ。

問2　次の図中の①～④に適する名称を記せ。

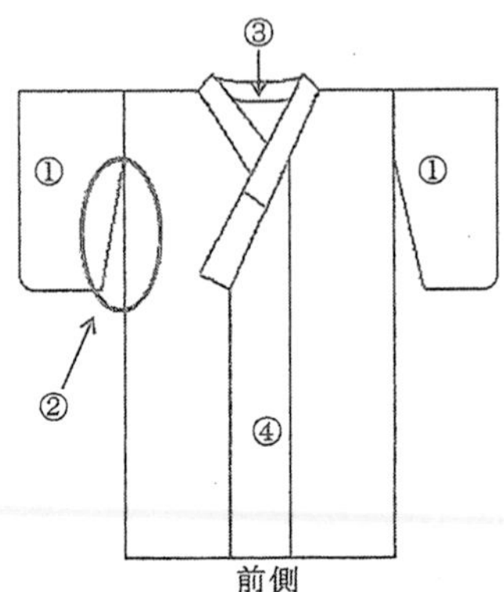

問3　下欄に男性の浴衣の着装について記した。これを参考に，女性の浴衣の着装の仕方について記せ。但し，男性とは異なる点に下線を引くこと。

【浴衣の着装(男性の場合)】
①　襟先をそろえて，背中心を決める。
②　下前の襟先を左腰骨の位置に合わせる。
③　上前を重ね，腰骨の高さで腰ひもを締める。
④　帯を締める。

(☆☆☆◎◎◎)

【6】題材「幼児の生活と家族」の学習において，幼児と触れ合う活動を行うことにした。次の事項を踏まえて，幼児との交流活動の計画を立てる学習指導案を作成せよ。

◇題材の主な学習内容[時数]

1　自分の成長を振り返ろう[1]

2　幼児の発達と生活の特徴を知ろう[3]

3　幼児にとっての遊びの意義，遊びを支える環境について知ろう[1]

4　幼児との触れ合い体験(1回目)～保育園を訪問し，幼児を観察しよう～[2]

5　幼児との触れ合い体験(2回目)の計画～保育園を訪問し，幼児と交流しよう～[1【本時】]

6　幼児との触れ合い体験(2回目)の準備[2]

7　幼児との触れ合い体験(2回目)の実施[2]

8　これまでの学習を振り返ろう[2]

◇本時のねらい

・幼児の発達の段階を考慮した遊び方や関わり方を考え，工夫することができる。

◇学習指導案を作成する上で考慮すべき事項

・1回目の触れ合い体験を踏まえた学習展開とすること。

・2回目の触れ合い体験では，年齢の異なる三つの組と交流する。一つの組との交流は20分間とする。

・学習課題を明記すること。

・生徒が，これまでに学習したことを活用しながら，園児との関わり方を工夫できるようにするための具体的な指導・支援を記入し，それに当たる部分に下線を引くこと。

学習過程	学習活動	時間（分）	教師の指導・支援（園児との関わり方を工夫できるようにするための具体的な指導・支援に下線を引くこと）	評価規準（評価方法）

（☆☆☆☆◎◎◎◎）

【7】次の三つの法律について，制定された背景やその効果を説明せよ。

① 容器包装リサイクル法

② 家電リサイクル法

③　食品リサイクル法

(☆☆☆☆◎◎◎)

【高等学校】

【1】高等学校学習指導要領(平成30年3月告示)　第2章　第9節　家庭について，次の設問に答えよ。

問1　今回の改訂において，小・中・高等学校の系統性を踏まえ，内容構成が整理された。次は「家庭基礎」「家庭総合」それぞれの内容を示している。空欄(　ア　)～(　エ　)に当てはまる語句を記せ。但し，同一記号には同一の語句が当てはまる。

家庭基礎
「A　人の一生と家族・家庭及び(　ア　)」
「B　衣食住の生活の(　イ　)」
「C　持続可能な消費生活・環境」
「D　(　ウ　)」

家庭総合
「A　人の一生と家族・家庭及び(　ア　)」
「B　衣食住の生活の(　エ　)」
「C　持続可能な消費生活・環境」
「D　(　ウ　)」

問2　平成30年告示の学習指導要領では，内容Cについて一層の指導の充実を図ることが求められている。その背景と，どのような内容の改善が図られたか記せ。

問3　次の(1)・(5)・(6)は，「家庭基礎」「家庭総合」の指導計画作成上の配慮事項の一部を抜粋して記している。あとの①～⑤の設問に答えよ。

(1)　(　ア　)など内容や時間のまとまりを見通して，その中で育む資質・能力の育成に向けて，生徒の i主体的・対話的で深い学びの実現を図るようにすること。その際，(　イ　)を働かせ，知識を相互に関連付けてより深く理解するとともに，ii家庭や地域及び社会における生活の中から問題を見いだして解決策を構想し，実践を(　ウ　)して，新たな課題の解決に向かう過程を重視した学習の充実を図ること。

(5)　地域や関係機関等との連携・交流を通じた実践的な学習活動を取り入れるとともに，外部人材を活用するなどの工夫に努めること。

(6)　障害のある生徒などについては，学習活動を行う場合に生じる(　エ　)に応じた指導内容や指導方法の工夫を計画的，組織的に行うこと。

①　空欄(　ア　)～(　エ　)に当てはまる語句を記せ。

②　下線部 i について，家庭科における「主体的な学び」の視点，「対話的な学び」の視点，「深い学び」の視点をそれぞれ記せ。

③　下線部 ii については，小・中・高等学校の系統性を踏まえつつ，学習対象としての広がりに留意して指導することが大切である。小学校，中学校ではどのように記されているか答えよ。

④　上記(5)について，内容「C　持続可能な消費生活・環境」の実践で考えられる具体的な方法を記せ。

⑤　上記(6)について，家庭科の目標や内容の趣旨，学習活動のねらいを踏まえ，どのような配慮が考えられるか。被服製作を行う際の具体的な配慮を記せ。

(☆☆☆◎◎◎◎)

【2】高等学校学習指導要領(平成30年3月告示)　第3章　第5節　家庭について，次の設問に答えよ。

問1　次の文は，科目「課題研究」の目標を示している。下の設問に答えよ。

> 1　目標
>
> 家庭の生活に関わる(　ア　)の見方・考え方を働かせ，実践的・体験的な学習活動を行うことなどを通して，生活の質の向上や，社会を支え生活(　ア　)の発展を担う(　イ　)として必要な資質・能力を次のとおり育成することを目指す。
>
> (1)　生活(　ア　)の各分野について体系的・系統的に(　ウ　)するとともに，相互に関連付けられた(　エ　)を身に付けるようにする。
>
> (2)　生活(　ア　)に関する課題を発見し，生活(　ア　)を担う(　イ　)として解決策を探究し，(　オ　)な根拠に基づいて創造的に解決する力を養う。
>
> (3)　課題を解決する力の向上を目指して(　カ　)学び，生活(　ア　)の発展や社会貢献に主体的かつ(　キ　)に取り組む態度を養う。

(1)　文中の空欄(　ア　)～(　キ　)に当てはまる語句を記せ。但し，同一記号には同一の語句が当てはまる。

(2)「課題研究」の内容を取り扱う際の配慮事項を記せ。

問2　高等学校学習指導要領(平成30年3月告示)において，従前の「子どもの発達と保育」と「子ども文化」の内容を整理統合し，再編成した科目の名称を記せ。

(☆☆☆◎◎◎◎)

【3】次の文を読み，あとの設問に答えよ。

> Aさん(17歳)の家には，今年①90歳になる曾祖母がいる。近年②背中も丸くなり，首も前に傾斜してきた。また，数年前に腰を痛めてから家の中でも車いすを利用することが多くなり，認知症の症状もではじめたことから，今後曾祖母の在宅介護が必要にな

った場合のことを家族で話し合っている。

問1　下線部①の90歳の長寿の祝いを何というか答えよ。

問2　下線部②により，「後ろえりぐりがぬける」「前えりぐりがたるむ」といった服のゆがみが生じる場合，どのような対策をしたらよいか。図に補正のしかたを点線で記入し，さらにどのように補正したかを図中に記せ。

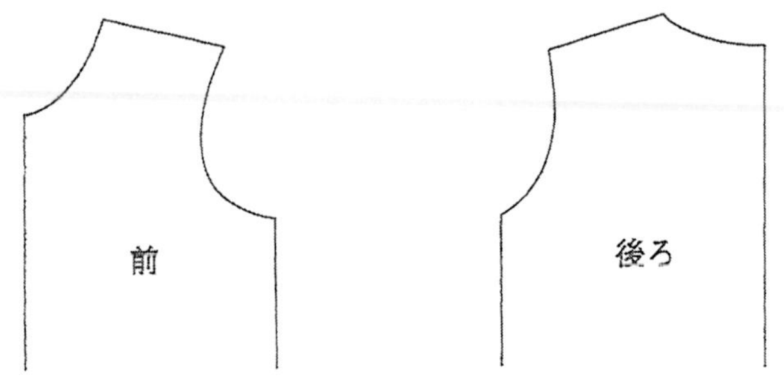

問3　車いすを利用する曾祖母のためのセミタイトスカートを市販の型紙を使って製作することにした。型紙をどのように補正したらよいか，図示せよ。ただし，細かい寸法は記載しなくてよいものとする。

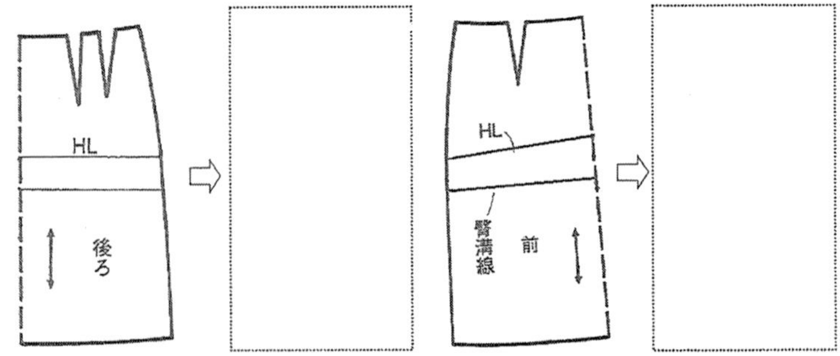

問4　車いすの移動・移乗の介助を行う際，ボディメカニクスを用いる理由を記せ。

問5　ボディメカニクスの原理を踏まえて移動・移乗の介助を行う際の，留意点を記せ。

問6　筋肉，骨，関節，軟骨，椎間板といった運動器の障がいにより，立ったり歩いたりする機能が低下している状態を何というか。

問7　認知症の人と接する際の配慮事項を記せ。

(☆☆☆☆◎◎◎)

【4】次の設問に答えよ。

問1　次の①～③のマークの名称を記せ。

①　②　③

問2　家庭用品品質表示法に基づく繊維製品品質表示規程の改正により，衣類等の繊維製品の洗濯表示が平成28年12月1日から新しいJIS L 0001に規定する記号に変更された。これにより，一般消費者の利便性の向上が期待されるが，その具体例を二つ記せ。

問3　次の①・②の用語について，説明せよ。

①　長期優良住宅　　②　スマートハウス

問4　次の①・②について，それぞれの違いが明確になるように記せ。

①「シュガーレス」と「砂糖不使用」

②「塩少々」と「塩ひとつまみ」

問5　日本料理に関する次の①・②の用語について，説明せよ。

①　呼び塩　　②　あしらい

問6　消費生活と環境の授業において，情報に左右されず正確な知識や判断力をもつ力の育成をねらいとした授業を実施する。次の内容を踏まえた授業構想を記し，必要に応じて区切り線を入れよ。

〔科目名〕　家庭総合
〔対象生徒〕　高等学校　普通科　第1学年　35名
〔授業時間〕　50分間(過程は導入5分程度，展開35分程度，まとめ10分程度とする。)

〔単元名〕 消費行動と意思決定
〔使用教材〕
① 新生児用紙おむつ(各班A，Bの2枚)　② はさみ
③ 黒色画用紙　④ 湯　⑤ ボウル　⑥ 食用色素
⑦ 計量カップ　⑧ 視聴覚機器(VTR視聴用)
⑨ ワークシート　※必要に応じてその他の教材も使用する。
〔ワークシート〕
※ワークシートには以下の内容が記載されているものとする。
1：生徒の記入欄
① CMに関して(紙おむつのCMを見たことがあるか，CMではどのように宣伝されていたか等。)
② 実験結果・生徒の感想等
③ 本時のまとめ
2：実験の手順の資料
① 手を軽く握り，その手に紙おむつAを巻き，付属のテープで密封し，5分放置する。
② 黒色画用紙の上で，紙おむつBを切り，中身を確認する。
③ 40℃くらいのお湯をボウル入れ，食用色素を加えて，紙おむつAに150ml程流し入れる。その後再び手に巻き，10分間放置する。
④ ③のおむつをはさみで切り，断面を観察する。
[学習指導案を作成する上での留意点]
・「本時の目標を確認する」場面を適宜設定し，「本時の目標」も明記すること。
・主な学習活動の欄には，生徒が考えを深めるために効果的と思われる活動を具体的に記入し，それに当たる部分に下線を引くこと。
・指導上の留意点の欄には，本時の目標を達成するために効果的と思われる支援を具体的に記入し，それに当たる部分

に下線を引くこと。

段階 時間(分)	主な学習活動 (生徒が考えを深めるために効果的と思われる学習活動に下線を引く)	指導上の留意点 (本時の目標を達成するために効果的と思われる支援に下線を引く)

(☆☆☆☆◎◎◎)

解答・解説

【中学校】

【1】問1　①　生活の営みに係る見方・考え方　②　理解　③　技能

問2 〈解答例〉

時数	○ねらい・学習活動	評価規準(評価方法)			
		生活や技術への関心・意欲・態度	生活を工夫し創造する能力	生活の技能	生活や技術についての知識・理解
1	○住まいの基本的な機能を理解する。 ・住居は家族にとってどのような場所か考える。	住まいに関心を持ち，住生活をよりよくしようとしている。(観察)			住居の機能を理解する。(ワークシート)
2	○家族の生活行為と住空間の関わりを理解する。 ・家族の生活行為がどのような空間で行われているか話し合う。	自分や家族の住空間と生活行為との関わりについて関心を持っている。(観察)			住まいの役割や基本的な機能について理解している。(ワークシート)
3	○幼児・高齢者の家庭内の事故の種類を知り，安全な住まい方の工夫を考える。 ・幼児・高齢者が安全で快適に生活することのできる住空間を考える。	安全な室内環境に関心を持ち，整え方や住まい方の課題に取り組もうとしている。(観察)			安全で快適な室内環境の整え方や住まい方について理解する。(ワークシート)
4	○自然災害に備えた住空間の整え方について理解する。 ・自然災害と安全対策について知る。	災害に備えた住まい方に関心を持ち，課題に取り組もうとしている。(観察)			災害に備えた住まい方について理解している。(ワークシート)
5	○住生活の中から問題を見いだし，課題を設定し，計画を立てる。 ・グループに分かれ，幼児や高齢者のいる家庭の住生活の問題点から課題を設定し，計画を話し合う。	住生活に関心を持って，課題を見つけ，計画作りに取り組もうとしている。(観察)	自分や家族の住生活の課題を見つけ，その解決を目指して工夫している。(ワークシート)		
6 7	○計画を実践する。 ・家庭でインタビューした内容を反映するなどして住まいの整え方を検討する。 ・検討した内容を家庭で実践する。	住生活に関心を持って，課題を見つけ，実践で取り組もうとしている。(観察)	安全で快適に住むための方法を考え，工夫している。(ワークシート)		
8 9	○実践した結果をまとめ，発表の準備を行う。 ・グループごとに発表会に向けてパワーポイント等を活用して準備する。	住生活に関心を持って，発表会の準備を行おうとしている。(観察)	実践したことを工夫してまとめている。(パワーポイント)		
10	○実践発表会を行い，改善策を検討する。 ・各グループの発表を聞き，改善策をアドバイスしあう。	住生活に関心を持って，改善策を見つけようとしている。(観察)	実践したことを，工夫して発表している。(観察)		

〈解説〉問1　中学校学習指導要領(平成29年告示)では，育成を目指す資質能力が3つの柱により明示されている。全体に関わる目標は柱書きとして最初に示され，目標の(1)として知識及び技能，(2)として思考力，判断力，表現力等，(3)として学びに向かう力，人間性等，を育成することが示されている。　問2　中学校学習指導要領(平成29年告示)解説技術・家庭編には，学習過程の参考例として，生活の課題発見→解決方法の検討と計画→課題解決に向けた実践活動→実践活動の評価・改善→家庭・地域での実践の流れがさらに具体的に示されている。この学習過程を踏まえ，題材の目標が達成されるような題材計画を立てる必要がある。

【2】問1　内容の系統性　　問2　空間軸の視点…主に家庭と地域　　時間軸の視点…主にこれからの生活を展望した現在の生活

〈解説〉問1　小・中学校の学習が高等学校に円滑に接続できるように，小・中学校においては，現行のABCDの4つの内容を新学習指導要領解説では「A家族・家庭生活」「B衣食住の生活」「C消費生活・環境」の3つの内容に整理している。各項目は，原則として，ア　基礎的な知識及び技能の習得，イ　思考力・判断力・表現力等の育成に関する指導事項で構成されている。　問2　学習指導要領(平成29年告示)解説では，指導内容の示し方で3つの改善が行われた。その中の1つに，空間軸と時間軸という2つの視点からの学校段階に応じた学習対象の明確化がある。空間軸の視点では，家庭，地域，社会という空間的な広がりから，時間軸の視点では，これまでの生活，現在の生活，これからの生活，生涯を見通した生活という時間的な広がりから学習対象を捉えて指導内容を整理することが適当だということが示された。空間軸の視点について，中学校では主に家庭と地域，高校では主に地域と社会としており，時間軸の視点について，中学校では主に，これからの生活を展望した現在の生活，高校では主に生涯を見通した生活としている。

【3】問1 〈解答例〉小学校…食品に含まれる栄養素には，炭水化物，脂質，たんぱく質，無機質，ビタミンがあり，五大栄養素と呼ばれていること，それらは交互に関連をもちながら健康の保持や成長のために役立っていることなどが分かるようにする。例えば，炭水化物や脂質は主として体内で燃焼することによりエネルギーに変わり，体温の保持や活動のために使われること，たんぱく質は主として体をつくるのに役立つが，エネルギー源としても利用されること，無機質については，カルシウムなどがあり，カルシウムは骨や歯の成分となるが，体の調子を整える働きもあること，ビタミンには体の調子を整える働きがあることが分かるようにする。　中学校…中学生に必要な栄養素の種類と働きについて理解させる。炭水化物と脂質は，主として体内で燃焼してエネルギーになること。たんぱく質は，主として筋肉，血液などの体を構成する成分となるだけでなく，エネルギー源としても利用されること。無機質には，カルシウムや鉄などがあり，カルシウムは骨や歯の成分，鉄は血液の成分となるなどの働きと，体の調子を整える働きがあること。ビタミンには，A，B_1，B_2，C，Dなどの種類があり，いずれも体の調子を整える働きがあることが分かるようにする。
問2 ① 消化酵素 ② 多糖 ③ エネルギー源 ④ 腸 ⑤ 生活習慣病　問3 〈解答例〉下痢をおこす。食物繊維が栄養素を吸着してしまい，栄養の吸収を阻害してしまう。

〈解説〉問1　小学校では，栄養を考えた食事についての基礎的な理解，中学校では，食事の役割と中学生の栄養の特徴についての基礎的な理解，中学生に必要な栄養を満たす食事についての基礎的な理解を目指す資質・能力としている。　問2　中学校学習指導要領(平成29年告示)解説では，「食物繊維は，消化されないが，腸の調子を整え，健康の保持のために必要であること，水は，五大栄養素には含まれないが，人の体の約60％は水分で構成されており，生命維持のために必要な成分であることにも触れるようにする。」と示されている。　問3　下痢をおこすと水分とともにミネラルも排出してしまい，ミネラル欠乏症をおこすこともある。栄養の吸収阻害については，特に，鉄・銅・亜鉛などが影響を受けやすい。

【4】問1　①〈解答例〉洗浄力が高く，汚れ落ちがよい。綿やポリエステルのように丈夫で洗濯頻度の高い繊維に適している。　②〈解答例〉衣類にかかる負担を少なくするため，汚れ落ちがやや劣る。毛や絹のようにアルカリに弱く，デリケートな繊維に適している。
③　石けん　　④　合成洗剤　　問2　①　名称…浸透
説明…〈解答例〉水に界面活性剤を入れることで界面張力が下がり，繊維の表面と界面活性剤溶液がなじみやすくなるため，繊維に水が吸着するようになる作用。　②　名称…乳化　　説明〈解答例〉…界面活性剤の親油基が油の粒子を取り囲み，親水基が外側に並ぶため，水と油が均一に混ざり合う作用。　③　名称…分散　　説明〈解答例〉…界面活性剤を入れると，汚れの粒子は界面活性剤の分子に取り囲まれて，細分化し水中に分散する作用。　④　名称…再付着防止
説明〈解答例〉…界面活性剤の分子によって取り囲まれた汚れが，再び繊維につくことを防ぐ作用。

〈解説〉問1　洗濯用洗剤は，主成分として汚れ除去作用をもつ界面活性剤とその働きを助ける洗浄補助剤およびその他の配合剤からなる。石けんは天然の油脂を原料として得た高級脂肪酸のアルカリ塩を，合成洗剤は界面活性剤を主成分として使用している。　問2　一つの界面活性剤分子は，性質の異なる二つの部分からなっており，水になじみやすい親水基と油になじみやすい親油基(疏水基)に分かれる。よって，水に溶けると，水と油，水と繊維などの界面に吸着して界面の性質を変える働きをし，表面張力を著しく低下させることにより，さまざまな作用が起こる。

【5】問1　「染め」の布…〈解答例〉染めていない糸で白い布を織り上げた後に，染料に浸けたり，型紙や筆などを用いて捺染したもの。後染めとも言われる。　「織り」の布…〈解答例〉糸を染めてから織り上げるもの。織り上げる過程で模様を出す。先染めとも言われる。

問2　①　袖　　②　身八つ口　　③　襟　　④　おくみ

問3　〈解答例〉①　襟先をそろえて，背中心を決める。　②　すその位置を合わせる。　③　下前の襟先を左腰骨の位置に合わせる。

④　上前を重ね，腰骨の2cm程度上の高さで腰ひもを締める。

⑤　おはしょりを整える。　⑥　帯を締める。

〈解説〉問1 「染め」は柔らかい着心地が特徴で，染めの布には，沖縄県の紅型，石川県の加賀友禅，愛知県の有松・鳴海絞などがある。「織り」は手触りが硬めで素朴な印象が特徴で，織りの布には，秋田県の秋田八丈，八丈島の黄八丈，埼玉県の秩父銘仙，広島県の備後絣などがある。　問2　問題文の図は長着である。長着は，身ごろ・袖・おくみ・襟・かけ襟から構成されている。身八つ口のあきがあることから，これは女物の長着であることも分かる。長着の各部の名称やその部分に用いられる縫い方の名称などは合わせて覚えておく必要がある。　問3　洋装とは異なり，和装では男性も女性も左襟が上になるように着装する。これを「右前」という。女性の浴衣は着丈より25～30cm長く身丈をとって仕立てるため，その分を腰のところで折って着装する。これをおはしょりという。男性の浴衣は着丈に仕立てる。

【6】〈解答例〉

学習過程	学習活動	時間(分)	教師の指導・支援 (園児との関わり方を工夫できるようにするための具体的な指導・支援に下線を引くこと)	評価基準 (評価方法)
導入	1　保育園を訪問した際に，幼児とどのような遊びをしたかを発表する。 2　本時の目標を確認する。 幼児の発達段階に合わせて遊び方・関わり方を工夫しよう	10	○黒板に発達段階ごとに比較できるようにまとめ，幼児の遊び方が異なっていたことに気付かせる。 ○次の触れ合い体験に向け，発達段階に応じた幼児との遊び方・関わり方を考えることを知らせる。	

展開	3　グループに分かれて，年少，年中，年長それぞれとのよりよい遊び方，関わり方を考える。 ・幼児との関わり方で，うまくいったことやいかなかったことを発表しあう。 ・それぞれの発達段階で，どのような関わり方をするとうまく遊べると思うか意見をまとめる。	35	○同じ遊び方や関わり方でも幼児の発達段階によって反応が異なっていたことに気付かせる。 ○今まで学習してきた幼児の発達と生活の特徴を振り返り，各発達段階でどのような関わり方をすると良いか，具体的な言葉がけや動作を考えさせる。	幼児の発達の特徴を考慮した遊び方や関わり方を考えている。 (観察)
	4　グループで考えた内容を発表し，幼児の発達段階に合わせた関わり方をまとめる。 ・他のグループの意見も参考に，それぞれの発達段階の幼児と触れ合う際の関わり方の改善策をワークシートにまとめる。		○黒板に発達段階ごとに比較できるようにまとめ，他のグループの意見を自分たちのグループの意見と比較しながら，改善策を工夫できるようにする。	幼児とのよりよい関わり方について考え，工夫している。 (ワークシート)
まとめ	5　本時のまとめ	5	○本時の目標が達成できたかワークシートで自己評価する。 ○次時は，本時で学んだことを生かして2回目の触れ合い体験に向けて準備を行うことを伝える。	

〈解説〉問題文より，本時の学習内容は，「幼児との触れ合い体験(2回目)の計画～保育園を訪問し，幼児と交流しよう～」である。ねらいは，「幼児の発達の段階を考慮した遊び方や関わり方を考え，工夫することができる。」として，学習指導案を作成する。考慮するべき事項も十分確認した上で，ねらいが達成されるような授業展開にすること。

【7】〈解答例〉①　容器包装リサイクル法は一般廃棄物の排出量の増大，最終処分場の逼迫，一般廃棄物の低リサイクル率，一般廃棄物に占める容器包装廃棄物の割合が大きいことを背景として制定されたが，消費者の分別排出，市町村の分別回収，事業者の再商品化の役割分担を定めることでリサイクルの輪が回るようになった。　②　家電リサイクル法は，使用済の廃家電製品の約半分が埋め立てられていたが，

廃家電製品には，鉄・アルミなどの資源が多く含まれること，最終処分場が逼迫していること，廃棄物の減量とリサイクルが必要となったことを背景に制定された。廃家電製品の4品目(エアコン，テレビ，冷蔵庫，洗濯機・衣類乾燥機)の引き取り台数が増加し，資源の回収が進んでいる。　③　食品リサイクル法は，食品の売れ残りや食べ残しが大量に発生していること，食品の製造過程において食品廃棄物が大量に発生していること，これらがもたらしている環境への負荷が社会問題になっていることを背景として制定された。飼料や肥料等への再生利用や，食品廃棄物から発生させたバイオガスを利用したバイオマス発電などが普及，促進が行われている。

〈解説〉①　容器包装リサイクル法は，平成7年6月に制定され，平成9年4月から本施行された法律である。また，平成18年6月に改正容器包装リサイクル法が成立・公布され，平成19年4月から施行された。容器包装廃棄物の3Rの推進，リサイクルに要する社会全体のコストの効率化，国・自治体・事業者・国民等すべての関係者の連携について見直された。　②　家電リサイクル法は，平成10年6月に制定され，半成13年4月から施行された法律である。この法律では，家電4品目について，小売業者による引き取り及び製造業者等による再商品化等が義務付けられ，消費者には家電4品目を廃棄する際，収集運搬料金とリサイクル料金を支払うことなどそれぞれの役割分担として定められている。　③　食品リサイクル法は，平成12年6月に制定され，平成13年5月に施行された法律である。また，平成19年6月に改正され，食品関連事業者に対する指導監督の強化，食品関連事業者の取組の円滑化，再生利用の手法に「熱回収」を追加するなどの見直しが図られた。

【高等学校】

【1】問1　ア　福祉　　イ　自立と設計　　ウ　ホームプロジェクトと学校家庭クラブ活動　　エ　科学と文化　　問2　〈解答例〉背景…民法の改正により2022年4月から成年年齢が18歳に引き下げられ，18歳から一人で有効な契約をすることができるようになる一方，保護者の

同意を得ずに締結した契約を取り消すことができる年齢が18歳未満までとなることから，自主的かつ合理的に社会の一員として行動する自立した消費者の育成のため，また，若年者の消費者被害の防止・救済のためにも，こうした消費生活に関わる内容についてより一層の指導の充実を図ることが必要となった。　内容…契約の重要性や消費者保護の仕組みに関する内容を充実するなど，消費者被害の未然防止に関する内容の充実が図られている。　問3　①　ア　単元　イ　生活の営みに係る見方・考え方　ウ　評価・改善　エ　困難さ
②〈解答例〉「主体的な学び」の視点…現在を起点に生涯を見通して，家族・家庭や地域，社会の課題を発見し，その解決に取り組むとともに，学習の過程を振り返って，次の学習に主体的に取り組む態度を育む学びの視点。　「対話的な学び」の視点…様々な人々と対話したり，協働したりする中で，課題の解決に向けて自分の考えを明確にしたり，他者と多様な意見や価値観を共有したりして，自らの考えを広げ深める学びの視点　「深い学び」の視点…生徒が，実生活や社会の課題を他の生活事象と関連付け，生涯を見通して多角的に捉え，解決に向けた解決策の検討，計画，実践，評価，改善といった一連の学習活動の中で，「生活の営みに係る見方・考え方」を働かせながら課題の解決に向けて自分の考えを構想したり，表現したりして，資質・能力を獲得する学びの視点　③　小学校…日常生活の中から問題を見いだし　中学校…家族・家庭や地域における生活の中から問題を見いだし　④〈解答例〉国民生活センターや地域の消費生活センターを訪問したり，消費生活相談員等を外部講師として学校に招いたりする。
⑤〈解答例〉・(作業に見通しをもつことが難しい場合は，)完成までの過程を，順番がわかるように写真やイラスト，実物や標本などを用いて，具体的に示す。　・(作業を行う際には，)指示を一つずつ出すなどわかりやすい指示を心がけるとともに，適切な時間を設定するなど注意に集中できるよう工夫する。　・(集団場面での口頭による指示や理解が難しい場合は，)例えば，アイロン，ミシンなどの使用に際して，事故を防止する方法を理解できるよう，全体での指導を行っ

た後，個別に指導したりするなどの工夫をする。

〈解説〉問1 「家庭基礎」では，高等学校の卒業段階において，自立した生活者として必要な実践力を育成することを重視した基礎的な内容構成となっており，「家庭総合」では，従前の「家庭総合」や「生活デザイン」の内容を引き継ぎ，生涯を見通したライフステージごとの生活を科学的に理解させるとともに，主体的に生活を設計することや，生活文化の継承・創造等，生活の価値や質を高め豊かな生活を創造することを重視した内容構成となっている。　問2　内容Cは，今回の改訂において，小・中・高等学校の系統性や成年年齢の引下げを踏まえ，新たに位置付けられた。さらに，国際連合が定めた持続可能な開発目標(SDGs)など持続可能な社会の構築に向けて，消費生活と環境を一層関連させて学習できるようにし，消費者教育の推進に関する法律(消費者教育推進法)の定義に基づく消費者市民社会の担い手として，自覚をもって責任ある行動ができるようにすることが意図されている。

問3　学習指導要領解説の指導計画作成上の配慮事項を熟知しておく必要がある。学習対象の広がりについては，空間軸・時間軸の視点からの学習対象を明確化しており，空間軸の視点について，小学校では主に自己と家庭，中学校では主に家族と地域，高校では主に地域と社会としており，時間軸の視点については，小学校では，現在及びこれまでの生活，中学校では主にこれからの生活を展望した現在の生活，高校では主に生涯を見通した生活としている。

【2】問1　(1)　ア　産業　　イ　職業人　　ウ　理解　　エ　技術　　オ　科学的　　カ　自ら　　キ　協働的　　(2)〈解答例〉生徒の興味・関心，進路希望等に応じて，指導項目の5つの中から，個人又はグループで生活産業に関する適切な課題を設定し，主体的かつ協働的に取り組む学習活動を通して，専門的な知識，技術などの深化・総合化を図り，生活産業に関する課題の解決に取り組むことができるようにする。なお，課題については，5つの項目の2項目以上にまたがるものを設定することができること。　問2 「保育基礎」と「保育実践」

〈解説〉問1　(1)　高等学校学習指導要領(平成30年3月告示)では，育成を目指す資質能力が3つの柱によって明示されている。全体に関わる目標は柱書きとして最初に示され，目標の(1)として知識及び技能，(2)として思考力，判断力，表現力等，(3)として学びに向かう力，人間性等，を育成することを示している。　(2)　課題研究は，目標に示された資質・能力を身に付けることができるよう，(1)調査，研究，実験，(2)作品製作，(3)産業現場等における実習，(4)職業資格の取得，(5)学校家庭クラブ活動の5つの指導項目で，2～4単位程度履修されることを想定して内容が構成されている。　問2　保育や子育て支援について，子供の文化を含めて保育の基礎を学ぶ「保育基礎」と，その発展として，単に子供と触れ合うだけでなく，保育者の視点を踏まえた実習に重点を置いた「保育実践」に整理統合され，内容の充実が図られている。また，その他の科目編成については，「総合調理実習」が新設され，「リビングデザイン」が「住生活デザイン」に名称変更になっている。

【3】問1　卒寿

問2　〈解答例〉

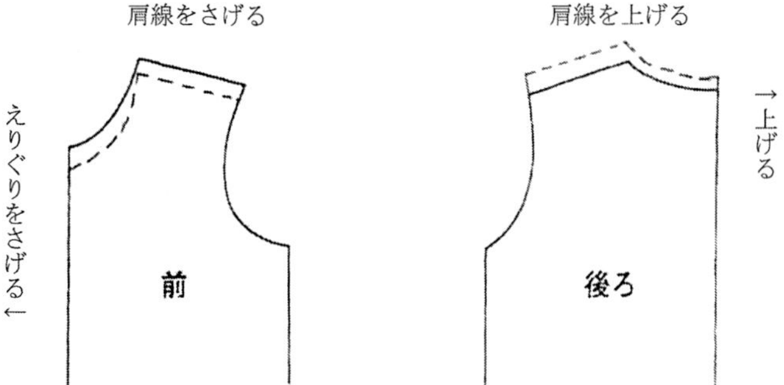

問3

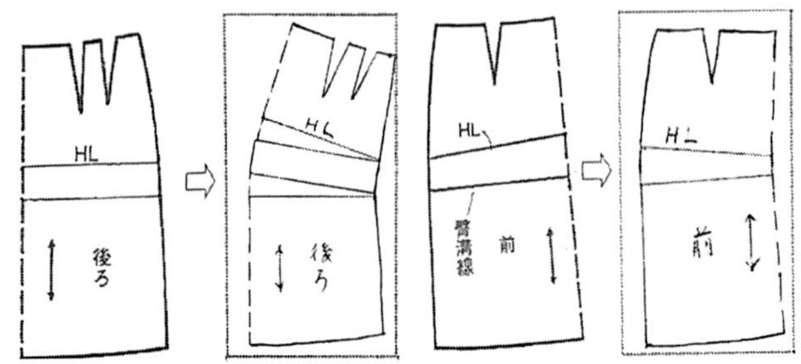

問4 〈解答例〉ボディメカニクスを用いると，介助される側に不安や苦痛を与えることなく介助できる。また，介助者の負担を軽減し，腰痛や肩こりの予防や改善にも役立つから。　問5 〈解答例〉介護者は利用者にできる限り近づき，身体の重心を近くする。身体をねじらないようにし，てこの原理を応用する。　問6　ロコモティブシンドローム　問7 〈解答例〉本人の気持ちに寄り添った対応を心がける。また，高齢者は長年の経験に基づいた自信と自尊心を持っていることに配慮し，自尊心を傷つけないように接する。

〈解説〉問1　長寿の祝いには，90歳の卒寿の他に60歳の還暦，70歳の古希，77歳の喜寿，80歳の傘寿，88歳の米寿，99歳の白寿，100歳の百寿または紀寿などがある。90歳の卒寿は卒の略字である卆が九十と読めることに由来している。　問2　後ろえりぐりがぬけ，前えりぐりがたるむといった状況から，後ろえりぐりを上げる，後ろ肩線を上げる，前えりぐりをさげるといった対策が考えられる。問題文には「背中も丸くなり」とあるが，この問いでは，「背中がつれる」「後ろすそ線が上がる」とは示されていないため，背幅を広げる必要はないだろう。　問3　車いすに座っている動作にあわせるので，後ろ中心は切り開いて長くし，前中心はあまるので，たたむことになる。型紙を切り開いたり，たたんだりするときの寸法は，個人の身体状況によって異なる。　問4　介護従事者の腰痛は非常に多く，離職の原因ともなっており，介護事業者にとっては死活問題である。このボディメカニクスとは，身体の動きに力学を応用し，最小の力で最大の力を発揮する方法のことである。骨や関節，筋肉を動きに応じてうまく使うことで身体への負担を最小にすることができる。　問5　ボディメカニクスには8つの原則があり，①重心を近づける，②対象者を小さくまとめる，③支持基底面を広くする，④重心を低くする，⑤身体をねじらない，⑥大きな筋肉を使う，⑦水平移動する，⑧テコの原理を利用する，である。　問6　運動器とは，骨，関節，軟骨，筋肉，神経などの総称である。運動習慣をつけることで運動器の健康の維持につながり，健康寿命を延ばすことが期待できる。また，バランスの良い食事から骨や筋肉をつくることがロコモティブシンドロームの予防につながる。　問7　本人の気持ちに寄り添った対応としては，安心できる環境作りをしたり，話に共感して受け入れるようにしたりすることが挙げられる。また，自尊心を傷つけないようにする具体的な配慮としては，「おじいちゃん」「おばあちゃん」ではなく，苗字にさんをつけて呼ぶようにすることや，指図するような言い方を避けることなどが挙げられる。

【4】問1　①　国際フェアトレード認証ラベル　②　トモニンマーク　③　電池リサイクルマーク　問2〈解答例〉記号の種類が22種類から41種類に増え，繊維製品の取扱いに関するきめ細かい情報が提供されるようになる。国内外で洗濯表示が統一されることにより，海外で購入した繊維製品の取扱いなどを円滑に行えるようになりトラブルが防げる。　問3〈解答例〉①　長期優良住宅とは，長期にわたり良好な状態で使用するための措置がその構造及び設備に講じられた優良な住宅のことである。長期優良住宅の建築及び維持保全の計画を作成して所管行政庁に申請することで，基準に適合する場合には認定を受けることができる。　②　スマートハウスとは，情報技術を使って家庭内のエネルギー消費が最適に制御された住宅のことである。
問4〈解答例〉①　シュガーレスは，100gの食品，または100mlの飲料に対して含まれている糖類が0.5g未満であることを表している。砂糖不使用は，商品を加工する段階で砂糖を使用していないことを表して

いる。　② 塩少々は，人差し指と親指で軽くつまんだ量であり，塩ひとつまみは，人差し指と中指，親指の3本の指でつまんだ量である。　問5〈解答例〉① 塩が浸透圧の関係で，濃いほうから薄いほうに移る性質を利用したもので，塩抜きの手法である。　② 器に盛りつけた料理を一層引き立てる目的で付け合わせる野菜類や花のことである。

問6　〈解答例〉

段階 時間(分)	主な学習活動 (生徒が考えを深めるために効果的と思われる学習活動に下線を引く)	指導上の留意点 (本時の目標を達成するために効果的と思われる支援に下線を引く)
導入 (5分)	1　紙おむつのCMを見て，どのように宣伝されているか，ワークシートに記入し，発表する。 2　本時の目標を確認する。 情報に左右されない，正確な知識や判断力を持とう！	○CMでは，吸収力の高さや気持ち良さが強調されていることに気付かせる。 ○紙おむつの性能はCMで宣伝されている通りだと思うか疑問を投げかける。
展開 (35分)	3　実験の手順を確認し，準備を行う。 4　実験を行い，ワークシートに結果と感想を記入する。 ・CMで宣伝されていた紙おむつの性能の印象と実際に実験をしてみての結果を比較する。 5　実験結果と感想を発表する。 ・CMは商品のメリットを伝える内容が多く，デメリットには触れないようにしていることに気付く。	○湯などを使用するため，火傷などに注意を促す。 ○実験結果から，紙おむつのデメリットは何か，またそれはCMで触れられていたか，問いかける。 ○CMの情報だけを鵜呑みにして，商品を購入することの危険性を伝える。
まとめ (10分)	6　本時のまとめをワークシートに記入する。 ・CMなどの情報に左右されないために，批判的思考を持つことの大切さに気付く。 7　本時の目標が達成できたか，ワークシートで自己評価する。	○情報に左右されないためには，どのようなことを心がける必要があるか考えさせる。

〈解説〉問1　① 発展途上国でつくられた作物や製品は，立場の弱さか

ら正当な価格とはなりにくく，低い賃金しか受け取ることのできない労働者は劣悪な生活環境から抜け出すことが難しい状態となってしまうため，フェアトレードをより一層推進することが必要である。フェアトレード商品には，フェアトレード認証ラベルが使用されている。②　トモニンマークは，「仕事と介護を両立できる職場環境」の整備促進のためのシンボルマークである。介護のためにやむを得ず仕事を辞める介護離職が増加しており，それを未然に防止するため，仕事と介護を両立しやすい職場環境の取組への関心及び認知度を高める目的がある。　③　矢印を基調にしたマークは，希少資源の有効活用と再利用のために「資源有効利用促進法」で制定されたリサイクルマークである。充電式電池の本体に印刷されており，「ニカド電池」に付いている。　問2　JIS L 0001で規定される洗濯表示は，5個の基本記号，及び基本記号と組み合わせて用いる，いくつかの付加記号で構成されている。基本記号には，洗濯処理記号，漂白処理記号，乾燥処理記号，アイロン仕上げ処理記号，商業クリーニング処理記号があり，付加記号には，弱い処理を表す付加記号，非常に弱い処理を表す付加記号，処理温度を表す付加記号，処理・操作の禁止を表す処理記号がある。問3　①　従来のスクラップ&ビルド型の社会から，ストック活用型の社会への転換を目的として，長期にわたり住み続けられるための措置が講じられた優良な住宅を普及させるため，「長期優良住宅の普及の促進に関する法律」が平成21年6月に施行された。　②　スマートハウスは直訳すると「賢い住宅」であり，具体的には太陽光発電システムや蓄電池などのエネルギー機器，家電，住宅機器などをコントロールしエネルギーマネジメントを行うことで，CO_2排出の削減を実現する省エネ住宅のことである。　問4　①「シュガーレス」「砂糖不使用」などの表示については，食品表示基準によって定められている。「砂糖不使用」は加工の段階で砂糖を使っていないという意味のため，食品本来の成分由来の砂糖は含まれている可能性がある。　②　塩少々と塩ひとつまみだと，塩ひとつまみの方が塩の量が多い。さらに多い量を示す，「塩ひとにぎり」は片手で握った量である。

問5　①　塩で塩を呼ぶことから「呼び塩」と言われるようになった。真水で塩を抜こうとすると，食品と真水の塩分濃度の差が大きいため，塩が抜ける代わりに食品が真水を吸収して水っぽくなってしまう。
②　あしらうという言葉にはとり合わせるといった意味がある。あしらいに用いる代表的な季節の植物には，大葉，木の芽，菊花，ふきのとう，つくしなどがある。野菜類は飾り切りが施されることが多い。
問6　問題文より，本時のねらいは，「情報に左右されず正確な知識や判断力をもつ力の育成」であることが分かる。使用教材やワークシートの内容も具体的に示されているため，学習指導案を作成する上での留意点と共に十分確認し，ねらいが達成されるような授業展開にする。

2019年度　実施問題

【中学校】

【1】次の文は，「中学校学習指導要領解説技術・家庭編(平成29年7月文部科学省)」「第2章　第3節　家庭分野の目標及び内容」の「1　家庭分野の目標」より抜粋したものである。あとの設問に答えよ。

> 生活の営みに係る見方・考え方を働かせ，衣食住などに関する(　①　)を通して，よりよい生活の実現に向けて，(　②　)を次のとおり育成することを目指す。
>
> (1)　家族・家庭の機能について理解を深め，家族・家庭・衣食住，消費や環境などについて，生活の自立に必要な基礎的な理解を図るとともに，それらに係る技能を身に付けるようにする。
>
> (2)　家族・家庭や地域における生活の中から問題を見いだして課題を設定し，(　③　)など，これからの生活を展望して課題を解決する力を養う。
>
> (3)　自分と家族，家庭生活と地域との関わりを考え，家族や地域の人々と協働し，よりよい生活の実現に向けて，生活を工夫し創造しようとする実践的な態度を養う。

－略－

生活の営みに係る見方・考え方を働かせとは，家庭分野が学習対象としている家族や家庭，衣食住，消費や環境などに係る生活事象を，(　④　)等の視点で捉え，生涯にわたって，自立し共に生きる生活を創造できるよう，よりよい生活を営むために工夫することを示したものである。

－略－

> なお，家庭分野で養うことを目指す実践的な態度には，前述の家族と協力し，地域の人々と協働しようとする態度のほかに，(　⑤　)なども含まれている。

問1　①～③に適する言葉を記せ。

問2　④に適する視点を四つ記せ。

問3　⑤に適する実践的な態度を三つ記せ。

(☆☆☆◎◎◎)

【2】次の文は，「中学校学習指導要領解説技術・家庭編(平成29年7月文部科学省)」「第2章　第3節　家庭分野の目標及び内容」の「3　家庭分野の内容　A　家族・家庭生活」より抜粋したものである。以下の設問に答えよ。

> (3)　家族・家庭や地域との関わり
>
> ア　次のような知識を身に付けること。
>
> (ア)　家族の互いの立場や役割が分かり，協力することによって家族関係をよりよくできることについて理解すること。
>
> (イ)　家庭生活は地域との相互の関わりで成り立っていることが分かり，①高齢者など地域の人々と協働する必要があることや介護など高齢者との関わり方について理解すること。
>
> イ　家族関係をよりよくする方法及び②高齢者など地域の人々と関わり，協働する方法について考え，工夫すること。

問1　波線部①に関する内容を，今回の改訂において新設している。そのねらいと(3)のアの(イ)の内容の指導に当たって留意すべき点を記せ。

問2　波線部②について，中学生の自分に何ができるかを考えさせる学習活動としてどのようなものが考えられるか記せ。

(☆☆☆◎◎◎)

【3】次の文は，「中学校学習指導要領解説技術・家庭編(平成29年7月文部科学省)」「第2章　第3節　家庭分野の目標及び内容」の「3　家庭分野の内容　B　衣食住の生活」より抜粋したものである。以下の設問に答えよ。

> (3)　日常食の調理と地域の食文化
> 　ア　次のような知識及び技能を身に付けること。
> 　　－略－
> 　　(エ)　地域の食文化について理解し，地域の食材を用いた和食の調理が適切にできること。

問1　日本各地には伝統野菜と呼ばれる昔から栽培されてきた地域特有の野菜があり，近年その価値が見直されている。(1)～(4)の秋田県の伝統野菜について，その特徴を記せ。

(1)　秋田ふき　　(2)　とんぶり　　(3)　ひろっこ

(4)　じゅんさい

問2　秋田県の伝統的な行事食「あさづけ(こざき練り)」について説明せよ。

問3　地域の食文化について理解し，地域の食材を用いた和食の調理を取り入れた小題材を構想することにした。次の事項を踏まえた6時間扱いの題材計画を作成せよ。

◇小題材名	「地域の食文化～地域の食材を用いた和食の調理をしよう～」
◇題材の目標	・地域の食材の活用などを通して，地域の食文化に関心をもち，進んで調べようとしている。 ・地域の食文化のよさについて考えている。 ・だしと地域の食材を用いた汁物の調理ができる。 ・地域の食材を用いることの意義について理解している。

◇生徒の実態	・中学校第2学年30名 ・B「生活の衣食住」(1)「食事の役割と中学校の栄養の特徴」, (2)「中学生に必要な栄養を満たす食事」, (3)「日常食の調理と食文化」ア(ア), (イ), (ウ)は，履修済み。
◇その他	・「時間」「ねらい」「学習活動」「評価規準」「評価方法」を明示し，必要に応じて区切り線を入れること。 ・調理名を具体的に示し，それを選択した理由を題材計画の下欄に記すこと。

(☆☆☆☆◎◎◎)

【4】家族の安全を考えた住まい方について，以下の設問に答えよ。

問1　下のグラフは，「家庭内事故死の主な原因」をまとめたものである。以下の設問に答えよ。

(1)　①，②に入る原因をそれぞれ記せ。

(2)　幼児と高齢者の家庭内事故を防ぐための対策として考えられることを，具体的な場所や物を例示し，記せ。

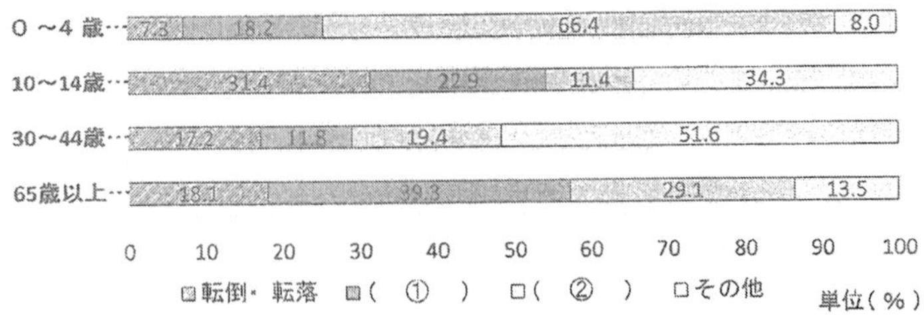

問2　自然災害に備える方法について理解させる学習活動として災害時の家族の行動マニュアルを作成することとする。行動マニュアルに示す具体的な内容を記せ。

(☆☆☆◎◎◎)

【5】「中学校学習指導要領解説技術・家庭編(平成29年7月文部科学省)」「第2章　第3節　家庭分野の目標及び内容」「3　家庭分野の内容　B 衣食住の生活」(5)「生活を豊かにするための布を用いた製作」の小題材の導入部において，自分や家族の生活を豊かにするための布を用いた物について考える学習を1単位時間扱いとして構想するものとする。本時の学習指導案とその際に使用するワークシートを作成せよ。なお，下欄にある本時のねらいと生徒の実態，学習指導案，ワークシートを作成する上で考慮すべき事項を踏まえること。

◇本時のねらい

・布を用いた物の製作に関心をもって取り組み，自分や家族の生活を豊かにしようとしている。
(生活や技術への関心・意欲・態度)

・自分や家族の生活を豊かにするための布を用いた物について考えている。　(生活を工夫し創造する能力)

◇生徒の実態

・中学校第2学年30名

・前時までに(5)ア「製作する物に適した材料や縫い方，用具の安全な取り扱い」は，履修済み。

◇学習指導案を作成する上で考慮すべき事項

・「本時の学習課題を確認する。」という学習活動を適宜設定し，学習課題も明記すること。

・資源や環境への配慮について気付かせる内容にすること。

・製作する物を考える上で，生徒が様々な視点から検討できるような具体的な指導・支援を記入し，それに当たる部分に下線を引くこと。

◇ワークシートを作成する上で考慮すべき事項

・製作する物を考える過程が分かるものにすること。

・本時のねらいが達成されたかどうかをワークシートで見取り，評価できるものにする。ワークシートのどこで評価するのかが分かるように，評価の欄に「←評価」と示すこと。

(☆☆☆☆◎◎◎)

【6】次の文は，「中学校学習指導要領解説技術・家庭編(平成29年7月文部科学省)」「第2章　第3節　家庭分野の目標及び内容」の「3　家庭分野の内容　C　消費生活・環境」より抜粋したものである。以下の設問に答えよ。

> 1)　金銭の管理と購入
> 　ア　次のような知識及び技能を身に付けること。
> 　　(ア)　購入方法や①支払い方法の特徴が分かり，計画的な金銭管理の必要性について理解すること。
> 　　(イ)　売買契約の仕組み，消費者被害の背景とその対応について理解し，物資・サービスの選択に必要な情報の収集・整理が適切にできること。
> 　イ　物資・サービスの選択に必要な情報を活用して購入について考え，工夫すること。
>
> －略－
>
> 購入方法の特徴については，②インターネットを介した通信販売などの無店舗販売を取り上げ，利点と問題点について理解できるようにする。
>
> －略－

問1　波線部①については，支払時期の違いにより，前払い，即時払い，後払いの三つに分けることができる。それぞれのカードによる支払い方法の具体例を一つずつ記せ。また，その特徴を記せ。

問2　波線部②を利用する際に，消費者被害を未然に防ぐ観点から，注意すべき点を記せ。

(☆☆☆◎◎◎)

解答・解説

【中学校】

【1】問1　①　実践的・体験的な活動　②　生活を工夫し創造する資質・能力　③　解決策を構想し，実践を評価・改善し，考察したことを論理的に表現する　問2　・協力・協働　・健康・快適・安全　・生活文化の継承・創造　・持続可能な社会の構築
問3　・日本の生活文化を継承しようとする態度　・生活を楽しみ，豊かさを味わおうとする態度　・将来の家庭生活や職業との関わりを見通して学習に取り組もうとする態度

〈解説〉問1　新学習指導要領(平成29年告示)では，育成を目指す資質能力が三つの柱により明確に示されている。全体に関わる目標は柱書きとして最初に示され，目標の(1)として知識及び技能，(2)として思考力，判断力，表現力等，(3)として学びに向かう力，人間性等，を育成することを示している。　問2　生活の営みに係る見方・考え方は，家庭科の特質に応じて小・中・高等学校共通のものとして整理された。中学校では，生活文化の継承・創造について，生活文化の継承の大切さに気付くことを視点として扱うこととされている。　問3　実践的な態度は，家庭科で身に付けた力を家庭，地域から最終的に社会の中で生かし，社会を生き抜く力としていくために必要である。

【2】問1　(解答例)　ねらい…少子高齢社会の進展により，核家族が増加し，中学生が高齢者と触れ合う機会が減少したため，家族や高齢者など地域の人々とよりよく関わる力を育成することをねらいとしている。　留意すべき点…視力や聴力，筋力の低下など高齢者の身体の特徴を理解させた上で，高齢者との関わり方については，介護の基礎に関する体験的な活動を通して理解させるようにする。
問2　(解答例)　中学生の自分は支えられるだけではなく，地域の一員として支える側になることができると実感できるような，地域の清掃

活動や防災訓練などの活動が考えられる。

〈解説〉問1　新学習指導要領(平成29年告示)において新設された内容であるため，その経緯を少子高齢社会の進展などの時代背景を踏まえて説明できるとよい。また，高齢者と触れ合う機会が減少したことに伴い，高齢者の身体的特徴などが実感できにくいことから，体験的な活動を通して理解させることが望ましい。　問2　地域の状況を十分に把握した上で，地域の人々の理解と協力が得られるような学習活動を行う必要がある。地域の祭りなど地域の伝統の行事などもよい。

【3】問1　(解答例)　(1)　日本一大きなフキであり，漬物，砂糖漬け，煮物に活用し観光資源としても知られる。　(解答例)　(2)　畑のキャビアと呼ばれる独特の野菜である。アカザ科のホウキグサの実が食用部分となる。　(解答例)　(3)　アサツキの若芽であり，雪の下で萌芽した白い芽を，深い雪を掘り収穫する。　(解答例)　(4)　スイレン科の水生の多年草で独特の食感が珍重されている。

問2　(解答例)　米を使った酢の物であり，祝儀，不祝儀の取り回し料理として使われてきた。さなぶりという田植えが無事に済んだお祝いの行事の料理。

問3　(解答例)

時間	○ねらい・学習活動	評価規準(評価方法)			
		生活や技術への関心・意欲・態度	生活を工夫し創造する能力	生活の技能	生活や技術についての知識・理解
1 2	○地域の食材やそれを使った行事食について調べる。 ・文献やインターネットの情報を用い，地域の食材についてグループで調べ学習を行い，発表用紙にまとめる。	地域の食文化に関心をもち，進んで調べようとしている。 (観察)			地域の食材や行事食について，知識を身に付けている。 (発表用紙)
3	○地域の食文化について知る。 ・グループで調べた内容を発表する。相互に質疑応答をすることで，地域の食文化について考えを深める。		地域の食文化のよさについて考えている。 (発表)		地域の食文化について理解している。 (ワークシート)
4	○調理実習に向けて，調理計画を立てる。 ・野菜の切り方などの調理手順を理解し，調理計画をグループで立てる。		段取りの良い調理計画について考えている。 (ワークシート)	調理計画を立てることができる。 (ワークシート)	
5 6	○だまこ汁を中心とした和食献立の調理をする。 ・栄養教諭や食生活改善推進員などのゲストティーチャーと交流しながら調理，試食をする。	地域の食文化に関心をもち，進んで実習に取り組んでいる。 (観察)		だしと地域の食材を用いた汁物の調理ができる。 (観察)	

＜調理名＞	だまこ汁

＜選択した理由＞
だしと地域の食材を用いた汁物であるから。

〈解説〉問1　秋田県の伝統野菜とは，・昭和30年代以前から県内で栽培されていたもの。・地名，人名がついているなど，秋田県に由来しているもの。・現在でも種子や苗があり，生産物が手に入るもの。の3つの事項を満たす品目である。この他の伝統野菜についても調べておくとよい。　問2　あさづけ(こざき練り)は，地域によっては粉なますとも呼ばれる。米を使った酢の物であることと，行事食であることから，さなぶりという行事と関連付けて説明するとよい。　問3　題材の目標が達成されるように計画し，系統的及び総合的に学習が展開されるよう配慮する。グループ学習を取り入れたり，食生活改善推進員など，食育をサポートしている地域の人々との交流なども取り入れたりするとよい。

【4】問1　(1)　①　溺死　　②　窒息　　(2)　(解答例)　幼児…幼児が触ったり口に入れたりしては困るものを床に置かない。また，幼児の目の高さで安全点検を行う。　　高齢者…廊下と部屋の段差をなくし，床は滑りにくい材質を用いるようにする。　　問2　(解答例)　・家族の集合場所を決めておく。・災害用伝言ダイヤルの利用方法を確認しておく。・非常持出袋を準備する。

〈解説〉問1　(1)　①　高齢者で最も多く，10～14歳でも多い原因であることから，お風呂場などでの溺死が当てはまると考えられる。

②　0～4歳で最も多く，次に高齢者で多い原因であることから，主に誤嚥による窒息であると考えられる。　(2)　幼児の家庭内事故死の原因は窒息が圧倒的に多いことから，それを防ぐ対策を中心に考える必要がある。その際には，大人と幼児の体格差なども考慮する。また，高齢者の家庭内事故死の原因では，溺死，窒息，転倒・転落がいずれも多くの割合を占めており，高齢者の運動能力などの衰えを考慮して対策を考える必要がある。　問2　災害時に家族が一緒にいるとは限らないため，家族が集合する場所の確認や，すぐに会えない場合でも安否を確認する方法を決めておくとよいが，被災地では連絡手段が限られるため，災害用伝言ダイヤルを利用するとよい。また，非常用持

出袋を用意し，どこに置いておくか家族で確認しておくことなども重要である。

【5】

・本時の学習指導案　(解答例)

学習過程	学習活動	時間(分)	教師の指導・支援(生徒が様々な視点から検討できるような指導・支援に下線を引くこと)	評価規準(評価方法)
導入	1　生活の中で使用している布を用いた物を発表する。 2　本時の学習課題を確認する。 生活に役立つ布小物を考えよう	10	○身の周りには，布を用いた物がたくさんあることに気付かせる。 ○実際に自分や家族の生活に役立つ布を用いた物を製作することを知らせる。	
展開	3　製作する布を用いた物を考える。 ワークシートに記入しながら，誰のための物を製作するか，どんな場面でどのような物があると役立つかを考え，製作する物を決定する。 4　製作する物に適した材料を考える。 製作する物には，どのような布を使用するか検討する。	35	○自分や家族の生活の中でどのような布を用いた物を製作すれば生活が豊かになるかを考えさせる。 ○買い物に行く時にはビニールの袋をもらっているかなどを問いかけ，エコバッグの製作など資源や環境へ配慮することについて気付かせるようにする。 ○製作する物に適した材料であれば，使わなくなったハンカチや小さくて着られなくなった衣服の布の再利用も促す。	布を用いた物の製作に関心をもって取り組み，自分や家族の生活を豊かにしようとしている。 (観察) 自分や家族の生活を豊かにするための布を用いた物について考えている。 (ワークシート)
まとめ	5　本時のまとめ	5	○数名に製作する物を発表させ，布を用いた物を製作する意欲が増すように声掛けをする。	

・ワークシート　(解答例)

<table>
<tr><td>
家庭科ワークシート　　　　　　2年　　組　　番
　　　　　　　　　　　　　　　氏名＿＿＿＿＿＿＿＿

○今日の学習課題
[　　　　　　　　　　　　　　　　]

○布を用いた物を製作するにあたって

①誰のために？（　　　　　　）
②どんな場面で使用する？(　　　　　　　　　)
③どんな物を作る？(　　　　　　　　　)
④どのように役立つ？(　　　　　　　　　)

○イラスト(完成予想図)
[　　　　　　　　　　　　　　　　]

○必要な材料
[　　　　　　　　　　　　　　　　]
</td>
<td>
評価

←評価
←
←
←
</td></tr>
</table>

〈解説〉・本時の学習指導案…学習課題を明確に示す。また，ねらいが達成される授業展開にする。さらに，教師の指導・支援が適切であるか考慮する。　・ワークシート…製作する物を考える過程や，本時のねらいが達成されたかどうか評価できるものを作成する。

【6】問1　(前払い)　具体例…図書カード，プリペイド型電子マネー　特徴…(解答例)　残高がなくなると使えないため，使いすぎない。使える店が限定されている。　(即時払い)　具体例…デビットカード　特徴…(解答例)　使える店が限定されている。使用口座の残高が残っている必要がある。　(後払い)　具体例…クレジットカード

特徴…(解答例)　使用口座の残高が残っていなくても購入できる。分割払いができるため，1度では支払いきれない額のものを購入することができる。　問2　(解答例)　出店している会社が信用できる会社かどうかを検討してから利用する。信用度を確認する方法の一つであるJADMA(ジャドマ)マークを使用しているかなどを確認する。

〈解説〉問1　現在，支払い方法は多岐に渡っているため，それぞれの特徴を踏まえ，使用する場面に応じて適切な支払い方法を選ぶ能力が求められている。　問2　JADMA(ジャドマ)マークは，日本通信販売協会の正会員であることを示すものであり，信用度を確かめる一つの方法である。また，通信販売は，クーリング・オフができないため，返品の可否と返品可能な場合の条件などを事前によく確認してから購入する必要がある。

2018年度　実施問題

【中学校】

【1】次の文章は，「中学校学習指導要領解説技術・家庭編(平成20年9月文部科学省)」「第3章　1　指導計画の作成」より抜粋したものである。以下の設問に答えよ。

> (3)　題材の設定
> 技術・家庭科における題材とは，教科の目標及び各分野の目標の実現を目指して，各項目に示される指導内容を指導単位にまとめて組織したものである。したがって，題材の設定に当たっては，各項目及び各項目に示す事項との関連を見極め，相互に有機的な関連を図り，系統的及び総合的に学習が展開されるよう配慮することが重要である。—中略—
> また，地域や学校及び生徒の実態等を十分考慮するとともに，次の観点に配慮して実践的・体験的な学習活動を中心とした題材を設定して計画を作成することが必要である。—略—

問1　下線部に関わって，配慮すべき観点を三つ記せ。

問2　「D身近な消費生活と環境」と「B食生活と自立」又は「C衣生活・住生活と自立」を関連させた題材構想を，下欄の事項を踏まえ記せ。

> 「関連を図る内容」「題材名」「題材の目標」「題材の指導計画・時間」「時間ごとのねらいと学習活動」を明示すること。

(☆☆☆☆◎◎◎)

【2】日常着の手入れについて，以下の設問に答えよ。

問1　平成28年12月から，衣類等の繊維製品の洗濯表示が新しいJIS L 0001にならったものに変更となった。その改正の経緯を記せ。

問2　次の洗濯表示記号の意味について記せ。

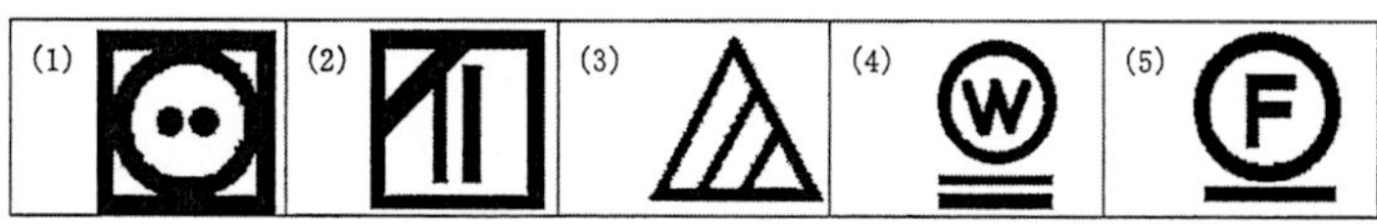

問3　次の(1)，(2)が布地に付着した場合の，家庭でできるしみ抜きの方法を記せ。

(1)　しょうゆやコーヒー　　(2)　チョコレートやドレッシング

問4　次の表にあるそれぞれの繊維の種類や布地の色に適した漂白剤の種類について，次の①～④に当てはまる語句を記せ。

繊維の種類	布地の色	漂白剤の種類
綿，麻，ポリエステル，レーヨンなど	白もののみ	①
	色，柄もの，白もの	②
ナイロン，アセテート，ポリウレタン	色，柄もの，白もの	
すべての繊維	白もののみ	③
	色，柄もの，白もの	④

(☆☆☆☆◎◎◎)

【3】日常食の調理について，以下の設問に答えよ。

問1　魚介類はたんぱく質を約20％含んでいる。たんぱく質の栄養価を表すアミノ酸価の求め方を記せ。

問2　新鮮な魚の見分け方を，一尾魚，切り身魚それぞれについて記せ。

問3　家庭で日常食を調理する際の，次の(1)，(2)が原因となる食中毒の予防策をそれぞれ記せ。

(1)　腸炎ビブリオ　　(2)　ノロウイルス

問4　食物アレルギーを引き起こす可能性の高い特定原材料7品目を記せ。

(☆☆☆◎◎◎)

【4】食生活について，以下の設問に答えよ。

問1　次のグラフは秋田県教育庁「児童生徒のライフスタイル調査」の朝食の摂取状況の調査結果である。「毎日朝食を食べる」と答えた秋田県の児童生徒の状況は次のような結果となっている。

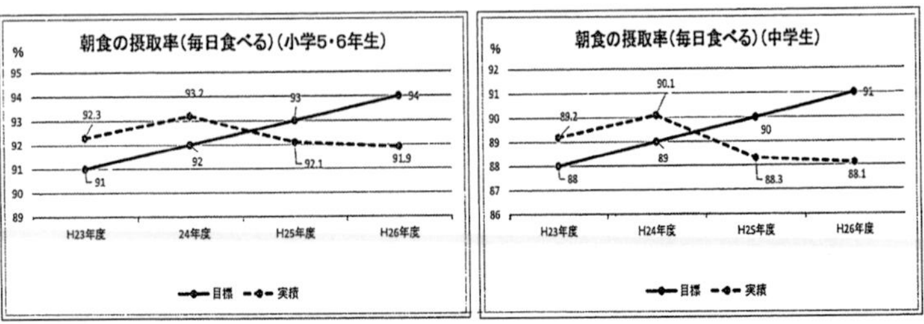

この実態を踏まえて「中学校学習指導要領解説技術・家庭編(平成20年9月文部科学省)」「第2章　第3節　家庭分野　2家庭分野の内容　B食生活と自立」(1)ア「中学生の食生活と栄養」の題材の導入部において「朝食の重要性」の学習を1単位時間扱いで構想するものとして，本時の学習指導案を完成させよ。

なお，次の欄にある本時のねらいと学習指導案を作成する上で考慮すべき事項を踏まえること。

> ○本時のねらい
> ・自分の食生活に関心をもち，健康によい食習慣について考えようとしている。(生活や技術への関心・意欲・態度)
> ・朝食の役割や重要性について理解している。
> (生活や技術についての知識・理解)
>
> ○学習指導案を作成する上で考慮すべき事項
> ・「本時の学習課題を確認する」という学習活動を適宜設定し，学習課題も明記すること。
> ・指導に当たっては，小学校で学習した「食事の役割」に関する基礎的・基本的な知識と技能を基盤にすること。
> ・「朝食の重要性」の学習を行うために効果的と考える教材を活用する場合は，教師の指導・支援の欄にその教材

について具体的に記入し，それに当たる部分に下線を引くこと。

学習過程	学習活動	時間(分)	教師の指導・支援（効果的と考える教材についても記入し，下線を引くこと）	評価
導入				
展開				
まとめ				

問2　秋田県では平成28年度から5カ年の「第3期秋田県食育推進計画」を策定している。この推進計画に示されている食育推進のための取組を四つ記せ。

問3　現在，国では食品ロス削減に向けた取組を行っている。国が勧める食品業界での食品ロス削減に向けた取組の概要を記せ。

(☆☆☆◎◎◎)

【5】子どもの人権と福祉について，以下の設問に答えよ。

問1　次の①～④に当てはまる語句を記せ。

・児童福祉に関するわが国の基本的な考え方は，日本国憲法に基づいて，1947年に公布された(　①　)と1951年に宣言された(　②　)の中で明らかにされている。1989年に国際連合で採択された(　③　)では，子どもに関する取り決めをするに当たって子どもの最善の利益が考慮されるべきであるということが明らかにされている。

・子どもの人権を守る立場から，2000年に制定された(　④　)が2004年に改正・施行されている。

問2　問1の④の法律が2004年に改正された内容を記せ。

問3　すべての子どもが等しく豊かな環境で育てられるために，国や地方自治体によってさまざまな児童福祉のサービスが用意されている。次の(1)～(3)の児童福祉サービスを行う機関・施設の名称を記せ。

(1)	子どもの福祉に関わる問題について相談に応じ，子どもとその環境について調査判定し，児童福祉施設入所の決定などを行う行政機関。
(2)	保護者のいない子ども，保護者がいても養育を受けられない子ども，虐待などで家庭で養育されるのが困難な子どもが入所する施設。
(3)	保護者が働いている児童が放課後に通園して，生活と遊びの場が提供される施設。

(☆☆☆◎◎◎)

【6】消費生活と環境について，以下の設問に答えよ。

問1　我が国の消費者の基本的な権利を支える機関とその主な業務等について，次の表の(　①　)～(　③　)に当てはまる語句や数字，主な業務等を記せ。

機関名	主な業務等
（ ① ）庁	これまで経済産業省や厚生労働省など，いろいろな省庁で行われていた消費者関連の国の業務をまとめて専門的に行うため，２００９年に設置された。
法テラス	日本司法支援センターのことで，法による紛争の解決に必要な情報やサービスの提供を目的に，（ ② ）年に設立された。法制度や団体の紹介や，無料法律相談などを行っている。
国民生活センター	（ ③ ）

問2　フェアトレードについて，説明せよ。

(☆☆☆◎◎◎)

解答・解説

【中学校】

【1】問1　・小学校における家庭科及び図画工作科等の関連する教科の指導内容や中学校の他教科等との関連を図り，教科のねらいを十分達成できるよう基礎的・基本的な内容を押さえたもの。　・生徒の発達の段階に応じたもので，興味・関心を高めるとともに，生徒の主体的な学習活動や個性を生かすことができるもの。　・生徒の日常生活とのかかわりや社会とのつながりを重視したもので，自己の生活の向上とともに家庭や地域社会における実践に結び付けることができるもの。　問2　「D(2)家庭生活と環境」と「C(3)衣生活，住生活等の生活の工夫　イ」との関連を図った題材。　題材名…環境に配慮した衣生活　題材の目標…5Rを理解し，5Rを意識しながら衣類の活用ができるようになる。　題材の指導計画・時間…5Rの内容を理解した上で，衣生活にどのように反映させるか，そして具体的にどのように実践するかを考える・4時間　時間ごとのねらいと学習活動…・1時間目…(ねらい)5Rの内容を理解する。　(学習活動)5Rとは何かを3Rを踏まえながら理解する。また，5Rの具体例について衣料品を購入する場面から抜き出してみる。　・2時間目…(ねらい)衣服の製作が環境

に与える影響を理解する。　(学習内容)…原料作成や衣服製作が環境にどれぐらい影響を与えているかを理解する。　・3時間目…(ねらい)生徒自身の被服状況を理解し，環境に配慮した衣生活を考える。(学習内容)…自身の死蔵被服の数や割合，なぜ死蔵になったかをまとめる。また死蔵被服によってどれぐらい環境に影響を与えているかについて試算させる。　・4時間目…(ねらい)3時間目に出した死蔵被服の活用方法について5Rを中心に考える。　(学習内容)…死蔵被服の活用計画を個人で考え，またグループで発表し合い，どう実践できるかを話し合う。

〈解説〉問1　教科の特質，各教科の継続性というキーワードを学習していれば，内容を知らなくともある程度は解答できると思われる。特に，技術・家庭科は日常生活の実践と密接に関連していること，実践を主体としていること等はおさえておきたい。　問2　学習指導要領の内容を踏まえながら，大局的な構想が必要になる。ここでは詳細な内容を示す必要はないので，題材の目標とズレはないか，時間の前後関係は適切か等に注意しながらまとめるとよいだろう。

【2】問1　変更前までは日本独自の洗濯表示を使用していたが，海外から購入した繊維製品の取扱いを円滑にする，日本の繊維製品を海外で販売しやすくするといった観点から，洗濯表示を国際規格に合わせた。　問2　(1)　タンブル乾燥ができる。(排気温度上限80℃)　(2)　日陰のぬれつり干しがよい。　(3)　酸素系漂白剤の使用はできるが，塩素系漂白剤は使用禁止。　(4)　非常に弱い操作によるウエットクリーニングができる。　(5)　石油系溶剤による弱いドライクリーニングができる。　問3　(1)　しょうゆ，コーヒーは水性なので，水で溶かし他の布に写し取る。　(2)　チョコレート，ドレッシングは油性なので，ベンジンや洗剤液を使って落す。色素が残る場合は漂白剤で落す。　問4　①　塩素系漂白剤(次亜塩素酸ナトリウム)　②　酸素系漂白剤(過炭酸ナトリウム)　③　還元系漂白剤(二酸化チオ尿素)　④　酸素系漂白剤(過酸化水素)

〈解説〉問1　近年外国製の輸入衣服の増加がみられ，また，日本の服も海外で売られるようになっている。人々も様々な国で生活するようになると，取扱い表示を誰でも理解できる「国際規格」にあわせることが重要になってきた。　問2　(1)　四角は乾燥を表し，四角の中に丸はタンブラー乾燥を意味する。中心の小さい丸い点は温度の高低であり，点1つは上限60℃，点2つは上限80℃である。　(2)　乾燥で角に斜め線があるのは日陰干しの意味で，縦線はつり干し，2本になると濡れつり干しである。　(3)　三角は漂白処理を表し，斜め線が挿入されているので「酸素系漂白ができる」という意味になる。　(4)　丸の記号は，業者によるクリーニングであり，丸の中の「W」はウエットクリーニング，下の線は強さを表わし，2本線は「非常に弱い」という意味になる。水洗いをすることで汗染みなども除くことのできる処理である。　(5)　丸の中に「F」があると，石油系溶剤によるドライクリーニングを意味する。なお，丸の中に「P」は，パークロロエチレン(テトラクロロエチレンともいう)溶剤によるドライクリーニングの意味である。　問3　両方ともしみのついた布の下に乾いた布を敷き，しみのついた布の表面をタオル側にして裏側からブラシなどでたたき出す。しみの周辺から中心に向けてたたくとよい。

問4　①と③は「白もの」だけの漂白になっているのに注目。白ものの漂白は「塩素系漂白剤」と「還元型漂白剤」である。「塩素系漂白剤」は漂白剤が強く，台所や風呂の漂白剤に使われることが多い。酸素系漂白剤と混ぜると危険で，製品には「混ぜると危険！！」の表示がある。主成分は「次亜塩素酸ナトリウム」である。③の「還元型漂白剤」は，血液，赤土による汚れ，汗による黄ばみなどに効果的な漂白剤である。②と④の特徴は色，柄もの，白ものに利用できること，②と④の違いは④はすべての繊維に適用でき，②は毛･絹には使用不可であることがあげられる。よって，④は「酸素系漂白剤で主成分過酸化水素」で液状の漂白剤である。②は「酸素系漂白剤で主成分過炭酸ナトリウム」である粉末状である。

【3】問1　アミノ酸価＝$\frac{\text{第一制限アミノ酸含量(mg/gN)}}{\text{アミノ酸評点パターンの当該アミノ酸含量(mg/gN)}}$×100　問2　一尾魚…目が澄んでいる，えらが鮮やかで赤色のもの，鱗がついているもの，皮につやがあるもの等が新鮮である。　切り身魚…身につやと弾力がある，血合いの部分が鮮やかなものが新鮮である。　問3　(1)　水道水で洗浄，乾燥，低温保存(15℃以下)　(2)　加熱処理，手指の洗浄・消毒，調理器具の加熱　問4　えび，かに，卵，乳，小麦，そば，落花生

〈解説〉問1　必須アミノ酸の理想的な含有量を「アミノ酸評点パターン」という。食品の中でアミノ酸評点パターンと比較して，最も足りていないアミノ酸を「第1制限アミノ酸」という。動物性たんぱく質のアミノ酸価は高く，植物性食品は低い。パンと米のアミノ酸価を比較すると米のアミノ酸価のほうが高い。　問2　なお，一尾・切り身魚に共通する鮮度の見分け方の一つとして，トレーに汁がたまっていないもののほうが鮮度がよい，があげられる。一尾魚については，鮮度が落ちると腹部が軟化するため，腹部(胴部分)が硬いものも判断基準になるだろう。　問3　(1)　腸炎ビブリオは，3%程度の塩分が増殖に最適な好塩性菌である。魚介類に付着した腸炎ビブリオが気温の高い夏場に常温放置され増殖し，汚染された食材を食べることで食中毒がおきる。真水でよく洗うことで菌は死滅，また，4℃以下では増殖しないため，真水で洗い，冷蔵庫等で低温保存するとよい。　(2)　解答の「消毒」とは，「塩素濃度200ppm以上の次亜塩素酸水や次亜塩素酸ナトリウム」などが有効である。ノロウイルスの場合，ウイルスに感染した食品(牡蠣などの二枚貝に含まれていることが多い)からの感染，また感染した人の糞便や嘔吐物に触れ，手指等を介してウイルスが口から入った場合，患者の下痢便や嘔吐物が飛び散り，その飛沫が口から入った場合による感染が多い。　問4　当然，症状や摂取する食物の量や状態(生卵かゆで卵など)には個人差がある。発疹や呼吸困難，意識障害など全身で起こることもあり，場合によっては死に至ることもある。「特定原材料7品目」については表示が義務づけられているが，表示が勧められている20品目(特定原材料に準ずるもの)もある

ので学習しておくこと。

【4】問1

学習展開	学習活動	時間	教師の指導・支援 ★生徒　☆教師	評価
導入	1 「小学校家庭科B(1)食事の役割(2)栄養を考えた食事」で学習したことを発表する 2 中学生になると朝食抜きが増える原因を探ってみよう。朝食を抜くとどんな症状が出るか話し合ってみよ	10分	★小学校家庭科食分野の「ふり返り学習」 ☆問題のグラフの提示 ★朝食抜きの理由の発表 ★朝食を抜いたときの体の変調の発表 ☆養護教諭から「保健室利用者と朝食抜きの関係プリント」「保健室利用者が何時間目に多いかのデータ」提示など	
展開	3 朝食の役割を考えてみよう 夕食の役割を考えてみよう 4 食事の役割は？ 健康の維持・体の成長・活動の元・楽しい雰囲気作り。 5 健康によい習慣とは ① 1日3回の規則正しい食事 ②食事・運動・休養(睡眠) ③ 栄養バランスのよい食事	30分	〈朝食を抜いた場合〉 脳を働かす・体温上昇・活動する→できない→集中力・記憶力がない(イライラや体のだるさ等の原因になる) 特に，夜遅い夕食は太りやすくなるだけでなく，朝食欲がない。 ☆小学校家庭科　B(2)の確認 規則正しい食事＝生活のリズムを作る。 ☆保健体育科の「健康な体と病気の予防」の学習(糖尿病などの生活習慣病など)と関連づける。 ★小学校家庭科「ふり返り学習」体の成長に必要な栄養素・活動するのに必要な栄養素を発表しあう。	食事，特に朝食の役割について理解している。 [知識・理解] 健康によい食事の取り方について理解し，取り組もうとしている。 [意欲]
まとめ	6 本時のまとめ 次回予告〈栄養・栄養素の授業〉	10分	☆次回の授業用プリントの配布：日曜日の食事内容(朝・昼・夕)を食品別に記入させる。記入方法(☆具体例を挙げて黒板で見提示)	

問2　生涯を通じた食育の推進，食を通じた健康づくりの推進，食品の安全･安心と環境に関する理解の推進，地域の特性･農産物を生かし

た食育の推進　問3　・自社商品の廃棄量，廃棄率，廃棄原因，廃棄に関するコストなど食品ロスの実態及びその削減目標を明確にする。　・包材ミスなどの規格外品等であっても，その性質を理解する小売店舗での販売やフードバンク活動への寄贈など二次市場の積極的な利用，など。

〈解説〉問1　グラフより，小・中学校ともに平成25年度から朝食摂取率の目標値と実績が逆転，26年度はその差が開いている。そこで，当該資料を使いながら生活習慣形成の重要性と関連させながら，朝食をとることの意味を考えさせることがあげられる。したがって，就寝や睡眠時間との関連性を検討するのもよい。また，文部科学省では「早寝早起き朝ごはん」国民運動を推進しているので，当該ホームページ等を参考にしながら，指導案をまとめる方法も考えられる。　問2　秋田県では食育基本法制定時から，県民運動として家庭･学校･地域と連携し，食育に取り組んでいる。秋田県に関する問題も頻出なので，県のホームページ等で資料を入手し，学習すること。　問3　食品ロスは食品メーカーや販売者，飲食店などが対象になるが，一般的には食品業界に飲食店は含まれないので，食品メーカーと販売に絞って考えてよいだろう。よく問題になるのが賞味期限(消費期限)であるが，賞味期限について，食品業界では「3分の1ルール」を採用しているところが多いとされている。これは販売店への納入期限，販売店での販売期限，消費者が購入し消費するまでの日数を3等分するという考えであり，例えば1月1日製造，賞味期限が6か月後の6月30日の場合，販売店への納入期限は6か月÷3＝2か月後の2月末日，販売店での販売期限は2月末日から2か月後の4月末日となる。納入期限，販売期限を過ぎた商品は廃棄の対象となり，食品ロスとなるため，こういったルールの見直しも提言されている。

【5】問1　①　児童福祉法　②　児童憲章　③　子どもの権利条約(児童の権利に関する条約)　④　児童虐待防止法　問2　同居人などによる虐待を放置することも虐待に含まれる，虐待を「受けたと思

われる」児童も通告義務の対象とする等。　問3　(1)　児童相談所　(2)　児童養護施設　(3)　放課後児童クラブ

〈解説〉問1　②の児童憲章は，先に①の児童福祉法が制定されたにも関わらず，児童に対する事件が後を絶たなかったため，日本国憲法の精神に則った形で児童憲章が制定された。また，③の子どもの権利条約では生きる権利，守られる権利，育つ権利，参加する権利が示されている。　問2　2004年改正は第1回目の改正であり，虐待の解釈拡大や通告対象の拡大が大きなポイントとなっている。別解として，「児童の目の前でドメスティック・バイオレンスが行われること等，児童への被害が間接的なものについても児童虐待に含まれる」等も考えられる。　問3　(1)　児童相談所は児童福祉法第12条を根拠条文とする，子どもの福祉の中心的な役割を担う機関である。児童福祉司，児童相談員，心理判定員，医師などの専門員が配置されている。　(2)　児童養護施設は児童福祉法第41条を根拠とする施設で，入所には都道府県知事の決定が必要である。　(3)　なお，「子ども・子育て支援新制度」では，地域の子ども･子育て支援の充実，具体的には放課後児童クラブ(学童クラブ)，一時預かり，延長保育の更なる充実が掲げられている。

【6】問1　①　消費者　②　2006　③　消費者の暮らしを守るために設けられた機関で消費者からの相談への対応，消費者への情報提供，苦情処理，商品テストなどを行なっている。　問2　開発途上国の原料や製品を適正な価格で購入することで，生産者や労働者の生活改善と自立を目指す貿易のしくみのこと。

〈解説〉問1　①　なお，特定保健用食品(トクホ)の許可なども行っている。　②　法テラス「司法制度改革」の1つとして政府の全額出資によって誕生した公的機関である。　問2　フェアトレードの商品にはコーヒー，バナナ，チョコレート，ナッツなどの食品やコットン，サッカーボールなどが知られている。

2017年度　実施問題

【中学校】

【1】次の文章は，「中学校学習指導要領解説技術・家庭編」(平成20年9月文部科学省)「第3章　2　各分野の内容の取扱い」より抜粋したものである。以下の設問に答えよ。

> 2　各分野の内容の取扱いについては，次の事項に配慮するものとする。
> (1)　基礎的・基本的な知識及び技術を習得し，基本的な概念などの理解を深めるとともに，仕事の楽しさや完成の喜びを体得させるよう，____①____を充実すること。
> (2)　生徒が学習した知識及び技術を生活に活用できるよう，問題解決的な学習を充実するとともに，____②____との連携を図るようにすること。

問1　下線部①，②に入る適切な語句を記せ。

問2　ここで示されている問題解決的な学習の進め方を記せ。

(☆☆☆◎◎◎)

【2】「中央教育審議会初等中等教育分科会教育課程部会教育課程企画特別部会　論点整理」(平成27年8月)で示された，家庭，技術・家庭の改訂の具体的な方向性を記せ。

(☆☆☆◎◎◎)

【3】次の文章は，「中学校学習指導要領解説技術・家庭編」(平成20年9月文部科学省)「第2章　第3節　2　家庭分野の内容」より抜粋したものである。あとの設問に答えよ。

調理実習に際しては，調理に必要な手順や時間を考えて計画を立てて行い，調理の後始末の仕方や実習後の評価も含めて学習できるようにする。また，___①___に留意した調理ができるようにするとともに，___②___を味わい，自ら調理することによって___③___を高め，日常生活における実践につなげることができるようにする。

問1　下線部①，②，③に入る適切な語句を次からそれぞれ一つ選び，記せ。

①　分量と嗜好　　安全と衛生　　年齢や健康状態
　　予算と効率　　地域の食材

②　調理することの喜び　　やり遂げる喜び
　　ものづくりの喜び　　食べてもらう喜び

③　家族に対する関心　　家庭生活に対する関心
　　健康に対する関心　　食生活に対する関心

問2　次の内容の調理実習を，生徒A，B，Cの3人グループで行う場合の調理実習計画表を作成せよ。なお，必要に応じて区切り線を入れながら，各生徒の動きが分かるように示すこと。

また，ムニエルの調理については，「生活の技能」を生徒が相互評価する場面を設定するものとする。調理実習計画表の中にその場面を枠囲みで明記するとともに，生徒が相互評価する観点を計画表下欄に箇条書きで記せ。

献立と材料	・ムニエル ---------- 鮭の切り身　塩　こしょう　小麦粉　油　バター　レモン　パセリ ・グリーンサラダ -- ブロッコリー　レタス　きゅうり　ドレッシング（市販のもの） ・米飯 -------------- 米（授業開始前にあらかじめ洗米，水加減，浸水をしておく） ・みそ汁 ------------ 油揚げ　ねぎ　みそ　煮干し
調理実習計画表作成上の留意事項	・中学校第２学年30名。調理台は全10台で，グループで１台使用するものとする。 ・中学校の調理実習室に備えられている調理用具が，一式整っているものとする。 ・調理台のガスコンロは２つ，水道の蛇口も２つ設置されているものとする。 ・調理実習計画表には，調理の始まりから盛り付けまでの50分間を示すものとする。

問3　栄養・調理に関する学習について，全体，個，ペア又はグループのそれぞれの学習形態ごとに，ICTを活用した指導例を記せ。

(☆☆☆◎◎◎)

【4】幼児の生活について，以下の設問に答えよ。

問1　幼児にとっての「遊び」の意義について記せ。

問2　国内で起きた不慮の事故の原因の中で，1～4歳児の死亡数が0歳児と比較して大幅に増加しているものを2つ記せ。

問3　幼児の心身の発達の特徴について，下欄の事項を踏まえてペーパーテストを作成せよ。

・5分程度で解答できる内容及び分量であること。

・「生活や技術についての知識・理解」を評価する穴埋め式の問題であること。

(☆☆☆◎◎◎)

【5】被服の材料について，以下の設問に答えよ。

問1　次の化学繊維を合成繊維，半合成繊維，再生繊維に分類し，記せ。

ナイロン　　レーヨン　　アクリル　　ポリウレタン

キュプラ　　アセテート　　ポリエステル

問2　織物の三原組織のうち，斜文織のたて糸とよこ糸の関係を図示し，その特徴と代表的な布を1つ記せ。

問3　次の下線部①～⑤に当てはまる語句や数値を記せ。

・下図のAは新毛を＿＿①＿＿%以上使用した羊毛製品に付けられるマークである。これに対してBは新毛を＿＿②＿＿～＿＿①＿＿%使用した羊毛製品に付けられるマークである。

・絹の原料は＿＿③＿＿である。その繊維は2本のフィブロイン繊維が＿＿④＿＿というたんぱく質で囲まれている。側面が平滑であるため，光沢がありしなやかな風合いである。＿＿⑤＿＿により黄変・劣化し，虫害を受けやすい。

A　B

(☆☆☆◎◎◎)

【6】食品について，以下の設問に答えよ。

問1　遺伝子組換え食品について，次の問いに答えよ。

(1)　遺伝子組換え食品の利点を説明せよ。

(2)　義務表示となっている農産物8作物を，すべて記せ。

(3)　遺伝子組換え農作物が混じっている可能性がある場合，表示にどのように記載されているか，記せ。

問2「日本食品標準成分表2015年版(七訂)」(以下，七訂)について，次の問いに答えよ。

(1)　次の文章は，日本食品標準成分表の目的より抜粋したものである。下線部①，②に当てはまる適切な語句を記せ。

国民が日常摂取する食品の成分を明らかにすることは，____①____を図る上で極めて重要であり，また，____②____を策定する基礎としても必要不可欠である。

(2)　七訂の収載食品数を記せ。また，成分表2010を踏襲し分類した次の食品群を配列順に記せ。

[　動物性食品　　植物性食品　　藻類　　きのこ類　　加工食品　]

(3)　従来のエネルギーの単位であるキロカロリー(kcal)単位に加えて併記されている単位を記せ。

(4)　七訂と同時に「日本食品標準成分表2015年版(七訂)________編」が別冊として3冊作成されている。下線部分をそれぞれ記せ。

(5)　七訂に示されている「食塩相当量」について，次の数値を用いて説明せよ。[　2.54　]

問3　次の文章の下線部①，②に当てはまる数値を記せ。

食塩の摂取量は，県食生活指針で1日____①____g未満とされていますが，5年毎に実施されている県民健康・栄養調査では減少傾向にあるものの，平成23年度は，____②____gと目標値より高い値となっています。 「第3期秋田県食育推進計画」(平成28年3月)より

(☆☆☆◎◎◎)

【7】住まいについて，以下の設問に答えよ。

問1　次の用語やマークについて，(　　)の指示に従って説明せよ。

(1)　スマートハウス(「エネルギー消費」という語句を用いて)

(2)　リノベーション(リフォームとの違いを明記して)

(3)　

(マークの名称と何に付けられるかを明記して)

問2　「切妻屋根」と「寄棟屋根」の形状を図示せよ。

(☆☆☆◎◎◎)

【高等学校】

【1】次の文は，「高等学校学習指導要領解説　家庭編(平成22年5月)　第1章　第1節　改訂の趣旨」から抜粋したものである。あとの設問に答えよ。

○　人間の発達と生涯を見通した生活の営みを(　1　)にとらえ，家族・家庭の意義と社会とのかかわりについて理解させるとともに，生活に必要な知識と技術を習得させ，家庭や地域の生活を(　2　)する能力と主体的に実践する態度を育てることを重視し，次のような改善を図る。

(ア)　家庭を築くことの重要性，A食育の推進，子育て理解や高齢者の(　3　)な理解や支援する(　4　)の育成など少子高齢社会への対応，B日本の生活文化にかかわる内容を重視する。

(イ)　高校生の発達課題と生涯生活設計，キャリアプランニングなどの学習を通して，次世代を担うことや生涯を見通す視点を明確にするとともに，生涯賃金や働き方，年金などとの関係に関する指導などを加え，生活を(　1　)に(　5　)する内容を充実する。

(ウ)　家庭科の学習を実際の生活と結び付け，課題解決学習を行うCホームプロジェクトや学校家庭クラブ活動については一層充実させる。

問1 (1)～(5)に適する語句を記せ。同じ番号には同じ語句が入るものとする。

問2 下線部A食育の推進を図る視点から，重視された点を記せ。

問3 下線部B日本の生活文化に関連付けた内容として，秋田県の伝統工芸について取り上げるものとする。秋田県の伝統的工芸品の中で，①国指定 ②県指定とされている，それぞれ4品目を記せ。

問4 下線部Cホームプロジェクトについて，共通教科家庭科「家庭基礎」における指導上の留意事項を記せ。

(☆☆☆◎◎◎)

【2】「高等学校学習指導要領(平成21年3月告示) 第2章 第9節 家庭」について，次の設問に答えよ。

問1 指導計画の作成に当たっての配慮事項を記せ

問2 次表は，「高等学校学習指導要領 第2章 第9節 家庭」に示されている「体験実習」を始める前の準備と指導をまとめたものである。(1)，(2)の設問に答えよ。

Ⅰ 事前準備	a. 対象の決定 b. 訪問先への連絡 c. 学校内部への説明と協力依頼 d. 打ち合わせ連絡事項
Ⅱ 事前指導	
Ⅲ 安全の確保	e. 往復時の生徒の安全確保 f. 訪問先での安全確保 g. 訪問先との情報の共有 h. 保険に加入

(1) 下線部a，対象の決定について，保育体験の対象を決定するにはどのような方法が考えられるか，具体的に記せ。

(2) 高齢者施設での体験実習を行う際，Ⅱ 事前指導ではどのような指導が必要か。①マナー指導 ②高齢者理解 ③緊急対応の視点から具体的に記せ。

(☆☆☆◎◎◎)

【3】次の文を読み，設問に答えよ。

> 【　A　】上，事業者は，a優良誤認表示及びb有利誤認表示以外にも，自己の供給する商品又はサービスの取引について，商品又はサービスの取引に関する事項について一般消費者に誤認されるおそれがある表示を行ってはならないとされています。これは，優良誤認表示や有利誤憾表示だけでは，複雑な経済社会において，一般消費者の自主的かつ合理的な商品又はサービスの選択を妨げる表示に十分に対応することができない場合があると考えられるためです。【　A　】では，同法の運用機関である消費者庁の主任の大臣たる内閣総理大臣に，不当表示を指定する権限が付与されています。
>
> 出典「事例でわかる【　A　】」

問1　上の文の【　A　】に適する法律名を記せ。

問2　下の表示(マーク)の①名称と，②どのような食品に付けられるかを記せ。

問3　下線部a優良誤認表示，b有利誤認表示について，それぞれの表示の説明とその具体例を記せ。

(☆☆☆◎◎◎)

【4】被服の構成と製作及び衣文化に関する次の設問に答えよ。

問1　下図Aに示された1及び2のダーツの名称を記せ。

図A

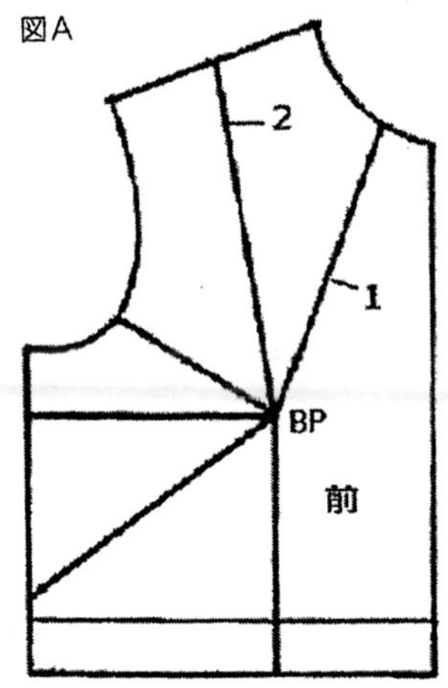

問2　ダーツの縫い方を図示し，その留意点についての説明も矢印などを用いて図の周囲に記せ。

問3　前後中央に縫い目のないフレアスカートを製作すると想定し，前スカート型紙(下図B)をどのように布地に配置したらよいか図示せよ。なお，布の縦方向も図示すること。

図B

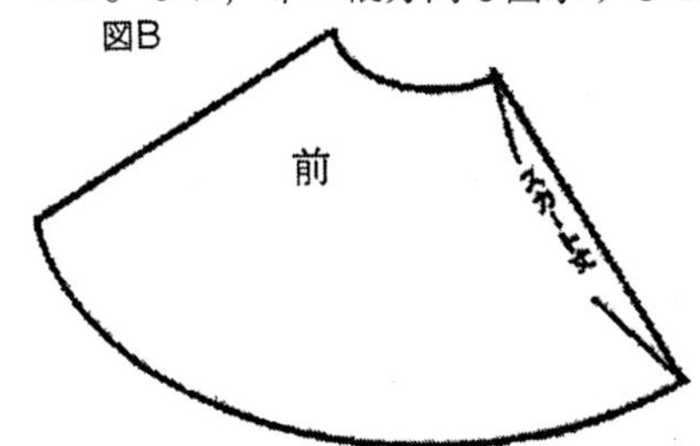

問4　次の文を読み，設問に答えよ。

梳毛織物の代表的な織物。たて，よこ糸の太さ，密度がほぼ同じ正則斜文織りの梳毛織物。約45度の角度に斜文線が表れる。一般的に後染め(毛織物は反染め)で紺，黒が多い。実用的な服地で，制服，スラックス，スカートなどに用いられる。

(1)　上の文で説明している織物の名称として，適切なものを次から1つ選べ。

デニム　　ギンガム　　シーチング　　サージ　　フラノ

(2)　この織物の表目の見分け方を記せ。

問5　我が国の衣文化に関する次の(1)，(2)の設問に答えよ。

(1)「ゆかた」は，江戸時代に広く庶民の日常着として用いられるようになったものであるが，元々は何時代にどのような目的で着用されていたものを原型としているか記せ。

(2)　次の衣文化に関わりのあることわざの意味を簡潔に記せ。

①　衣食足りて礼節を知る　　②　衣裳は人をつくる

(☆☆☆◎◎◎)

【5】家庭生活に関係の深い事柄を示した次の年表について，設問に答えよ。

西暦(年)	家族生活	食生活
1951	児童憲章制定	
1969		人工甘味料「 a 」の発がん性指摘
1974		食品添加物「 b 」使用禁止
1980	配偶者の相続分1/3から【 A 】へ	
1992		①ペットボトル症候群が問題化
【 B 】	介護保険制度始まる	雪印乳業集団食中毒事件発生
2006		②食糧自給率40%を切る
2013	③婚外子の相続差別撤廃	多くの有名ホテル、料亭などで食品表示偽装
2015		④「機能性表示食品」制度施行

問1　【 A 】,【 B 】に当てはまる語句または数字を記せ。

問2　「 a 」,「 b 」に適する語句を次から選べ。

亜硝酸ナトリウム　　チクロ　　ソルビン酸　　重合リン酸塩　　AF2

問3　下線部①ペットボトル症候群について説明せよ。

問4　下線部②食糧自給率について，2012年(平成24年)の秋田県の食糧自給率(カロリーベース)として適する数値を次から一つ選べ。

32%　　56%　　115%　　177%　　200%

問5　下線部③婚外子の相続差別撤廃について，その内容を記せ。

問6　下線部④「機能性表示食品」はどのような食品のことを指しているか，適するものを次から一つ選べ。

ア　無機質やビタミンなどの補給を目的とし，国が定めた栄養成分の規格基準に適した食品。

イ　特定の保健効果が科学的に証明されている食品。

ウ　病者用，嚥下困難者用，乳児用などの特別の用途に適する食品。

エ　事業者の責任で，科学的根拠に基づいた機能性を表示することができる食品。

(☆☆☆◎◎◎)

【6】食生活に関する次の設問に答えよ。

問1　次の文は何について説明したものか記せ。

糖質は体内で分解され，食後に血糖値を上昇させる，食品によって含まれる糖質の種類が異なるため，体内で糖質の吸収度合いが異なり，血液中の血糖値も異なってくる。そこで，食品ごとに摂取2時間までに血液中に入る糖質の量を測り示したものである。

問2　よく噛んで食べることのよさ(重要性)を説明せよ。

問3　青菜に含まれる色素を記し，さらに色よくゆでるための調理上の留意点を説明せよ。

問4　もち米には「蒸す」という調理方法が用いられる。その理由を説明せよ。

問5　小麦粉の膨化に用いる①ベーキングパウダー，②イースト菌それぞれの膨化の特徴と，膨化のための留意点を記せ。

問6　「フードファディズム」について説明せよ。

問7　食中毒予防の三原則から，調理実習において包丁とまな板の使用，後片付けにおいて，生徒に指導すべきポイントを記せ。

(☆☆☆◎◎◎)

【7】次は「住生活基本計画(全国計画)」(国土交通省)にある居住環境水準の項目を示したものである。【　A　】,【　B　】に適する語句を記せ。

(1)　安全・安心
　①　地震・大規模な火災に対する安全性
　②　自然災害に対する安全性
　③　日常生活の安全性
　④　環境阻害の防止
(2)　美しさ・豊かさ
　①　緑
　②　市街地の空間のゆとり・景観
(3)　【　A　】性
　①　良好なコミュニティ及び市街地の【　A　】性
　②　環境負荷への配慮
(4)　日常生活を支えるサービスへのアクセスのしやすさ
　①　高齢者，子育て世帯等の各種生活サービスへのアクセスのしやすさ
　②【　B　】

問2　地震災害に対する安全性については，次の3点を理解する演習が必要である。下の設問に答えよ。

1　住宅の安全性を高める(ハードとしての対策)
2　備蓄や避難方法などの減災対策(ソフトとしての対策)
3　社会の緊急時【　C　】・復興力を高める対策(ハード・ソフトの両面の対策)

(1)　【　C　】に入る適切な語句を記せ。
(2)　2ではどのような演習が考えられるか。「自助」「共助」の観点から記せ。

(☆☆☆◎◎◎)

解答・解説

【中学校】

【1】問1 ① 実践的・体験的な学習活動　② 家庭や地域社会
問2 解答省略

〈解説〉問1 ① 実習や体験等の活動を通し，具体的に考え，行動の仕方を身に付けていくことができる。また，作業や仕事の達成感は喜びだけでなく，習得した知識・技術の意義を実感することにもつながる。
② 生活を工夫し創造する能力と実践的な態度を身に付けるには，まずは身近な課題を取り上げるのがよい。実際の生活で学んだ知識や技術をどう生かすかを考える中で，家庭や地域社会と深くかかわっていることや自分が社会に貢献できる存在であることに気付くこともある。　問2 具体的な学習過程の工夫，思考を促す発問の工夫など，学習指導の在り方を振り返り，改善を行いながら意図的・計画的な授業を行う必要がある。

【2】解答略

〈解説〉小・中・高等学校教育を通じて，家庭や社会とのつながりを重視し，少子高齢社会，資源や環境に配慮したライフスタイルの確立，持続可能な社会づくりのための力や，他者と共生し自立して生活する力，生涯を見通して生活を設計し創造していく力の育成等を図っていくことが求められている。

【3】問1　①　安全と衛生　②　調理することの喜び　③　食生活に対する関心

問2

	【米飯・みそ汁】	【ムニエル】	【グリーンサラダ】
00	A:・炊飯スイッチを入れる ・煮干しの処理をして分量の水に浸ける(コンロ1) ・Cの用意した湯の一部を油揚げにかけて下処理する	B:・鮭に振り塩をする ・パセリを洗い、レモンを櫛型に切る ・配膳用の食器を棚から出し、布巾で拭く	C:・ブロッコリーを茹でる湯を多めに沸かす(コンロ2) ・ブロッコリー、レタス、きゅうりを洗い、ブロッコリーを茹で、ざるにあげて冷ましておく
10	A:コンロを火にかけ、だしを煮だし、いったん火を止めておく ・その間に油抜きした油揚げ、ねぎを切る ・分量の味噌を用意しておく	B:鮭の表面の水気をふきとり、軽く塩・胡椒し、小麦粉をまぶす ・フライパンに油とバターを入れ、温め、バターが溶けたら焼き始める(コンロ2)	C:レタスの水気をよくとり、食べやすい大きさにちぎる、きゅうりも斜め切りにし、Bの用意した皿に盛り付けておく
20	A、B、Cとも(コンロ2)に集合し、ムニエルの出来を評価する		
	A:・だしを温め、油揚げ、ねぎをいれ、溶いた味噌を入れ、汁椀につぐ	B:ムニエルを皿にとり、パセリ、レモンを添える、・ごはんをよそう	C:盛り付けた野菜にドレッシングをかける
30	試食開始		
40	後片付け開始		
50	終了		

相互評価する観点

・適量の小麦粉であったか、・焼き始めは盛り付けるとき表になる方を下にしたか、

・表裏6:4くらいの時間配分で焼いたか、・適度な焦げ目がついているか、等

問3　栄養・調理に関する学習で想定される各学習形態に応じた適切なICTの活用方法を具体的に示す。

〈解説〉問1　学習指導要領からの出題である。調理実習では，安全と衛生に留意し，生徒が調理することの喜びを味わいながら食生活に対する関心を高めて生活での実践につながるよう指導する。　問2　調理実習計画表では，各生徒の動きが適切で偏りがなく，調理の手順が適切であり，調理時間が適切であること。また，相互評価の場面が適切に設定されているようにする。相互評価する観点では，下準備，加熱，

できばえ等について，適切な観点を示すこと。　問3　全体…班ごとに，1日に必要な栄養を考えて献立を立て，実習を行い，完成した料理を大型ディスプレイで発表し合い，意見交換する。　個…1日3食のうちの1食を取り上げ，1週間分の記録を，タブレットなどを活用し，画像とメモにとる。そして，摂取した栄養について，過不足のバランスや特に不足しているものがあれば，その働きを書籍やインターネットを使って調べ，今後の計画を立てて発表する。　ペア又はグループ…中学生の1日分の献立を考えるにあたり，学習用ソフトウェア，インターネットなどを活用する。意見交換を行いながら，料理に使われている材料の種類や特徴を調べて，バランスのよい食事を考える。

【4】問1　運動機能や感性をはぐくみ，また，人とかかわる力や言葉の発達を促す。　問2　交通事故，溺死・溺水

問3

1　空欄を補充しなさい。
乳幼児期の1年間は成長が大きい。身長は1歳で出生時の約(　　　)倍、体重は出生時の約(　　　)倍になる。

2　正しい方を選びなさい。
出生時には胸囲は頭囲より(大きい・小さい)が、3か月頃には胸囲のほうが(大きく・小さく)なる。

3　下図はスキャモンの発育・発達曲線である。(ア)〜(エ)に当てはまる言葉の正しい組み合わせはどれか。

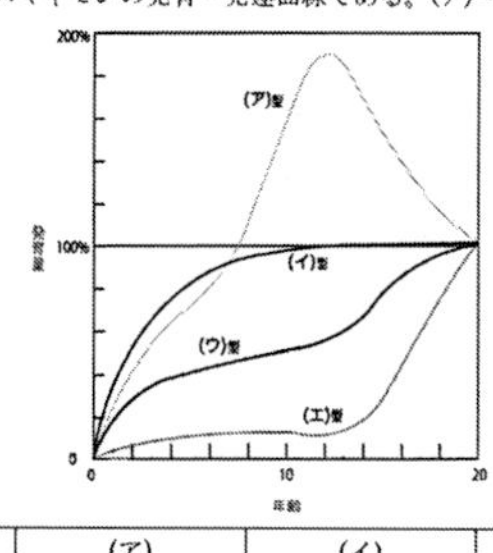

	(ア)	(イ)	(ウ)	(エ)
①	一般	生殖器	神経系	リンパ系
②	一般	神経系	リンパ系	神経系
③	リンパ系	神経系	一般	生殖器
④	リンパ系	一般	生殖器	神経系

4　運動機能の発達にはどのような方向性と順序性があるか。簡単に記せ。
方向性：
順序性：

〈解説〉問1　遊びには，健康の維持・増進，運動機能の発達，知的能力の発達，情緒の発達，社会性の発達，生活環境の拡大などの機能がある。子どもは遊びを通し，多様な人間関係も体験し，社会性を身に付けていく。　問2　乳児の場合には窒息事故が最も多く，幼児は交通事故，次いで溺死・溺水が多くなっている。　問3　解答参照

【5】問1　合成繊維･･･ナイロン　アクリル　ポリウレタン　ポリエステル　　半合成繊維･･･アセテート　　再生繊維･･･レーヨン　キュプラ

問2

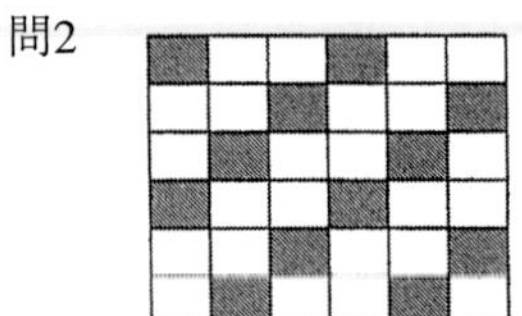

特徴･･･織り目が斜め方向　綾織ともいわれる　　布･･･デニム　サージ　ツイード　ギャバジン　から1つ　　問3　①　50　　②　30

③　蚕の繭　　④　セリシン　　⑤　紫外線

〈解説〉問1　合成繊維は，石油や石炭を化学的に合成した物質が原料である。ナイロン，ポリエステルは繊維の中でも強度が大きく，引っ張りや摩擦に強い。半合成繊維は，天然繊維を化学処理して作られている。アセテートは，パルプに酢酸を反応させて作られている。再生繊維は，天然繊維を溶かして作られており。主成分はセルロースである。レーヨンはパルプ，キュプラはコットンリンターから作られる。再生したことにより強度は低下するが，綿に近い性質を持っている。

問2　綾織は，平織のように交互に浮き沈みせず，組織点が斜めに連続している。右上がりを表とする場合が多い。糸の太さと密度が同じ場合，綾線は45度になる。強さでは平織に劣るが，光沢と伸縮性にすぐれている。　問3　ウールマークには，混率により，以下の3種のマークがある。

・絹の繊維の断面は三角形になっている。中心部のフィブロイン(約70～80%)と外側の膠質のセリシン(約20～30%)から成り立っている。

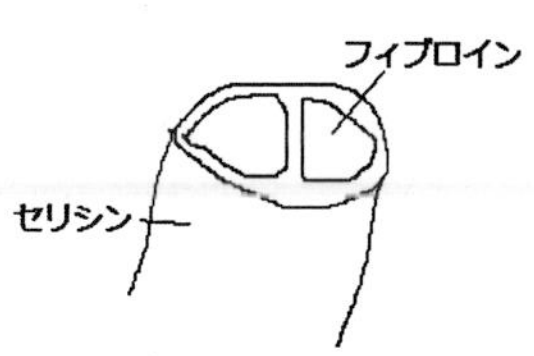

【6】問1 (1) 病気や害虫，除草剤に対する強さ，日もちのよさ，味や栄養価の高さなど。 (2) 大豆，じゃがいも，菜種，とうもろこし，綿実，てんさい(砂糖大根)，アルファルファ，パパイア (3) 遺伝子組み換え不分別 問2 (1) ① 国民の健康の維持，増進 ② 食料の安定供給を確保するための計画 (2) 収載食品数･･･2191 食品群の配列順･･･植物性食品→きのこ類→藻類→動物性食品→加工食品 (3) キロジュール(kJ) (4) アミノ酸成分表，脂肪酸成分表，炭水化物成分表 (5) ナトリウムの量に2.54を乗じた値が食塩相当量である。 問3 ① 8 ② 11.1

〈解説〉問1 (1) ほかに，これまで農作物の栽培に適さなかった乾燥地などでも栽培できる作物や，特定の栄養成分を多く含む作物など，特徴ある農作物の開発が可能なことも利点である。 問2 日本食品標準成分表2015年版(七訂) での改訂点は大きく3つある。15 年ぶりに313食品が増加し，収載食品(刺身，天ぷら等日本の伝統的な食品，えごま油，減塩しょうゆ，減塩みそ等健康志向を反映した食品，米粉等アレルギーに対応した食品，調理後食品や顆粒中華だしなどの調味料，等々)が拡充されたこと。アミノ酸成分表・脂肪酸成分表の収載食品の拡充に加え，新たに炭水化物成分表ができたこと。ホームページ上で英語版を公開するなど，社会のニーズに対応したこと。などである。
(5)　計算式で示すと，ナトリウム〔mg〕×2.54÷1000＝食塩相当量〔g〕となる。

【7】問1　(1)　ITを使い，家庭内のエネルギー消費が最適に制御された住宅。　(2)　リフォームより規模の大きな改修工事。　(3)　BLマーク，住宅部品につけられる。
問2

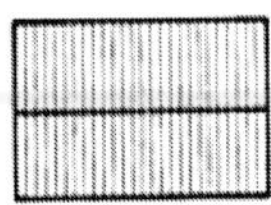
切妻屋根

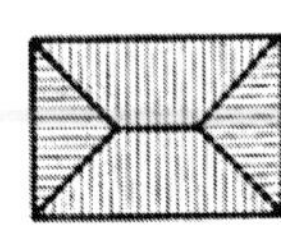
寄棟屋根

〈解説〉問1　(1)　太陽光発電システムや蓄電池などのエネルギー機器，家電，住宅機器などをコントロールし，エネルギーマネジメントを行い，CO_2排出の削減を実現する省エネ住宅のこと。省エネ・創エネ設備を備えた住宅がエコ住宅であるのに対し，エネルギーマネジメントシステムで最適化されたエコ住宅がスマートハウス。　(2)　古い建物のよさを活かしつつ，給排水・電気・ガスの配管なども全面的に新しくし，新築時以上に性能を向上させたり，住まい手の好みのデザインや間取りに変えるなど，中古住宅に「新たな付加価値」を生み出すこと。　(3)　一般財団法人ベターリビングの認定した優良住宅部品。
問2　それぞれの見取り図は，以下である。

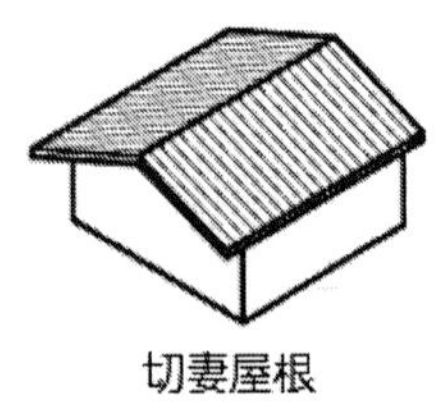
切妻屋根

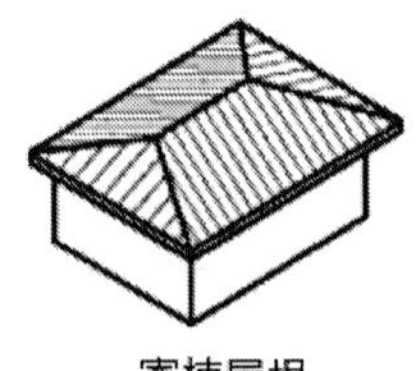
寄棟屋根

【高等学校】

【1】問1　1　総合的　　2　創造　　3　肯定的　　4　行動力　5　マネジメント　　問2　科学的な理解，生涯を通し，健康的な食生活を送るために実践的な調理実習などに取り組む点。

問3　①　樺(かば)細工，川連(かわつら)漆器，大館曲げわっぱ，秋田杉桶樽(おけたる)の4品目　　②　川連こけし，イタヤ細工，秋田銀線細工，大曲の花火の4品目　　問4　課題意識をもたせること，主体的活動を重視すること，計画・実行・反省・評価を行い，次につなげること。

〈解説〉問2　栄養，食品，調理及び食品衛生に関する科学的な理解をもち，生涯を通して健康で安全な食生活を営むための知識と技術を，調理実習等を通して身に付けることを重視している。　問4　・学習内容を家庭生活と結び付けて考えるようにし，課題意識をもって題目を選択する。　・課題解決に際し，目標を明確にして実施計画を作成する。そのうえで生徒の主体的な活動を重視し，適宜，適切な指導・助言を行うようにする。　・学習活動は，計画・実行・反省・評価の流れで取り組み，実施過程を記録すること。また実施後は，反省・評価をして次の課題へつなげ，成果の発表会も行うようにする。

【2】問1　実験・実習の配当，履修年次，他教科との関連など。

問2　(1)　教育委員会などを通じ，保育所や高齢者施設などを紹介してもらう。　(2)　①　人生経験の豊富な先輩として，感謝，尊重する気持ちをもって接する。　②　高齢者の心身の特徴を理解し，寄り添うこと。　③　引率者への連絡，相談を実施する。

〈解説〉問2　(1)　①　市の教育委員会や保育課などの公的機関を通じ，幼稚園・保育所などを紹介してもらう。　②　生徒の保護者の中に幼稚園・保育所の関係者がいれば，紹介を受ける。　③　地域の児童館や保健センター，子育て支援施設や子育てサークルなどに協力を依頼し，家庭保育を行っている乳幼児の親子の協力を得る。など。

(2)　①　好意により訪問ができているので，感謝の気持ちをもって接し，個人のプライバシーに立ち入った質問などは控えるようにする。また，高齢者には，それぞれに長い人生を歩んできた歴史があり，それを尊重して耳を傾けて話をよく聞くようにすることが大切である。②　多くの高齢者は聴力や視力が落ちていることを念頭に置き，相手のペースに合わせることを心がける。　③　高齢者は，免疫力が弱っていることも多く，風邪などの感染症にかかりやすい。体調がすぐれないときは，担当教諭に申し出て相談すること。また，思いもよらず相手に怪我をさせてしまった時などは，すぐに引率者，施設職員に連絡する。

【3】問1　景品表示法　　問2　①　生産情報公表JASマーク　　②　牛肉，豚肉，農産物及び養殖魚　　問3　a　説明…事実と相違があるにもかかわらず，消費者の誤認を招く表示。　具体例…国産有名ブランド牛の肉のように表示して販売していたが，実はブランド牛ではなく国産牛肉であった。　b　説明…みせかけにすぎず，実態に見合う価値はなく消費者の誤認を招く表示。　具体例…外貨預金の受取利息が手数料抜きで表示されていたが，実質的な受取額は表示の$\frac{1}{3}$以下である。

〈解説〉問2　生産者，生産地，農薬及び肥料の使用情報など，食品の生産情報を消費者に正確に伝えていることを，第三者機関である登録認定機関が認定したものに付けられる。　問3　a　優良誤認表示とは，実際のものよりも著しく優良であると示す，あるいは，事実に相違して競争関係にある事業者のものよりも著しく優良であると示す表示である。他の例として，アクセサリーで，天然ダイヤ使用のネックレスのように表示しているが，使われているのはすべて人造ダイヤであった，中古自動車販売で，走行距離10万km以上にもかかわらず，メーターを操作し，3万kmと表示して販売した，など(消費者庁HP参照)。
b　有利誤認表示とは，実際のものよりも取引の相手方に著しく有利であると示す，あるいは，競争事業者のものよりも取引の相手方に著しく有利であると一般消費者に誤認される表示である。他の例として，運送業者が，基本価格を記載せずに，「今なら半額！」と表示したが，実際は50％割引とは認められない料金で仕事を請け負っていた，など(消費者庁HP参照)。

【4】問1　1　えりぐりダーツ(ネックダーツ)　　2　肩ダーツ(ショルダーダーツ)　　問2　ダーツの先の縫い方及び糸端の始末に留意する。

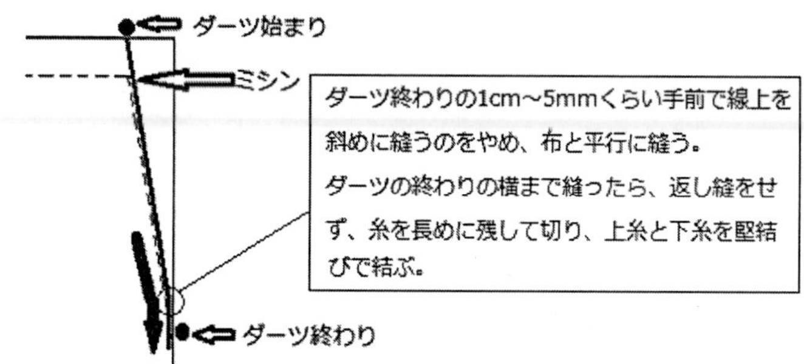

問3　スカートの前中心の配置に注意する。

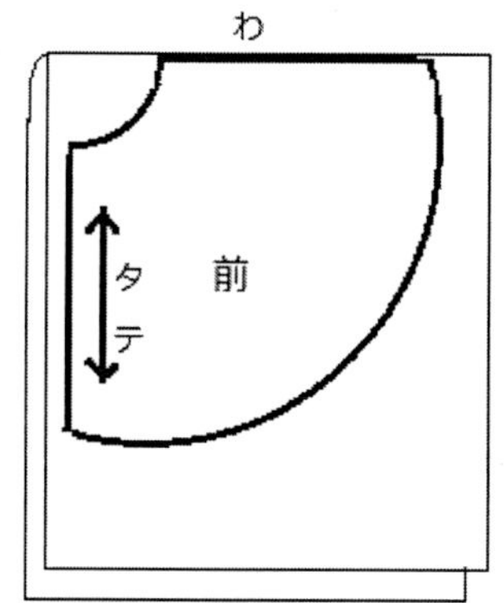

問4　(1)　サージ　(2)　斜文の流れ方に特徴がある。　問5　(1)　平安時代に沐浴に際し，着用した。　(2)　①　豊かさがあってこそ節度ある振る舞いができる。　　②　服装が整っていると気持ちも整って見える。

〈解説〉問2　最後の数針を折り目に対し平行に縫い，返し縫いをせず堅結びをする。ダーツの終わりと縫い終わりの距離は1～2mm程がよい。ダーツの終わりまでミシンで縫うと表側のダーツの終わり部分が尖ってしまう。また，縫い終わりを返し縫いせず，堅結びするのは，表に返した時に滑らかにするため。　問4　(1)　斜文織の代表的な布は，デニム，サージである。説明文で，制服やスラックス，スカートなどに用いるとあるので，サージが適切。ギンガム，シーチングは平織，フラノは軽くて柔らかな紡毛織物で，たて・よこ糸とも紡毛糸を使い，平織・または綾織で縮充を施したもの。やや厚地で，紳士用スーツや婦人用などに用いる。(2)　平織のように交互に浮き沈みしておらず，組織点が斜めに連続している。表目では右上がりになる場合が多い。糸の太さと密度が同じ場合，綾線は45度になっている。
問5　(1)　平安時代，貴族が蒸し風呂に入る時に水蒸気でのやけどを避けるために着用したことが起源とされている。その後，風通しがよく，湯上り用や寝間着として着られるようになった。江戸時代に今日のような着用仕様になったとされる。　(2)　①　人は，物質的に不自由のない豊かさをもって，初めて礼儀に心を向ける余裕ができてくる。②　どんな人であっても，身なりさえ整えれば立派に見える。

【5】問1　A　$\frac{1}{2}$　　B　2000　　問2　a　チクロ　　b　AF2
問3　清涼飲料水を多量に飲むことで高血糖となり，ケトーシスに至る症候群。急性の糖尿病。　問4　177%　　問5　法定相続分が同等になった。　問6　エ
〈解説〉問2　a　チクロは，ショ糖の約30～50倍の甘みがある。酸性下で甘みが強くなるため，ジュースなど果実を使用した加工食品の甘みを増す際によく用いられた。動物実験で発がん性が指摘され，1969年に使用禁止となった。　b　AF2は，豆腐などによく使用された食品の防腐剤である。動物実験で発がん性が実証されたことにより，1974年に使用禁止となった。　問3　糖を多く含む清涼飲料水を大量に飲むと，血糖値が上昇する。そうすると，血糖値を下げる作用をするホルモンのインスリンの働きが間に合わなくなる。すると，ますます血糖値が

上昇する。インスリンが不足すると，細胞はブドウ糖を取り込めなくなり，ブドウ糖をエネルギー源として使えなくなる。そこで，ブドウ糖の代わりに脂肪やたんぱく質を分解し，エネルギー源として使うようになる。この分解の際に，毒性を持つケトン体(脂肪酸からなる成分)が発生，血液中に過剰に増えるようになる。このケトン体が血液中に大量にある状態を「ケトーシス」という。全身の倦怠感のほか，腸痛や嘔吐，場合によっては意識障害から昏睡に至る等の症状を呈することがある。　問5　法律上の婚姻関係にある男女の間に生まれた子どもを嫡出子，そうでない男女の間に生まれた子どもを非嫡出子という。従来，非嫡出子の相続分は嫡出子の$\frac{1}{2}$とされていたが，2013年の民法改正により，同等の相続分となった。　問6　アは栄養機能食品，イは特定保健用食品，ウは特別用途食品。

【6】問1　GI値(グリセミック・インデックスの略)　　問2　多食を防ぎ，肥満予防になること，ゆっくり味わうことで味覚が研ぎ澄まされること，など。　問3　色素名…クロロフィル　　留意点…水の量は多めにし，加熱時間は長くし過ぎないこと。　問4　吸水性が大きいので，その分量だけの水分で炊くと硬い仕上がりになるから。

問5　(膨化の特徴，留意点の順)　①　二酸化炭素の発生による。　使用目的に合ったものを選ぶ。　②　発酵による。　適切に温度管理をする。　問6　食の情報のうち，健康に関するものを鵜呑みに信じること。　問7　付けない，増やさない，殺す，の三原則を徹底する。

〈解説〉問1　食後血糖値の上昇度を示す指標。GIが高い食品は，一気に血糖値を上昇させ，血液中の糖の処理に多量のインスリン分泌が必要になったり，不足してしまうことがある。インスリンには脂肪合成を高め，脂肪分解を抑制する働きがあるので，インスリンの過剰分泌は，組織での脂肪蓄積をきたす。逆にGIが低い食品では，糖がゆっくりと取り込まれ，血糖値の上昇もゆるやかなため，インスリンも分泌しすぎず，糖は組織に吸収される。　問4　ほどよい仕上がりの蒸したもち米(こわ飯)は，水分量が原料米の重量の1.6～1.9倍といわれる(うるち米は2.2～2.3倍)。飯になる間に使われる水の量は，原料米の0.8～1.0倍ほどであり，この分量の水で炊こうとすると，米粒は水面より出てしまい，平均に吸水することができない。よって，蒸す方法がとられる。もち米は，うるち米より吸水性が大で，2時間の浸漬で約40％も吸水する。でんぷんの糊化は約30％の水分があればよいので，充分吸水させたもち米であるなら，蒸すことによってでんぷんを糊化することは可能であるが，浸漬させただけの水分で蒸すと，とても硬いこわ飯になる。ほどよく仕上げるには，蒸す途中で不足分の水を補う(ふり水)。　問5　ベーキングパウダーは，重曹(炭酸水素ナトリウム)を主原料とする粉末の膨張剤(重曹に，ガス化を制御するものを配合)で，水分や熱を加えると化学反応で分解し，二酸化炭素を発生させることで生地を膨らませる。留意点は，配合している助剤により，室温で反応するものから，高温になるのを待って反応するもの，また持続的に反応し続けるもの，さらに即効性や遅効性を考慮したものなど，様々な種類があるので，対象とする使用目的に応じた使い分けが必要になることである。一方，イースト菌は，増殖に適した栄養分と温度のもとで盛んに分裂を繰り返して発酵し，この増殖時に二酸化炭素を発生させ，生地を膨らませる。留意点は，発酵に適した適切な温度管理が必要なことである。　問6　食品が健康に与える影響を過大に信じること。テレビなどのマスコミ，書籍・雑誌の情報を信じ，バランスを欠いた偏執的で尋常でない食行動をとること。　問7　「つけない」は清潔・洗浄を，「増やさない」は迅速・冷却を，「殺す」は加熱・殺菌を，徹底することである。実習において，包丁・まな板は，野菜類と肉類は別にする，生ものを使用した後に続けて生食するものの使用をしない，まな板の上に食材を置いたままにせず，使用するまで冷蔵庫に入れておく，後片付けでは，熱湯消毒や適宜漂白剤等使用する，などを徹底する。

【7】問1　A　持続　　B　ユニバーサルデザイン　　問2　(1)　対応力　(2)　自分と家族を救う自助以外に，近隣による共助体制も構築しておく必要がある。

〈解説〉問1　「居住環境水準」は，地域の実情に応じた良好な居住環境の確保のための指針である。　Aの「市街地の持続性」とは，住宅の，時機にあった適切な建替えなどが行われ，良好な居住環境が持続して維持できることである。　Bの「ユニバーサルデザイン」とは，ここでは，高齢者，障害者をはじめとする多様な人々が円滑に移動できる経路が確保されていることである。　問2　(1)　災害時には，地域，市町村，官庁さらには企業も含め，社会全体が迅速に立ち上がり，復興に向けて再生していかなければならない。事前に地域再生計画，復興計画を立案すること，また，地域コミュニティの活動を理解し合い，誰もが参画できるようにしておくことが求められている。　(2)　普段から近隣との交流を持ち，地域社会への参加が大切である。自助努力としては，防災関連の用品を備蓄し，保管場所を決め，家族で周知しておくこと，連絡手段・避難経路を確認しておくこと，さらに帰宅ルートを確認しておくことなどがある。共助体制としては，戸建て・集合住宅ともに，自治会などで要支援者，移動困難者などのリスト作成，避難場所・避難経路の確認，炊き出しなどの定期的な実施訓練，防災用品の点検，運営方法等々，行政と連携しながら綿密な準備をすることである。高校生によるボランティア活動の場として考えるなら，何が必要とされているのか，どのタイミングで活動するのか，さらに相談・連絡・報告の徹底を伝えることも大切である。演習として，火災危険度や災害危険度を地図に描いてみる，住んでいるところのバリアを高齢者や障害者，幼い子供を育てている親の視点に立って地図を作成する，コミュニティの場を知るうえで，地域の人たちの交流が盛んな場所とどのような人々が交流しているかを調査する，などが考えられる。

2016年度　実施問題

【中学校】

【1】次の文章は,「中学校学習指導要領解説　技術・家庭編」(平成20年9月　文部科学省)「第3章　4　言語活動の充実」より抜粋したものである。以下の設問に答えよ。

－略－

技術・家庭科においても，国語科で培った能力を基本に，知的活動の基盤という言語の役割の観点から，実習等の結果を整理し考察するといった学習活動を充実する必要がある。また，①技術・家庭科の特質を踏まえ，生活における問題を解決するために，言葉だけでなく，＿＿(1)＿＿などを用いて考えたり，説明したりするなどの学習活動も充実する必要がある。その際，内容「D情報に関する技術」と関連させて，情報通信ネットワークや情報の特性を生かして考えを伝えあう活動を充実することも考えられる。

これらの言語活動の充実によって，②技術・家庭科のねらいの定着を一層確実にすることができる。

なお，技術・家庭科で重視している実践的・体験的な学習活動は，＿＿(2)＿＿という効果もある。　－略－

問1　下線部(1)，(2)に入る適切な言葉を記せ。

問2　①技術・家庭科の特質は，家庭分野の目標においてどのように示されているか，記せ。

問3　ここで示されている②技術・家庭科のねらいとは何か，記せ。

(☆☆☆◎◎◎)

【2】栄養素に関する次の文章を読んで，あとの設問に答えよ。

・たんぱく質を構成するアミノ酸は約20種類あり，そのうちの(　①　)種類は必須アミノ酸である。

・主にたんぱく質の供給源となる食品は，6つの基礎食品群の(　②　)

群に当たる。

・たんぱく質1g当たりのエネルギーは約(　③　)kcalである。

・米のたんぱく質は植物性食品の中ではアミノ酸価が高く，たんぱく質源としても役立っている。

問1　(　①　)～(　③　)に当てはまる数値を記せ。

問2　必須アミノ酸，アミノ酸価について，説明せよ。

問3　米について，たんぱく質以外の栄養的特質を次の観点から記せ。

(1)　うるち米ともち米の違い

(2)　玄米と精白米の違い

(☆☆☆◎◎◎)

【3】布を用いた物の製作について，以下の設問に答えよ。

問1　「中学校教材整備指針」では，ミシン及び付属品の必要数量を定める整備の目安について，生徒「何人あたり1程度」と示されているか，記せ。

問2　安全にミシンを使用するために，生徒に指導しておきたい事項を，使用前，使用中，使用後に分けて，箇条書きで記せ。

問3　ミシンを使用したボタンホールの製作過程を，使用前・使用中・使用後の3段階で図示し，製作に必要な説明等を余白に記せ。なお，ボタンホールはシャツの前身頃のものとし，横長の形状とする。

問4　布を用いた物の製作において，生徒の進度差を小さくするためにどのような指導の工夫が考えられるか，記せ。

(☆☆☆◎◎◎)

【4】食品表示に関する次の文章を読んで，あとの設問に答えよ。

機能性を表示することができる食品は，これまで国が個別に許可した(　①　)食品と国の規格基準に適合した(　②　)食品に限られていました。そこで，機能性を分かりやすく表示した商品の選択肢を増やし，消費者のみなさんがそうした商品の正しい情報を得て選択できるよう，平成27年4月に，新しく「機能性表示食品」制度が始まりました。

「『機能性表示食品』って何？」(消費者庁)より

問1　(　①　)，(　②　)に当てはまる語句を記せ。

問2　機能性表示食品とは何か，記せ。また，機能性表示食品を利用するに当たっての留意点を記せ。

問3　「機能性表示食品」制度の根拠となる法律の名称を記せ。また，この法律によって義務化された，加工食品の栄養成分表示の5項目を記せ。

問4　下の図は生鮮食品(魚介)の表示例である。波線部(1)～(3)の表示について，次の設問に答えよ。

(1)　「養殖」との違いを説明せよ。

(2)　「国産品」と「輸入品」との違いを説明せよ。

(3)　「賞味期限」との違いを説明せよ。

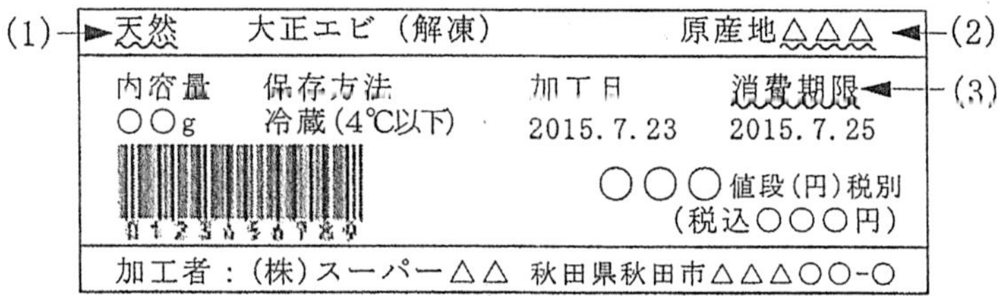

(☆☆☆◎◎◎)

【5】子育て支援について，以下の設問に答えよ。

問1　認定こども園の機能を2つ記せ。

問2　秋田県がこども・子育て支援の充実を図るため，「子ども・子育て支援新制度」のスタートにあわせ策定した，平成27年度から5年間にわたる計画名を記せ。また，次のキャラクターがデザインされたカードの名称と，配布される対象世帯を記せ。

問3　技術・家庭科における幼稚園の園児と触れ合う活動について，次の事項を踏まえてワークシートを作成せよ。

◇評価規準　①幼児の心身の発達に応じた遊び(遊び道具)や遊び方，幼児との関わり方について自分なりに工夫したり，観察したことを生かして考えたりしている。　(生活を工夫し創造する能力)
②幼児の遊びや遊び道具，遊びと心身の発達との関わりについて観点に基づいて観察し，整理することができる。　(生活の技能)

◇対象生徒　中学校第2学年30名

◇その他　・徒歩で学校と往復できる近隣の幼稚園を訪問するものとする。
・幼児の心身の発達に関する知識を活用して，園児と触れあう活動を行うものとする。
・①，②のねらいが達成されたかどうかをワークシートで見取り，評価するものとする。ワークシートのどの部分でどのねらいについて評価するのかを，「←①」のように矢印と番号を使って，「評価」の欄に示すこと。

(☆☆☆◎◎◎)

【6】次の文章は，「中学校学習指導要領解説　技術・家庭編」(平成20年9月　文部科学省)「第2章　第3節　家庭分野　2 家庭分野の内容　D 身近な消費生活と環境」より抜粋したものである。以下の設問に答えよ。

(1) 家庭生活と消費について，次の事項を指導する。

ア　自分や家族の消費生活に関心をもち，消費者の基本的な権利と責任について理解すること。

イ　販売方法の特徴について知り，生活に必要な物資・サービスの適切な選択，購入及び活用ができること。

問1　消費者の基本的な権利と責任について，国際消費者機構(CI)では「8つの権利と5つの責任」を挙げている。次に示す「5つの責任」について，具体的な場面を示して説明せよ。

① 批判的な意識を持つ責任　② 行動する責任

③ 社会的関心をもつ責任　④ 環境への自覚の責任

⑤ 消費者として団結し連帯する責任

問2　クーリング・オフ制度について，次の設問に答えよ。

(1) 下表はクーリング・オフできる主な販売方法等及び契約解除可能期間を示している。(①)，(②)に当てはまる語句及び数値を記せ。

主な販売方法等	契約解除可能期間
(①)	8日間
マルチ商法，内職やモニターでお金を得ることを目的にした商品の販売	(②)日間

(2) 生徒に示す資料として，契約解除通知書の例を作成せよ。また，通知書を送付する場合の留意点を記せ。

問3　家庭生活と消費についての理解を深めるために，「A　家族・家庭と子どもの成長」(2)アと関連させ，地域の高齢者を消費者被害から守るための啓発的な活動を位置付けた小題材を構想することにした。次の事項を踏まえた3時間扱いの題材計画を作成せよ。

◇小題材名	地域の人々とわたしたちの消費生活　－消費者被害から高齢者を守ろう－
◇小題材の目標	家族及び地域の人々の消費生活について関心をもち，収集・整理した販売方法等の情報を活用して適切な選択，購入について考え，工夫することができる。
◇生徒の実態	・中学校第3学年30名 ・生徒は，「D　身近な消費生活と環境」(1)家庭生活と消費及び「A　家族・家庭と子どもの成長」の全ての指導事項を履修済み。
◇その他	・背景として，悪質な商法により，地域の高齢者が高額な財産をだまし取られる事件が発生している。 ・問題解決的な学習を意識した展開とする。 ・「時間」「ねらい」「学習活動」「評価規準」「評価方法」を明示し，必要に応じて区切り線を入れること。

(☆☆☆◎◎◎)

【高等学校】

【1】高等学校学習指導要領(平成21年3月告示)第2章　第9節　家庭　について，次の設問に答えよ。

問1　科目「家庭総合」は，その性格としてどのようなことを重視しているか記せ。

問2　次の文は科目「家庭総合」の目標を示している。文中【　A　】と【　B　】に当てはまるものを語群から一つずつ選び記せ。

人の一生と家族・家庭，子どもや高齢者とのかかわりと福祉，消費生活，衣食住などに関する知識と技術を【　A　】に習得させ，家庭や地域の生活課題を【　B　】に解決するとともに，生活の充実向上を図る能力と実践的な態度を育てる。

〔語群〕　段階的　系統的　主体的　断片的　体験的
総合的　基本的　積極的

問3　次の文は「第2款　各科目　第2　家庭総合　2　内容　(4)生活の科学と環境　イ　衣生活の科学と文化」より抜粋したものである。下の設問に答えよ。

着装，被服材料，被服の構成，①被服製作，被服管理などについて科学的に理解させ，②衣生活の文化に関心をもたせるとともに，必要な知識と技術を習得して安全と環境に配慮し，主体的に衣生活を営むことができるようにする。

(1)　下線部①の題材は，何を中心として扱うか記せ。

(2)　下線部①の題材を，中学校までの学習経験との関連を図り，生徒の実態に応じて「基礎的な題材」として場合の配慮事項を記せ。

(3)　下線部②の指導において，伝統的な衣文化を現代に生かすという視点から「衣替え(衣更え)」を取り上げたい。その変遷について，「平安時代」「鎌倉時代」「明治時代」「現代」の四つの時代を取り上げ，簡潔に記せ。

問4　次の文は「第2款　各科目　第2　家庭総合　2　内容　(5)生涯の生活設計」より抜粋したものである。あとの設問に答えよ。

(5)　生涯の生活設計

①生活設計の立案を通して，生涯を見通した自己の生活について主体的に考えることができるようにする。

ア　生活資源とその活用

生活の営みに必要な②金銭，生活時間などの生活資源についての理解を深め，③有効に活用することの重要性について認識させる。

イ　ライフスタイルと生活設計

自己のライフスタイルや将来の家庭生活と職業生活の在り方について考えさせるとともに，生活資源を活用して生活を設計できるようにする。

(1) 下線部①について，指導に当たっての留意点を記せ。

(2) 下線部②について，金銭，生活時間以外の具体例を二つ記せ。

(3) 下線部③の指導を通して，自らのライフスタイルを創造し，人生の目標を達成するためには，生活資源をどのように活用したらよいかを考えさせたい。そのための具体的な手立てを記せ。

(4) 生涯の生活設計(人生すごろく)の立案を取り入れた単元を構想することとした。以下の内容を踏まえ，5単位時間からなる指導と評価の計画を作成せよ。

◇単元名　生涯の生活設計

◇単元の目標　生活設計の立案を通して，生涯を見通した自己の生活について主体的に考えることができるようにする。

◇単元の評価規準

関心・意欲・態度	思考・判断・表現	技能	知識・理解
・自己のライフスタイルや生活資源の有効活用の視点から将来の生活設計について考えようとしている。	・生活資源を有効に活用した生活設計について考え，工夫している。 ・自己のライフスタイルの実現を目指して，生活設計を考え，まとめたり，発表したりしている。	・生活設計を具現化するために必要な情報を収集・整理することができる。	・生涯を見通した生活設計の重要性を理解している。

◇対象生徒　高等学校　第1学年　35名

◇その他

・第1次から第3次の小単元構成とし，各時間数を設定すること。

・下の表の様式に従い小単元ごとにねらいと時間数を記すこと。

・リスク管理の視点を取り入れた学習活動を設定すること。

・人生すごろくとは，今後の人生に起こりうるライフイベントを挙げ，その成功，失敗をすごろくの形で表現したものである。

<table>
<tr><th></th><th>学習活動</th><th>評価規準（評価の観点，評価方法）</th></tr>
<tr><td rowspan="2">第１次

時間</td><td colspan="2">【ねらい】</td></tr>
<tr><td></td><td></td></tr>
<tr><td rowspan="2">第２次

時間</td><td colspan="2">【ねらい】</td></tr>
<tr><td></td><td></td></tr>
<tr><td rowspan="2">第３次

時間</td><td colspan="2">【ねらい】</td></tr>
<tr><td></td><td></td></tr>
</table>

(☆☆☆◎◎◎)

【2】高等学校学習指導要領(平成21年3月告示)第3章　第5節　家庭　について，次の設問に答えよ。

問1　次の文は科目「生活と福祉」の目標を示している。下線部はどのようなことを意味しているか記せ。

高齢者の健康と生活，介護などに関する知識と技術を習得させ，<u>高齢者の生活の質を高めるとともに</u>，自立生活支援と福祉の充実に寄与する能力と態度を育てる。

問2　科目「生活産業情報」2　内容　(4)生活産業における情報および情報手段の活用　について，次の(ア)～(オ)の中から一つ選び，情報機器や情報通信ネットワークを活用して生活産業に関連する情報収集，処理，分析，発信の具体的な事例を記せ。

〔選択肢〕　(ア)　食生活関連分野
(イ)　衣生活関連分野
(ウ)　住生活関連分野
(エ)　ヒューマンサービス関連分野
(オ)　消費生活関連分野

(☆☆☆◎◎◎)

【3】被服製作について，次の設問に答えよ。

問1　次の図は，運針(並み縫い)の悪い針目例である。(1)～(3)について，その針目の名称とそのような針目になる理由を記せ。

問2　「接着芯のはり方」について，接着後は自然に熱が冷めるまで放置するのはなぜか，理由を記せ。

問3　縫い代分量の違いについて，次の図の縫い代分量を決定する観点の一つは「ほつれやすい布であるか」である。この他に考えられる観点を三つ記せ。但し，縫合部分の縫い代仕上がり巾は1～1.5cmを基準とする。

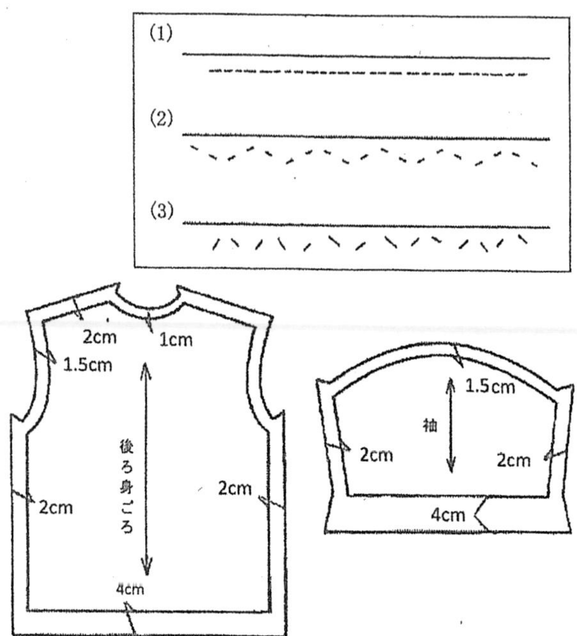

問4　ブラウスの製作における「屈身体」の補正について，次の設問に答えよ。

(1)　補正前に試着した状態を簡潔に記せ。

(2)　補正内容について，「後ろ身ごろ」「前身ごろ」という言葉を用いて説明し，それを図示しているものを(ア)～(エ)の中から一つ選び，記号で答えよ。

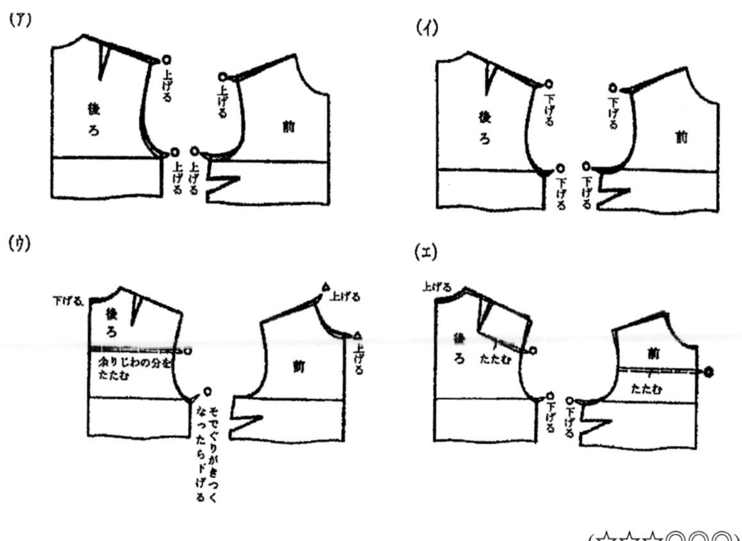

(☆☆☆◎◎◎)

【4】食事摂取基準について，次の設問に答えよ。

問1　「日本人の食事摂取基準(2015年版)」の策定の目的を記せ。

問2　2015年版の主な改定点としては，以下の3点が挙げられる。下の設問に答えよ。

1)　策定目的に，①生活習慣病の発症予防とともに「重症化予防」を加えたこと。

2)　エネルギーについて，②指標に「体格(③BMI)」を採用したこと。

3)　生活習慣病の予防を目的とした④「目標量」を充実したこと。

(1)　下線部①について，a　定義と，b　具体的な疾患例を二つ記せ。

(2)　下線部②の目的とその具体的な内容を「～を目的とし，～を示す指標」という形で記せ。

(3)　下線部③の算出方法を式で記せ。その際，単位も記すこと。

(4)　下線部③について，目標とする範囲を，三つの年齢区分で提示している。その三つの区分を記せ。

(5)　2)について，これまで策定していた「推定エネルギー必要量」は参考表として示された。その理由を記せ。

(6)　下線部④について，「目標量」を簡潔に説明せよ。

(7)　下線部④の具体的な内容を，A　ナトリウム，　B　食物繊維・カリウム　について記せ。

(☆☆☆◎◎◎)

【5】米の調理について，次の設問に答えよ。

問1　次の文は米の炊飯過程を述べている。下の設問に答えよ。

電気炊飯器では吸水時間は20分とし，その温度は40℃である。米の吸水量は水温が高い方が多いが，①でんぷんが糊化しない温度に抑えている。

火力調節は米に対する水の量が関係しており，日本人が好む飯の硬さは水分60～65%のものである。その水分量から逆算して加える水の量が決まるが，②重量比で米の1.5倍の水量で加熱すると中火7分間でほぼ水は米に吸水される。しかし，その段階で米粒のでんぷんは十分に糊化されていないので，弱火にしてさらに加熱する。消火した後約10分間は100℃近く保つが，その後は温度が下がり，飯に吸水されなくなるので，蒸らし時間終了後，ただちに飯をしゃもじでかき混ぜ，水分を飛ばす。

(1)　下線部①について，でんぷんの調理上の特性を，米の炊飯を例に板書を想定した図と説明文を記せ。

(2)　下線部①について，糊化でんぷんが粘りをもつ理由を記せ。

(3)　下線部②について，無洗米を使用する場合，加水量は重量比で無洗米の約何倍になるか，またその理由を記せ。

問2　「炒飯」と「ピラフ」の調理における相違点を加熱方法の観点から簡潔に記せ。

(☆☆☆◎◎◎)

【6】子育て支援について，次の設問に答えよ。

問1 「子ども・子育て支援新制度」について，次の設問に答えよ。

(1) この新制度はいつから施行するか，平成○年○月という形で記せ。

(2) 新制度における認定こども園の利点について，「一体的」「就労状況」「子育て支援」という言葉を用いて説明せよ。

(3) 「待機児童解消加速化プラン」による待機児童問題解消の取組について，具体例を挙げて説明せよ。

問2 秋田県の子育て支援について，次の(1)～(3)を説明せよ。なお，(1)は四つのコース名と内容も記せ。

(1) 子育てタクシー

(2) こどものえき

(3) あきた子育てふれあいカード

(☆☆☆◎◎◎)

【7】下図の(1)～(3)のマークについて，次の設問に答えよ。

(1) このマークはどのような事業者に交付されるか記せ。

(2) このマークはどのような特産品に付けられるか記せ。

(3) このマークはどのような製品に付けられるか記せ。

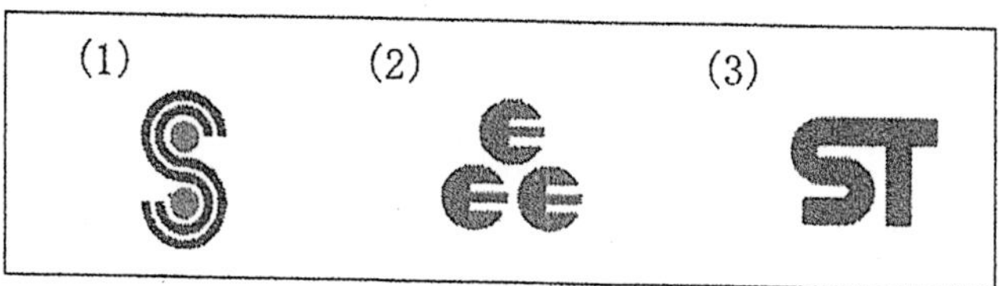

(☆☆☆◎◎◎)

【8】消費生活について，次の設問に答えよ。

問1　次の文のA～Cに当てはまる語句の組み合わせを語群(ア)～(カ)から一つ選び記号で記せ。

商品の購入の支払い方法は現金で支払う方法に加えて，クレジットカード等で後払いする方法もあり，このような契約を「　A　」という。このほかにローンやキャッシングのように金融機関や消費者金融業者から直接現金を融資される「　B　」がある。

以上のように，消費者の信用を担保に，後払いで商品の代金を返済したり，融資を受け借金を返済することを「　C　」という。

〔語群〕

(ア)　A　消費者信用　　B　販売信用　　C　消費者金融
(イ)　A　消費者信用　　B　消費者金融　　C　販売信用
(ウ)　A　販売信用　　B　消費者信用　　C　消費者金融
(エ)　A　販売信用　　B　消費者金融　　C　消費者信用
(オ)　A　消費者金融　　B　消費者信用　　C　販売信用
(カ)　A　消費者金融　　B　販売信用　　C　消費者信用

問2　下表は，クレジットの返済方式についてのメリット・デメリットを示している。(1)～(6)に当てはまる語句や文を記し，表を完成せよ。なお，同一番号には同一の語句や文が当てはまる。

返済方式		メリット	デメリット
一括返済		(1)	(2)
分割返済	(3)	(4)よりも返済総額が少なくなる。	毎月の返済額は，初回が一番多くなるため，当初の返済負担が大きい。
	(4)	毎月の返済額が均等なので返済計画が立てやすい。	当初は元金の返済が少ないため，(3)よりも総額が多くなる。
リボルビング返済		(5)	(6)
自由返済		完全に自分のペースで返済できる。	しっかりとした計画をもって返済していかないと，借入残高が膨らんでしまう。

(☆☆☆◎◎◎)

解答・解説

【中学校】

【1】問1　(1)　設計図や献立表といった図表及び衣食住やものづくりに関する概念　(2)　様々な語彙の意味を実感を伴って理解させる　問2　衣食住に関する実践的・体験的な学習活動を通じ，生活の自立に必要な基礎的・基本的な知識・技術を習得し，家庭の機能への理解を深め，今後の生活を展望し，課題をもって生活をよくしようとする能力と態度を育てること。　問3　家庭科における生徒の思考力・判断力・表現力等をはぐくむ。

〈解説〉問3　具体的には調理などの実習を行った後，気付いたこと等をまとめる，結果を整理・考察し，生徒間で共有する等の学習活動を充実する。衣食住に関する知識などを用いて課題解決方法を考えたり，さまざまな情報を言葉や図表等にまとめて分析したりする。根拠に基づいて説明したりする等の学習活動を充実させるため，知的活動の基盤を整える等があげられる。

【2】問1　①　9　②　1　③　4　問　2　必須アミノ酸…たんぱく質は約20種類のアミノ酸からなるが，そのうち体内で合成できず，食物から摂取しなければならない9種類のものをさす。
アミノ酸価…たんぱく質の栄養価を評価する方法のひとつである。人間にとって理想的な必須アミノ酸組成(アミノ酸評点パターン)と各食品のアミノ酸含量の割合を比較する。評点パターンに満たないものを制限アミノ酸といい，最も低いアミノ酸(第一制限アミノ酸)の数値がその食品のアミノ酸価である。　問3　(1)　でんぷんの構成がうるち米はアミロースが約20%，アミロペクチンが約80%であるのに対し，もち米はほとんどアミロペクチンのみで，アミロースを含まない。
(2)　玄米は精白米と比べ，ビタミンとミネラルが豊富である。ビタミンB_1は精白米の4倍以上，食物繊維は5倍，カルシウムは2.5倍，ビタミンB_2は2倍含んでいる。

〈解説〉問1　②　第1群は主に骨や筋肉を作ったりエネルギー源になったりするもので,「魚，肉，卵，大豆製品」が分類されている。

問2　必須アミノ酸とは具体的にイソロイシン，ロイシン，リシン，メチオニン，フェニルアラニン，スレオニン，トリプトファン，バリン，ヒスチジンを指す。また，アミノ酸価の求め方は

$$\text{アミノ酸価} = \frac{\text{食品たんぱく質中の第一制限アミノ酸含量(mg/gN)}}{\text{アミノ酸評点パターンの値(mg/gN)}} \times 100$$

である。　問3　なお，米のアミノ酸価は，玄米が68，精白米が65である。

【3】問1　2人あたり1程度　　問2　使用前…・ミシンの置き場所の確認(机の端や体から離れすぎたところに置かないこと)　　・手元の明るさ，ミシンのコードの位置を確認すること　　・針の付け外しのときは，電源を切ること　　使用中…・針棒の正面に座ること
・操作は必ず一人で行うこと　　・縫っているときは，針から目を離さず，指を刺さないよう，手を置く位置に注意すること
使用後…・送り調節ダイヤル，上糸調節ダイヤルを元に戻すこと
・送り歯やかまの周りに糸くずなどが溜まっていないか確認し，あれば取り除くこと　　・ミシンの下部をもって運び，格納箱に収納すること

問3　①

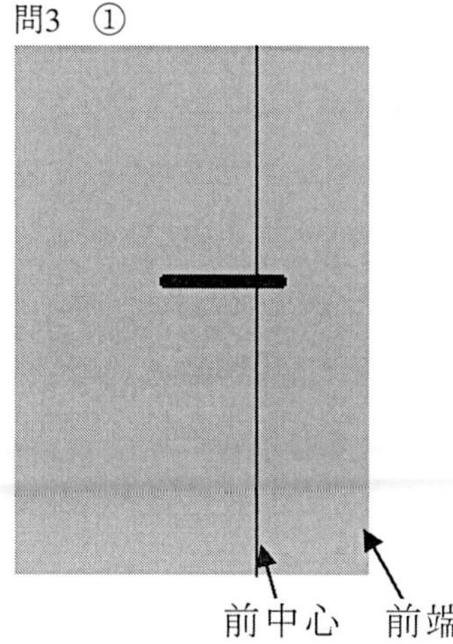

ボタンホールの配置はボタン付け位置と結んだ直線に直角に作る。ボタンホールの大きさは(ボタンの直径＋ボタンの厚さ＋3mm)とする。前端側に2～3mm出す。

②

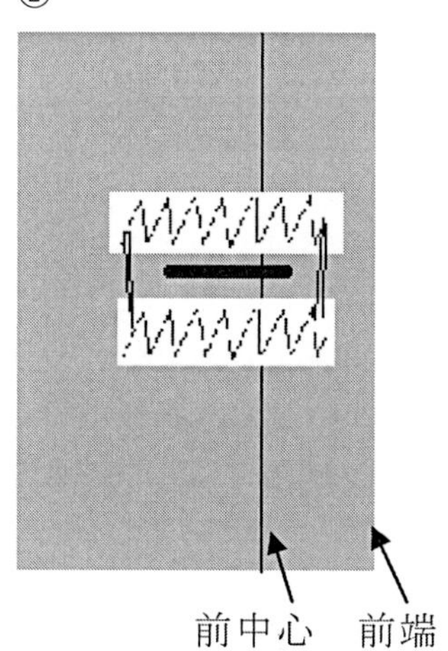

ボタンホールの周囲3mmほどにジグザグ縫いをする。短幅部分はかんぬき止めを5～6針縫う。

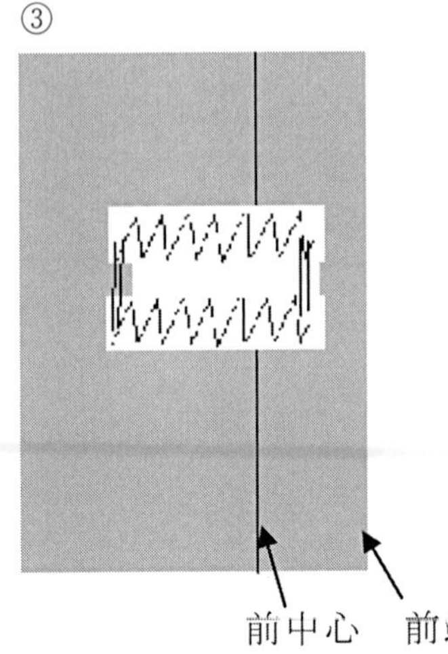

ボタンホール位置を縫い目を切らさないように，リッパーで切り開く。

問4　まず，つまずいている生徒がどの段階でつまずいているか把握する。寸法を採る，型紙を作る，印つけをする等について細かくチェックする。知識の理解が不足している場合は，語彙の説明に終わらず，作業全体の中での位置づけもあわせて示す。教科書だけでなく，写真や，図，動画なども活用する。作業そのものが苦手な場合は，ペアを組ませるなどし，生徒同士で助け合い，進められるようにする。

〈解説〉問3　付属にボタンホール押えがあれば使う。芯地または同色の布をはさんで縫うときれいに仕上がる。　問4　特に教師や得意な生徒が見本を示す等によって，興味・関心・意欲を引き出すことが作業に取り組むにあたり求められるだろう。

【4】問1　①　特定保健用　　②　栄養機能　　問2　機能性表示食品とは…特定保健用食品と異なり，国が安全性と機能性の審査を行っておらず，安全性及び機能性の科学的根拠が商品の販売前に，事業者より消費者庁長官に届け出られた食品のことで，生鮮食品を含め，ほとんどすべての食品が対象。　　利用にあたっての留意点…表示されている1日に摂取する量の目安，摂取方法を守ること。医薬品とは異なる

こと等に注意する。　問3　法律名…食品表示法
栄養成分表示…熱量，たんぱく質，脂質，炭水化物，食塩相当量(ナトリウム)　問4　(1)「天然」とは人の力が加えられておらず，自然のままの魚介類であり，「養殖」とは池やいけすなどの施設で卵から稚魚 → 幼魚 → 成魚と魚のすべての成長過程を人工的に管理し，人為的にふやし育てられた魚介類をいう。　(2)「国産品」は，国産である旨または主たる飼養地が属する都道府県名，市町村名その他一般に知られている地名で表示されるもの，「輸入品」は，原産国名で表示されるもの。　(3)「消費期限」は長く保存がきかない食品に，「賞味期限」は冷蔵や常温で保存がきく食品に表示される。

〈解説〉問4　(3)　どちらの期限表示も，開封前の期限を表示しているため，一度開封した食品は，表示の期限にかかわらず，早めに食べるようにする。消費期限は定められた方法で保存した場合，腐敗，変敗その他の品質の劣化に伴い安全性を欠くおそれがないと認められる期限を示し，弁当やサンドイッチ等に表示される。一方，賞味期限は定められた方法で保存した場合，品質の保持が十分に可能であると認められる期限を示し，3か月を超えるものは年月，3か月以内のものは年月日で表示する。

【5】問1　・就学前の子どもに幼児教育・保育を提供する機能。　・地域における子育て支援を行う機能。　問2　計画名…第2期すこやかあきた夢っ子プラン　カード の名称…あきた子育てふれあいカード
対象世帯…中学生以下の子ども，または妊婦のいる世帯

問3

ワークシート	評価
園児との触れ合い	
1. 幼児における“遊び”とは何か	
自分が小さかった頃の遊び…	
家族への聞き取り…	
2. 触れ合い活動計画	
① 訪問幼稚園名…　クラス名…　幼児の年齢…	
② 課題	
どんなことを観察したいか…	
② 実施予定の遊び…自作のペープサートにより，「ももたろう」を話し聞かせる。	←①
・ペープサートについて	
図柄の工夫点…	
ストーリーの工夫…	
話し方の工夫点…	
タイムスケジュールの工夫点…	
③ 実習を終えて	
・子どもたちの反応や様子…	←②
・自分の反省…	
・仲間の声	
・先生の指導…	
3. 振り返り	
① 課題が達成されたか…	←②
達成されなかった場合，なぜか…	
② 困ったことは…	
そのとき，どんな対応をとったか…	
③ 幼児とのかかわりで学んだこと，疑問に感じたことは何か…	←①
4. 幼児にとっての“遊び”とは何か…	←②

〈解説〉問3　ここでは幼児との遊びの計画や幼児と触れ合う活動を通して，幼児に関心を持ち，幼児の心身の発達の特徴や遊びの意義について理解するとともに，幼児とのかかわり方を工夫できるようにすることを目標としている。

【6】問1 ① 商品を見て，この価格でこの質で見合っているのか，等を考えること。 ② 納得いかないときは，消費生活センター等に出向き，相談すること。 ③ 仮に余裕があって生活必需品であるものを大量に買い込むと，まさに必要としている人に行き渡らないような状況を生むこともある等，自覚すること。 ④ 夏場に暑いからといって冷房を極端に低い温度設定にすることは，電力の浪費でもあり，環境にも負荷をかけていることを自覚すること。 ⑤ 商品やサービスの不備に泣き寝入りするのでなく，他の人にも起きているかもしれず，被害の拡大を防止することの大切さを自覚し，ともに声を上げようとの姿勢を示すこと。 問2 (1) ① 訪問販売，キャッチセールス，アポイントメントセールス，電話勧誘販売，特定継続的役務など ② 20

(2) 契約解除通知書の例

通知書

次の契約を解除します。
契約年月日　　平成27年12月31日
商品名　　寝心地満点羽毛布団一式
契約金額　　500,000円
販売会社　　夢見布団　夢当営業所
担当者　大金得子
支払った代金500,000円を返金し，商品を引き取ってください。

平成28年1月1日

秋田県秋田市秋田町1-2-3
秋畑春子

通知書を送付する場合の留意点…証拠を残すために，内容証明郵便で手続きし，配達証明を付けておくとより確実で，トラブルを避けることができる。

問3

時間	○ねらい　・学習活動	評価規準(評価方法)			
		生活や技術への関心・意欲・態度	生活を工夫し創造する能力	生活の技能	生活や技術についての知識・理解
1	○被害の実態を知る ・身近に被害にあったひとがいるか(家族・近所の高齢者)，いればどんな被害かの聞き取りを行う ・地域，町全体，全国ではどうなのかを調べる	若者の被害との違いや同様な点を考え，関心を深め，主体的に取り組もうとしている	地域，年齢ごとに被害を分類化し，どんな傾向があるのかをまとめるための工夫をしている		販売方法を理解している
2	○被害の背景を知る ・被害にあったひとの普段の暮らしぶりを振り返る	被害者としてみるだけでなく，地域の生活者としてとらえ，関心を持ち，取り組もうとしている	なぜ，被害にあうのか推測し，課題を見つけ，その解決を目指す方法を考えている		家族構成や，地域の人とのつながりが理解できている
3	○有効な啓発活動のしかたを考える ・高齢者に身近なひとについて知る(家族をはじめ，自治会，ケアマネージャー，ヘルパー，民生委員，社会福祉士など)	見守りや気づき，事実確認に関心を持ち，課題を主体的にとらえ，実践に取り組もうとしている	声かけのしかたを考え，自分なりの工夫をしている		消費生活センターや，警察の生活安全課の役割を理解している

〈解説〉問2　(1)　マルチ商法などは，仕組みが非常に複雑ですぐに契約の内容を理解することが難しい取引であるため，他の商法よりも契約解除可能期間が長く設定されている。　(2)　契約解除通知は販売会社あて，信販会社あて，買取業者あて(訪問購入の場合)等が考えられる。解答は販売会社あての例である。　問3　高齢者が被害に遭いやすい問題商法には，利殖商法，二次被害商法，次々販売，当選商法などがあげられる。高齢者は自宅にいることが多く，電話勧誘販売や家庭訪販による被害にあいやすい。被害防止には，家族や周囲の見守りが大切となる。

【高等学校】

【1】問1　少子高齢化への対応や持続可能な社会の構築，食育の推進，男女共同参画社会の推進等を踏まえて，家族や家庭の生活の営みを人の一生とのかかわりの中で総合的にとらえ，家庭や地域の生活をマネジメントする能力を育てることを重視している。　問2　A　総合的　B　主体的　問3　(1)　身体を覆う「衣服」　(2)　中学校からの発展性に配慮する。　(3)　平安時代…宮中行事として，中国の風習に倣って旧暦の4月1日および10 月1日に夏服と冬服を着替えた。
鎌倉時代…衣服のみならず調度品も取り替えるようになった。
明治時代…役人・軍人・警察官の制服を定め，6月1日～9月30日が夏服，10月1日～5月31日が冬服と定めた。　現代…官庁・企業・学校が6月1日と10月1日に衣替えを行っている。　問4　(1)　家族や友人，地域の人々と有効な人間関係を築き，より豊かな衣食住生活を営むための知識と技術を身に付けることが，生活設計の基礎となることを認識させ，単なるライフイベントの羅列に終わらないように留意する。
(2)　家族，友人，健康，もの，空間，技術，情報　などから2つ
(3)　将来就きたい仕事の調査をしたり，自分が理想とする人物の生き方を調べ，自分の課題を探るなどを行ってみる。そのうえで各ライフステージの目標や，実現に必要な技術や資格などの条件を考え，具体的な短期･長期の計画を立て，生活資源の活用を考える。

(4)

	学習活動	評価規準(評価の観点，評価方法)
	【ねらい】 人生における各ライフステージでのさまざまなリスクと対処方法について理解する。	
第1次 2時間	・人生ゲームを実際に見て，イメージをもつ。自分なりにどのように作るか考える。 ・グループで話し合い，どんなリスクが考えられるか，またそれにどう対応するか，まとめる。 ・社会保障や，保険についてアドバイスを受ける。	・自身のライフスタイルや生活資源の有効活用を視野に入れ，将来の生活設計を考えようとしている。 ・就職・結婚などの重要なイベントを認識したうえで，仕事と生活の調和，リスクへの回避など一生を見通して生活設計を立てることの重要性を理解している。
第2次 2時間	・グループで，一生の間に起こるリスクおよびそれにより失うものは何か，またどう対処するのが良いのかを話し合う。その結果をもとに，工夫しながらすごろくを完成させる。	・人生すごろくを完成させるための情報収集及び整理ができる。 ・生活資源を活用した生活設計について，具体的に考え，まとめることができる。
第3次 1時間	・グループで発表する。 ・作品内容について，意見を交換しあう。 ・各自で感想や反省をまとめる。	・すごろくには，生活資源を有効に活用して生活設計がたてられており，わかりやすく発表している。 ・人の一生に対し，生涯発達の視点を踏まえ，具体的に考え，まとめあげている。

〈解説〉問4 (1) 人生に関する多様な価値観や生き方を取り上げ，人々が共に生きるための，社会や個人の在り方などについても考えさせる。

(4) 家族・家庭の機能，家庭生活と職業，生活を支えるさまざまな制度など，遭遇するリスクとその解決策について，充分考えさせる。そして，計画的な事前の備えの必要性とキャリアプランニングの視点をもって，生涯を見通した生活設計の重要性を理解するよう促すこと。また，マイナス面としての不測の事態(家族の死，病気，事故，災害，失業など)や困難なライフイベントにも気付き，克服・対処していくために，生活資源や社会保障制度等を役立てるなど，具体的に考えさせるようにするとよい。

【2】問1 高齢者の自己決定に基づく自立生活支援を行う。

問2 (例) 選択した分野…(ウ) 事例…情報収集には情報通信ネットワークの利用により住宅情報やインテリア情報を，処理にはCADシステムの活用によるデザインの考案を，分析には地域別・価格別などのデータベース化を，発信には住宅情報提供のWebページの作成などを，検討する。

〈解説〉問1　この科目では，高齢期に至るまでの健康づくりやライフステージごとの健康管理について理解する。また，高齢者福祉に関する法規や制度・サービスについての理解と，介護予防の考え方から，自立生活支援と介護に関する基礎的な知識と技術を学ぶ。　問2　生活産業に関するコンピュータシステムとしては，CAD／CAMシステム，シミュレーションシステム，データベースシステム，商品管理システム等があげられる。

【3】問1　(名称：理由の順)　(1)　大小裏針：両手の動かし方が揃っていない。　(2)　ねじれ針：布の張りが不十分で，手に持つ布の間隔が少ない。　(3)　流れ針：親指が正しく向き合っていない。

問2　熱いうちでは，糊が定着しておらず，剥がれやすい。また，固定しかけた糊がはがれることもある。冷めてからだと布の縮みを防ぐことができる。　問3　曲線部分であるか，縫い代始末はどんな方法なのか，補正によって布幅が必要になることがあるか。

問4　(1)　後ろ身上部の背から前身ウエストラインに向かって斜めしわがある，正面の裾に斜めしわが出て開く，後ろ裾が身体から離れ，吊り上がっている，など。　(2)　図…(エ)　　説明…後ろ身ごろの背中側の生地が不足し，襟部分がきつくなっているので，襟部分に生地を足す(上げる)，反対に，前身ごろ側の生地は身体が前に出ているのでゆとりが出来すぎていて，余分な生地あるので，切り取る(たたむ)。

〈解説〉問3　縫い代が多いと，曲線部分ではツレが生じたり，逆に布のかさばりになり，必要以上に多くすることは不適切である。例えば，縫合部分が1.5～2cmの場合，曲線部分(少なめ)は0.5～1cm，すそ(多め)は3～6cm，ほつれやすい布は0.5～1cm程度とする。

【4】問1　国民の健康の保持・増進を図る上で摂取することが望ましいエネルギー及び栄養素の量の基準を示すこと　問2　(1)　a　食習慣，運動習慣，休養，喫煙，飲酒等の生活習慣が，その発症・進行に関与する疾患群　b　糖尿病，心臓病，高血圧，脳卒中，脂質異常症などから2つ　(2)　エネルギー摂取の過不足の回避を目的とし，エネルギー収支バランスを示す指標　(3)　BMI(kg/m^2)＝体重(kg)÷(身長(m))^2　(4)　18～49歳，50～69歳，70歳以上　(5)　エネルギー必要量には個人差があり，単一の値として示すことは難しいことや，目標とするBMIの提示が成人に限られているから。　(6)　疾患のリスク等が低くなると考えられる栄養状態が達成できる量。

(7)　A　高血圧予防のため，男性8.0g/日未満，女性7.0g/日未満とする。　B　小児期からの生活習慣病予防のため，新たに6～17歳における目標量が設定された。

〈解説〉「日本人の食事摂取基準」には，国民の健康の保持・増進を図るために摂取することが望ましいエネルギーおよび栄養素の量の基準が定められており，5年ごとに改定が行われる。2013年度より開始した健康日本21(第2次)では，主要な生活習慣病の発症予防と重症化予防が掲げられており，日本人の食事摂取基準(2015年版)では，生活習慣病の予防について，発症の予防だけではなく，重症化の予防も視野に入れて策定が行われた。

【5】問1　(1)　図

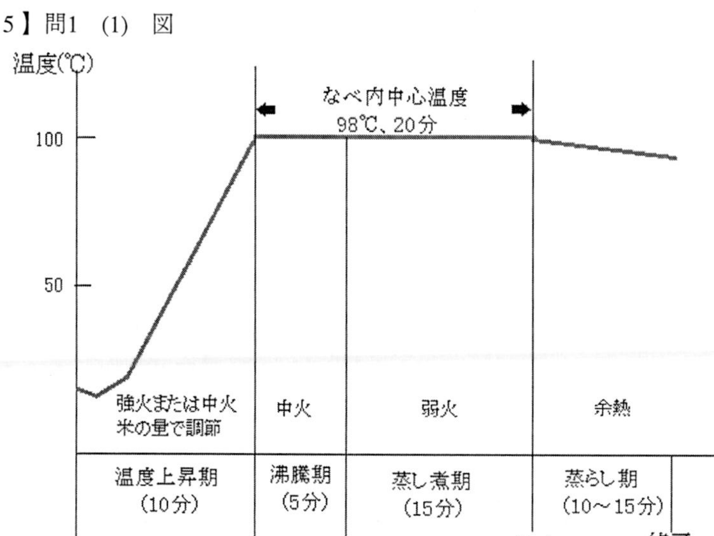

説明文　温度上昇期…米でんぷんは，温度上昇とともに吸水膨潤し，糊化が始まる。　沸騰期…米粒は沸騰水中を上下に動き，さらに，吸水，膨潤しでんぷんの糊化が進み，粘性が増す。その粘性により次第に米粒は動かなくなる。　蒸し煮期…米粒の移動はなくなり，炊き水のほとんどを吸収して糊化も進み，水蒸気として遊離水を蒸発させる。　蒸らし期…飯粒の中心部まで糊化が充分行われる。
(2)　生でんぷんは，分子が規則正しく配列し，水分も入ることができないち密な構造をしている。これに水を加えて加熱すると，でんぷん粒は膨潤し，ち密な構造にすき間ができる。このすき間に水分が浸入することで徐々に構造が崩れ，分子は水に囲まれた状態になる。分子は枝分かれしており，たがいに接触して網目構造を作る。これを引きずって動くと，粘りとなる。　(3)　加水量…1.6倍　理由…無洗米はヌカをあらかじめ取り除いてあり，洗う・研ぐという調理操作を必要としない。同じ重さでも普通精米と比べて，食べられる部分が多い。したがって，普通精米を炊く場合より若干水の量を多くする。

問2 「炒飯」は，炊きあがった飯を油脂で炒める。「ピラフ」は，洗米して水切りした米を油脂で炒めてから炊き上げる。

〈解説〉問1　(2)　でんぷんのち密な構造を“ミセル構造”という。X線で観察すると，結晶性を示す多数の環を持った回折像がある。このミセル構造を持ったでんぷんをβ－でんぷんという。加水して加熱により，ミセルがほどけた状態のでんぷんがα－でんぷんである。

【6】問1　(1)　平成27年4月　　(2)　幼児期の学校教育・保育，地域での子育て支援を一体的に提供できること。保護者の就労状況が変化しても，継続して利用できること。認定こども園に通っていない子どもの家庭も含め，子育て相談や親子の集いの場などの子育て支援を受けられること。　(3)　少人数の子どもを預かる保育ママ(家庭的保育)や小規模保育などの地域型保育も組み合わせて取り組む。また，地域型保育の拠点には，認定こども園などと連携して保育内容の充実を図るとともに，放課後児童クラブ，地域子育て支援拠点，一時預かりなどを併設することで，地域の多様な保育ニーズにも対応するとしている。

問2　(1)　子ども・子育てに関する一定の研修を修了した運転手が，乳幼児を伴う外出サポートや，妊婦や子どもだけの送迎を行う等のサービスを提供する。かんがるーコースは小さな子どもを連れて移動するとき，ひよこコースは通園，通学，習い事など子ども一人だけで移動するとき，こうのとりコースは家族の応援を頼めない妊婦が移動するとき，ふくろうコースは夜間の急な子どもの受診で救急車を呼ぶほどではない場合のときに利用する。　(2)　おむつ交換や乳児休憩など，一定の設備を備えた公共施設や民間施設。　(3)　対象は中学生以下の子どもまたは妊婦のいる世帯の方で，協賛店で提示して買い物や飲食をすると優待サービスや，特典を受けることができる。

〈解説〉問2　秋田県では県に関する問題が頻出なので，家庭科では子育て支援のほか，食育や高齢者対策などの県の施策を確認しておく必要がある。なお，子育て支援課では育児に関する支援だけでなく，DVや一人親家庭に対する支援なども行っている。

【7】(1)　高齢者がシルバーサービスを安心して選択利用できるよう，良質な介護サービスを提供している事業所に付けられる。

(2)　地域の特色ある原材料・技術でつくられ，各都道府県が認定した品質の優れた特産品に付けられる。　(3)　日本玩具協会が指定する第三者検査機関により基準適合検査に合格したおもちゃに付けられる。

〈解説〉(1)はシルバーマーク，(2)は地域特産品認証マーク(Eマーク)，(3)はSTマークである。(1)と(3)は損害賠償制度がある安全に関するマークで，(2)は食品の品質・規格に関するマークである。(3)はSafety-Toyの略で，製品の安全を保証するSGマークとは異なるので注意する。

【8】問1　(エ)　問2　(1)　原則，利息の負担がない。　(2)　返済負担が大きい。　(3)　元金均等返済　(4)　元利均等返済

(5)　毎月の返済額が一定で，返済計画を立てやすい。　(6)　使用頻度や額が大きくなると返済回数が増え，利息が嵩む。

〈解説〉問1　支払い・返済の能力や意思，担保などがあるという消費者の“信用”に基づいて締結される契約を消費者信用といい，後払いで商品を販売する販売信用(クレジット)と，金銭を貸し付ける消費者金融(ローン，キャッシング)がある。“信用”を付与されたカードがクレジットカードで使用すると通常，消費者(会員)・カード会社・加盟店による三者間取引が行われることになる。

2015年度　実施問題

【中学校】

【1】次の文章は,「中学校学習指導要領解説技術・家庭編」(平成20年9月　文部科学省)「第2章　第1節　技術・家庭科の目標」より抜粋したものである。下の設問に答えよ。

生活に必要な(　1　)の習得を通して，生活と技術とのかかわりについて理解を深め，進んで生活を工夫し創造する能力と実践的な態度を育てる。

教科の目標は，中学校技術・家庭科の果たすべき役割やねらいについて総括して示したものである。

技術・家庭科は，(　2　)できる人間の育成を目指して，生徒が生活を自立して営めるようにするとともに，自分なりの工夫を生かして生活を営むことや，学習した事柄を進んで生活の場で活用する能力や態度を育成することをねらいとしている。－略－

目標にある「生活」は，日常の生活，例えば，(　3　)など，様々な場面を意味しており，学習指導の展開の中に，生徒の実際の生活を意図的に取り込むことや，生徒が学習の成果を積極的に生活に生かすことができるようにすることが重要である。－略－

問1　(　1　),(　2　)に入る適切な語句を記せ。また,(　3　)で例示されている内容を3つ記せ。

問2　進んで生活を工夫し創造する能力は，家庭分野の目標においてはどのように示されているか,「～しようとする能力」の形で記せ。

(☆☆☆◎◎◎)

【2】次の表は，戦後の中学校技術・家庭科教育改訂の変遷について示したものである。表中の下線部①～⑥に当てはまる語句や数値を記せ。また，平成元年の主な改訂内容を簡潔に記せ。

年	主な改訂内容
昭和22年	・教科名「＿①＿」を創設
昭和26年	・教科名「＿②＿」に改訂
昭和33年	・教科名「＿③＿」に改訂　男子向き（技術）と女子向き（家庭）で構成
昭和44年	・男子向き（技術），女子向き（家庭）の各内容を見直し
昭和52年	・履修内容について男女の相互乗り入れを実施
平成元年	・［　　　］
平成10年	・必修の年間授業時数を第１学年＿④＿単位時間，第２学年＿⑤＿単位時間，第３学年＿⑥＿単位時間に設定
平成20年	・全ての内容について全員履修

(☆☆☆☆◎◎◎)

【3】日本の食文化について，次の設問に答えよ。

問1　和食が日本人の伝統的な食文化として，ユネスコから無形文化遺産に登録された理由を，4つ記せ。

問2　「地域の食材を生かした調理，地域の食文化」の学習において，地域の食文化に関心をもち，その意義について理解できるようにするために留意すべき点を記せ。

問3　こんぶだし，かつおぶしだし，煮干しだしについて，主に含まれるうまみ成分と，だしの取り方の手順を記せ。

問4　三杯酢を作るときに用いる調味料と，その割合を記せ。

問5　次の(1)～(5)の調理用語を説明せよ。

(1)　煮えばな　(2)　板ずり　(3)　渋切り　(4)　落としぶた

(5)　天盛り

(☆☆☆☆◎◎◎)

【4】住まいの安全について，次の設問に答えよ。

問1　次の(1)，(2)について，(　　)内の語句を用いて説明せよ。

(1)　シックハウス症候群(高気密化)

(2)　ヒートショック(寒冷地)

問2　内容A(3)ウ「幼児との触れ合い，かかわり方の工夫」について，中学校の教室に幼児を招いて触れ合う活動を実施する場合，校舎内や教室の安全対策としてどのようなことが考えられるかを記せ。ただし，次の事項を踏まえ，想定される危険とその対策を対応させて示すこと。

○対象生徒は第2学年30名

○近隣の保育所の5歳児15名が徒歩で来校(保育所の職員が引率)

○階段から近い2階の普通教室を使用

○遊び道具を用いず，触れ合うものとする

(☆☆☆◎◎◎)

【5】衣生活について，次の設問に答えよ。

問1　次の図はある中学校の男子用の制服(上衣)である。図中の①～⑤に当てはまる各部の名称を記せ。

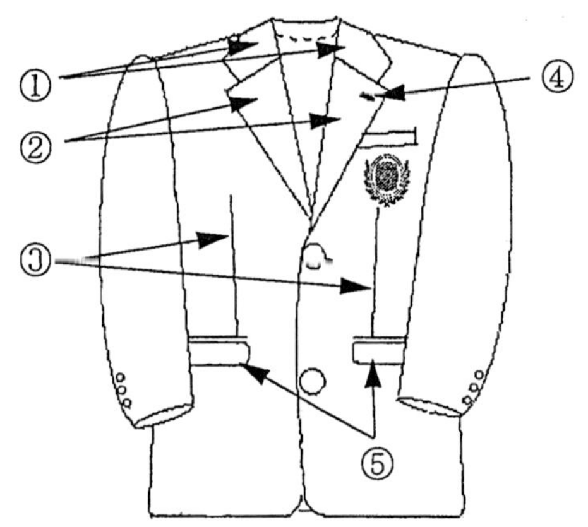

問2　内容C(1)「衣服の選択と手入れ」において，生徒の制服(上衣・下衣)を教材として活用したい。どのようなねらいで活用することができるかを記せ。また，ねらいと対応させて具体的な学習活動を挙げよ(解答は複数あってもよい)。

(☆☆☆☆◎◎◎)

【6】内容C(1)「衣服の選択と手入れ」について，次の設問に答えよ。

問1　「洗濯」について小学校家庭科，中学校技術・家庭科で指導すべき内容をそれぞれ記せ。

問2　洗濯用洗剤について，次の表中の下線部①～⑥に当てはまる適切な語句を記せ。

洗濯用洗剤の種類	液　性	適用繊維
石けん	＿①＿性	綿，＿③＿，＿④＿など
合成洗剤		
	＿②＿性	毛，＿⑤＿，＿⑥＿など

問3　界面活性剤の「浸透作用」「乳化作用」「分散作用」「再汚染(再付着)防止作用」の4つの働きを確認する実験方法を，それぞれ記せ。ただし，実験では次に示す器具・試料のみ使用し，他は用いないものとする。

・洗濯用洗剤　　・ごま油　　・カーボンブラック(すす)
・毛糸の束　　・白い綿の布　　・ビーカー
・水　　・ガラス棒

問4　「衣服の材料や状態に応じた日常着の手入れ」の学習について，1時間扱いの授業を構想することとした。次の事項を踏まえ，学習指導案を完成させよ。

○本時のねらい

・衣服の材料や汚れ方に応じた洗濯について考え，工夫している。(生活を工夫し創造する能力)

○生徒の実態

・第2学年30名(男子15名，女子15名)が対象。
・生徒はこれまでC(1)ア，イを履修済み。

○学習指導案を作成する上で考慮すべき事項

・D「身近な消費生活と環境」の(2)の項目との関連を図る。
・「本時の学習課題を確認する」という学習活動を適宜設定し，学習課題も明記する。
・教科の特質を踏まえた言語活動を充実させる。(教師の指導・支援の中に具体的に示し，それに当たる部分に下線を引くこと)

学 習 活 動	時間 (分)	教師の指導・支援	評　価

(☆☆☆☆◎◎◎)

【高等学校】

【1】高等学校学習指導要領(平成21年3月告示)第2章　第9節　家庭　について，次の設問に答えよ。

問1　次の文章は共通教科「家庭」の目標を示している。下線部を通してどのようなことを重視しているかを記せ。

人間の生涯にわたる発達と生活の営みを総合的にとらえ，家族・家庭の意義，家族・家庭と社会とのかかわりについて理解させるとともに，生活に必要な知識と技術を習得させ，男女が協力して主体的に家庭や地域の生活を創造する能力と実践的な態度を育てる。

問2　次の文章は科目「家庭総合」2　内容　(2)子どもや高齢者とのかかわりと福祉から一部抜粋したものである。次の設問に答えよ。

子どもの発達と保育，高齢者の生活と福祉などについて理解させるとともに，様々な人々に対する理解を深め，生涯を通して共に支え合って生きることの重要性や家族及び地域や社会の果たす役割について認識させる。

(1)　下線部の「子ども」を示しているものを次の①～③から選び記号で記せ。

①　乳幼児のみ

②　乳幼児から小学校低学年までの児童

③　乳幼児から小学校高学年までの児童

(2)　この内容の指導に当たって，小項目「イ　高齢者の生活と福祉」ではどのような学習活動を取り入れたらよいか，具体的に記せ。

問3　次の文章は共通教科「家庭」の内容の改善から抜粋したものである。文中「　A　」にあてはまる内容名を記せ。

生涯を見通した経済の計画を立てるために，生活と経済のつながりや主体的な資金管理の在り方，リスク管理など不測の事態への対応などにかかわる内容を重視し，すべての科目に「　A　」の内容を加えた。

(☆☆☆◎◎◎)

【２】高等学校学習指導要領(平成21年3月告示)第3章　第5節　家庭　について，次の設問に答えよ。

問1　次の文章は専門教科「家庭」の目標を示している。下線部を具体的に説明せよ。

家庭の生活にかかわる産業に関する基礎的・基本的な知識と技術を習得させ，生活産業の社会的な意義や役割を理解させるとともに，生活産業を取り巻く諸課題を主体的，合理的に，かつ倫理観をもって解決し，生活の質の向上と社会の発展を図る<u>創造的な能力と実践的な態度</u>を育てる。

問2　専門科目「課題研究」の内容を構成する(1)～(5)の項目名を記せ。

(☆☆☆☆◎◎◎)

【３】次の(1)～(3)はどのような製品や商品に表示されるか記せ。

(1)

(2)

(3)

(☆☆☆☆◎◎◎)

【４】被服製作について，次の設問に答えよ。

問1　ミシン糸を手縫いに使うと次の図のようによじれてしまうが，その理由を簡潔に記せ。

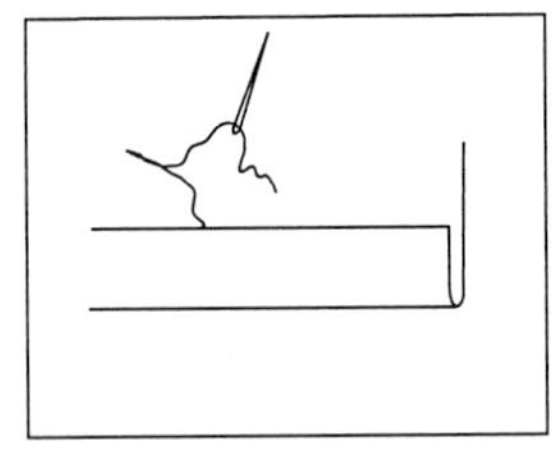

問2　「地直し」について，次の設問に答えよ。

(1)　どのような状態の布に「地直し」が必要か記せ。

(2) 次の①と②について，地直しの方法を記せ。

① 毛の繊維を使用した布　　② 光沢のある絹織物

問3 しつけ，耳ぐけ，とじ方などの途中で糸の不足を補うときに用いる次の図の方法を何というか，記せ。

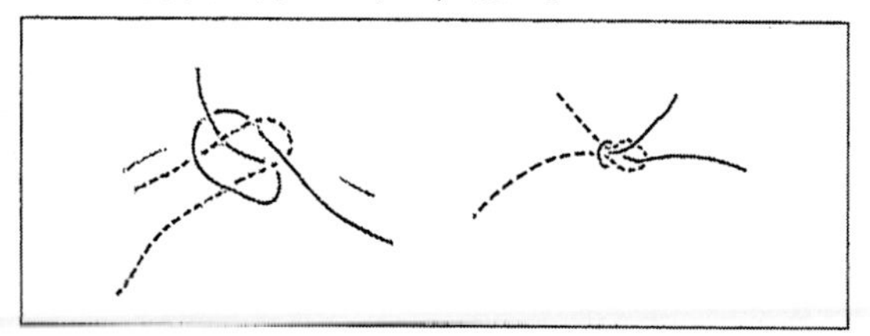

問4 和服のたたみ方について，(1)〜(6)に示した各過程に従い，次の語句をすべて用いて説明せよ。ただし，同じ語句を重複して用いてもよいこととする。

身丈	肩山	右衽（おくみ）	左衽（おくみ）	衽（おくみ）付け	右前身ごろ
身ごろ	衿	衿下	右脇	左脇	右袖
左袖	袖付け	裾			

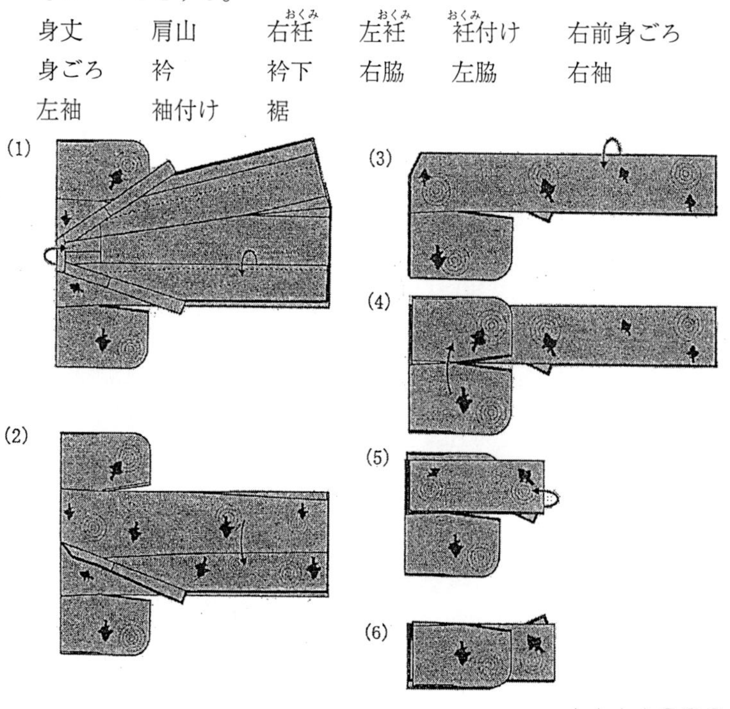

(☆☆☆☆◎◎◎)

【5】共通教科「家庭」科目「生活デザイン」の指導について，次の設問に答えよ。

問1　内容　(5)住生活の設計と創造　におけるインテリア計画の学習について，園芸を用いて生活環境を豊かにする工夫ができるようにするための実習内容例を箇条書きで二つ記せ。

問2　高等学校における「子どもとの触れ合い」学習の意義として，次の(1)と(2)以外にどのようなことがあるか記せ。

(1)　子どもの発達を理解し，子どもという存在を理解すること

(2)　次世代を生み育てる側の視点に立って，保育者や親の子どもへの関わり方を理解すること

(☆☆☆☆◎◎◎)

【6】次の文章を読み，設問に答えよ。

資源の有限性を前提として豊かな生活を実現させるためには，今までの大量生産・大量消費・大量廃棄型社会の見直しが不可欠である。①「Think Globally Act Locally」(地球規模で考え，地域で行動する)をスローガンに，消費者は環境に配慮したライフスタイルへの転換と購買行動を通じて企業に環境配慮を要求する「グリーンコンシューマー」への転換が必要とされている。この運動は，1988年【　A　】で発行された「グリーンコンシューマー・ガイド」によって提案され，世界中に広まった。(中略)最近は「人権・環境・労働条件等」の社会的背景を考慮し「社会的責任」を意識して商品や企業を選ぶ倫理的消費者「エシカルコンシューマー」の運動も展開されている。(「エシカル」とは倫理的，道徳的という意味の英語。もともとは地球環境に配慮するという「エコロジー」を起点として想起されたものであるが，それに社会や人間の問題も視野に入れ，それらに配慮した消費をしようという意味である。)これは環境破壊を引き起こしている企業や不当な児童労働をさせている企業，人権侵害などを引き起こしている企業が販売している商品は購入せず，②フェアトレード(公正貿易)，オーガニック，エコロジー等の視点での良質な商品を買うことでより良い市場

をつくることを目的としている。

(出典)「エコアクションが地球を救う(山本良一東京大学教授監修)」
(社) 日本消費生活アドバイザー・コンサルタント協会 編著 丸善出版より

問1 下線部①について，これはどのような理念に基づくものか記せ。

問2 文中【 A 】にあてはまる国名を次の語群から一つ選び答えよ。

〔語群〕 イギリス フランス スイス アメリカ 日本 イタリア デンマーク

問3 下線部②について，商品選択にグローバルな視点を取り入れた授業を実施する。以下の内容を踏まえた授業構想を下の様式に従って記し，必要に応じて区切り線を入れよ。

〔科目名〕 生活デザイン

〔対象生徒〕 高等学校 普通科 第1学年 40名

〔授業時間〕 50分間(過程は導入5分程度，展開40分程度，まとめ5分程度とする。)

〔題材名〕 ライフスタイルと環境

〔本時のねらい〕

① 生徒にとって身近なチョコレートがどこからどのような仕組みで届けられているか，途上国の生産者の様子を知ることにより，「安さ」の裏側にある「経済格差」を理解する。 (知識・理解)

② フェアトレードを通して，商品選択において自分ができることを考え，まとめることができる。 (思考・判断・表現)

〔使用教材〕 以下の内容を含むワークシートを使用する。必要に応じて，その他の教材も扱う。

ワークシート1：生徒への質問項目

① チョコレートの原料は何か。

② 日本のチョコレートにもっとも多く使われているその原料の産地はどこか。

③ チョコレートを購入するときに選ぶ基準は何か。

ワークシート2：3種類のチョコレートの特色

A　一般に売られているチョコレート

B　消費者が購入すると企業がカカオ生産農家を支援するNPOに寄付をするとしているチョコレート

C　フェアトレードでつくられていることを明記しているチョコレート

過程	時間	学習活動	指導上の留意点，教材等	評価（評価方法）

(☆☆☆☆◎◎◎)

【7】次の設問に答えよ。

問1　色と装いについて，次の設問に答えよ。

(1)　次の①と②について説明せよ。

①　膨張色と収縮色　　②　興奮色と沈静色

(2)　被服の色の組み合わせを考える際のポイントについて，「ベースカラー」「アソートカラー」「アクセントカラー」を用いて説明せよ。

問2　生活福祉について，次の設問に答えよ。

(1)　日本の年金制度の三つの特色と，その問題点を記せ。

(2)　参加型社会保障(ポジティブ・ウェルフェア)が目指していることを3点記せ。

(3)　子どもが病気になった場合の「自助」「共助」「公助」について簡潔に例示せよ。

(☆☆☆☆◎◎◎)

【8】栄養と調理について，次の設問に答えよ。

問1　中性脂肪の体内における主な働きを記せ。

問2　脂肪酸の基本構造について，「結合」「炭素数」を用いて説明せよ。

問3　以下の文章について，下線部の具体例を記せ。

味や食感のよく似た食材に置き換えたり，<u>同じ食材でも部位を変えたりすることなどによって，脂質の摂取量を減らすことができる</u>。

問4　次の(1)と(2)について，理由を説明せよ。

(1)　ゆで卵を作る際に，ゆで時間が沸騰継続20分以上程度になると卵黄の周りが緑黒色になる。

(2)　パイナップル果汁でゼリーを作る際は，その果汁を80℃程度まで加熱して用いる。

問5　「茶碗蒸し」の調理について，次の設問に答えよ。

【茶碗蒸しの作り方】

〈下ごしらえ〉

1〉だし汁を作り，ここに調味料(塩，薄口しょうゆ)を加える。

2〉えびの皮をむき，頭と〔　A　〕をとる。

3〉鶏肉は筋をとり，〔　B　〕にする。

4〉しいたけは軸をとって適当な大きさに切り，みつばは3cmの長さに切る。

(作り方)

1)　卵をよくときほぐし，1〉と合わせてよく混ぜ，ざるでこす。

2)　器に，えび，しいたけ，みつばを入れる。

3)　こした卵液をたま杓子で静かに注ぎ入れ，表面の泡をすくいとる。

4)　蒸し器にお湯を入れて火にかけ，蒸気があがったところで茶碗を並べ，ふきんをかぶせたふたをする。

5)　<u>最初の2～3分はやや強火，その後は少し火を弱めて7～8分，さらにふたをずらして5～6分蒸す。</u>

(1)　混合だしを例に，うま味の相乗効果について記せ。

(2)　〔　A　〕はえびの背にある黒いひも状の腸の部分である。この部分を何というか記せ。

(3)　〔　B　〕にあてはまる切り方を語群から選び記せ。

〔語群〕　いちょう切り　　そぎ切り　　たづな切り　　乱切り　　輪切り

(4)　みつばは「根みつば」を用いる。旬の季節はいつか記せ。

(5)　茶碗蒸しの卵液の希釈について，卵の濃度として当てはまるものを語群から選び記せ。

〔語群〕　25%　　33%　　50%　　65%　　77%

(6)　卵の凝固性と「蒸す」という加熱方法の特徴を踏まえて，5)の加熱時間を短縮する方法を記せ。

(☆☆☆☆◎◎◎)

【9】「秋田の伝統野菜」について，次の設問に答えよ。

問1　秋田県農林水産部農業経済課が示している「秋田の伝統野菜」とはどのような事項を満たす品目か，3事項を記せ。

問2　「秋田の伝統野菜」を三つ記せ。

(☆☆☆☆◎◎◎)

解答・解説

【中学校】

【1】問1　1　基礎的・基本的な知識及び技術　　2　社会の変化に主体的に対応　　3　家庭における生活，学校における生活，地域社会における生活　　問2　これからの生活を展望して，課題をもって生活をよりよくしようとする能力

〈解説〉問1　「中学校学習指導要領」(平成20年3月告示　文部科学省)「第2章　各教科　第8節　技術・家庭」に示されている技術・家庭科の目標及び家庭分野の目標は頻出であるので確実に覚えること。技術・家庭科は実践的な「生きる力」をはぐくむ教科であることを踏まえ，家庭分野では主に生活の自立に必要不可欠な知識・技術を習得することに重きを置いていることに気付きたい。　問2　問題解決的な学習の充実は，実践的・体験的な学習活動の充実，家庭や地域社会との連携とともに，技術・家庭科の各分野の指導に当たって配慮するべき事項である。今回の学習指導要領の改訂において全教科的な柱となっている「言語活動の充実」との関連もおさえながら理解しておきたい。

【2】①　職業(科)　　②　職業・家庭(科)　　③　技術・家庭(科)　④　70　　⑤　70　　⑥　35　　平成元年の主な改訂内容…履修領域について男女による差異を設けない(男女共修の実施)

〈解説〉第2次世界大戦後の中学校技術・家庭科教育の変遷の主だったものをおさえておく。小学校および高校の家庭科教育の変遷もあわせて把握しておくとよい。昭和22年の新制中学校の発足時に，「家庭」は「職業」の中の1つの科目として位置づけられた。必修科目の「職業」は，週当たり平均4時間で，5科目のうち1科目または数科目を学習した。選択科目の「職業」は各学年週当たり1～4時間であった。昭和26年に「職業」の5科目を統合して1つの科目となった「職業・家庭」は，必修科目としては各学年週当たり3～4時間，選択教科としては各学年週3～4時間であった。昭和33年には必修教科「技術・家庭」となり，男子向き(技術)と女子向き(家庭)で構成された。各学年週当たり3時間であった。他に週当たり2時間の選択教科「家庭」があった。平成元年には，必修教科「技術・家庭」は男女同一の取扱いとなった。11領域の中から7領域以上を履修させ，「木材加工」，「電気」，「家庭生活」，「食物」の4領域はすべての生徒に履修させることとした。第1・2学年は週当たり2時間，第3学年は週当たり2～3時間であった。他に選択教科「技術・家庭」があった。

【3】問1　・多様で新鮮な食材とその持ち味の尊重　・栄養バランスに優れた健康的な食生活　・自然の美しさや季節の移ろいの表現　・正月などの年中行事との密接な関わり　問2　・地域または季節の食材のよさを理解できるようにする。　・実際に食材に触れ，自分の住む地域の食文化に関心をもたせる。　・地域との連携を図り，調理実習を中心として指導を行う。　・地域の伝統的な行事食や郷土料理を扱う。　など　問3　こんぶだし　うまみ成分…グルタミン酸　だしのとり方…20分ほど水に浸してから中火にかける。沸騰直前にこんぶを取り出して濾す。　かつおぶしだし　うまみ成分…イノシン酸　だしのとり方…一番だしは，水を沸騰させてから削りがつおをいれ，30秒ほど中火で加熱したあと，火を止めて濾す。二番だしは，一番だしをとった後の削りがつおに，一番だしの半量の水を入れて沸騰させ，中火で加熱する。2～3分煮出して濾す。　煮干し

だし　うまみ成分…イノシン酸　　だしのとり方…水から入れて，中火にかける。沸騰したら3～4分ほど煮出したのちに濾す。

問4　調味料…酢，しょうゆ，みりん　　割合…1：1：1

問5　(1)　汁物や煮物が煮立ち始めた最も風味の良い状態のこと。　(2)　調理の前操作で，きゅうりなどに塩をふりまな板などでこすること。　(3)　あずきをゆでる際，水からゆでて沸騰させた後，ゆで汁を捨てること。　(4)　鍋より一回り小さい蓋やキッチンペーパーかアルミホイルなどを蓋として材料の上にかぶせて煮る方法。日本料理の煮物で用いられる。　(5)　煮物や酢の物，和え物などに彩りや香りを添えるものである。木の芽，針しょうが，ゆずの皮，紫蘇の千切りなど季節や料理に合うものを料理の上に小高く盛る。

〈解説〉問1　南北に長く，四季が明確な日本には多様で豊かな自然があり，そこに生まれた食文化もまた，これに寄り添うように育まれてきた。このような，「自然を尊ぶ」という日本人の気質に基づいた「食」に関する習わしが「和食：日本人の伝統的な食文化」として，ユネスコの無形文化遺産に登録された。　問2　「地域の食材を生かした調理，地域の食文化」の指導においては，地域の産業や歴史などの実態に応じて柔軟に指導計画を作成する。　問3　こんぶだしは，こんぶのうま味をできるだけ失わないように，洗わず固く絞ったふきんで拭いて表面の汚れをとる。また，沸騰直前に取り出すのは，こんぶのぬめりが出るのを防ぐためである。こんぶとかつおぶしを用いる混合だしの取り方も確認しておくとよい。煮干しは，苦みの出やすい頭とわたを除いてから用いること。　問4　三杯酢は，酢，しょうゆ，みりんを同量ずつ混ぜ合わせてつくる。現在は，みりんのかわりに砂糖を用いることもある。また，酢を使った合わせ調味料には，二杯酢(酢：しょうゆが1：1または酢：塩が5：1)や甘酢などもある。

問5　(1)　みそ汁などは煮えばなの状態で火を止めると風味がとばず美味しくでき上がる。みそ汁は煮立てないようにと言われるのはこのためである。　(2)　板ずりすることで表面のろう質部に傷がついて，食塩が浸透し色が鮮やかになり，組織がやわらかくなる。ふきなどはゆでた後に板ずりすると皮がむけやすくなる。　(3)　渋切りを数回繰り返すことで，あずきの皮に含まれる渋み成分やあくを取り除く。
(4)　落としぶたは，少ない煮汁でもむらなく煮含める役割があり，煮汁の急激な蒸発も抑えられ，熱効率の観点からも経済的である。
(5)　天盛りがあると，料理に誰も手を付けていない目印にもなり，もてなしの意味もある。

【4】問1　(1)　シックハウス症候群は新築病ともいわれ，建材や家具などに含まれるホルムアルデヒドや有機溶剤等が徐々に室内の空気中に揮発して，めまい・頭痛・吐き気などの症状が出るものである。近年の新築住宅の高気密化がシックハウス症候群増加の原因とされている。　(2)　寒冷地などにおける，室内と戸外，あるいは暖房を効かせた部屋とそうでない部屋を移動する際の急激な温度変化により身体が受ける影響のことである。予防として，室内外の温度差をできるだけ小さくするように配慮する。　問2　解答略

〈解説〉問1　(1)　高気密化とは，建具や天井との壁のジョイント部分からのすき間を少なくし，冷房や暖房の効率をよくすることをいう。これは，機械換気などによる計画的な換気が前提となっている。シックハウス症候群の対策として，建築基準法では新築住宅の24時間機械換気の義務付けなどの規制をしている。　(2)　ヒートショックは，身体が温度差にさらされ血圧が急変するため，脳卒中や心筋梗塞などを引き起こすおそれがある。　問2　まず，保育園側と十分な打ち合わせをすることが肝要である。また幼児の運動機能等発達状態を理解し，校舎内を幼児の目線で点検することが重要である。

【5】問1　①　カラー(上衿)　②　ラペル(下衿)　③　ダーツ(フロントダーツ)　④　フラワーホール(ラペルホール)　⑤　フラップ(フラップポケット)　問2　解答略

〈解説〉問1　中学生に自分の身近な制服に目を向けさせる指導は有効性のある学習内容である。名称をきちんと覚えさせることは，社会人に

なってからも大変役立つ。 ④ フラワーホールは，バッチなどを挿すものである。同じジャケット型の上衣でも，女性用のものにはない。⑤ フラップは元来，雨よけとしてつけられたものなので，屋外ではフラップを出しておき，室内に入ったらポケットに仕舞う。この他，女性用の上衣はポケットやえりにはさまざまな種類のものがある。基本的なものを把握しておくとよい。 問2 公式に示されている評価規準では，「C(1)ア，イ，ウの内容項目と関連付けられているか，ねらいと学習活動が対応しているか等を主な観点として，相対的に評価する」としている。よって，本問の学習のねらいは「中学校学習指導要領解説技術・家庭編」(平成20年9月 文部科学省)「第2章 第3節 2 C (1) ア，イ，ウ」に示されたねらいを踏まえて解答すればよい。その上で，題材を制服にしていることに着目する。たとえば，C(1)ウで扱う日常着の手入れとして，ブラシかけ，傷みやすい箇所と補修方法，素材に合ったアイロンかけがあろう。また，洗濯は取扱い絵表示も見逃せない。繊維名の確認や，乾式洗濯・湿式洗濯の違いを理解させるとよい。これらのことを学習活動に展開してみることである。

【6】問1 小学校家庭科…身近な衣服などの手洗いを通して，洗濯物や汚れの点検，洗う，すすぐ，絞る，干すなどの基本的な作業の必要性がわかり，適切な方法を考えて洗濯することができるようにする。身近な環境への影響を考えた洗剤の量を理解する。 中学校技術・家庭科…洗剤の働きと衣服の材料に応じた洗剤の種類などが分かり，洗剤を適切に選択して使用できるようにする。衣服の材料や汚れ方に応じた洗い方が分かるようにする。電気洗濯機を用いた洗濯の方法と特徴を理解し，洗濯機を適切に使用できるようにする。汚れ落ちには水性や油性などの汚れの性質，洗剤の働き，洗濯機の水流の強弱などがかかわっていることを理解させる。部分洗いなどの効果に気付かせる。衣服によっては専門業者に依頼する必要があることに気付かせる。
問2 ① 弱アルカリ ② 中 ③ 麻 ④ レーヨン ⑤ 絹 ⑥ アセテート 問3 浸透作用…ビーカーAには水と洗

濯用洗剤を入れ，ビーカーBには水のみを入れる。2つのビーカーに撥水性の高い毛糸の束を入れる。ビーカーAでは繊維表面に吸着した界面活性剤が水の表面張力を下げ，毛糸が濡れることを確認する。乳化作用…ビーカーAには水と洗濯用洗剤を入れ，ビーカーBには水のみを入れる。2つのビーカーに水と混ざらないごま油を入れ，ガラス棒で混ぜる。ビーカーAでは界面活性剤により乳化がおこり，ごま油と洗剤液が混ざり合うことを確認する。　分散作用…ビーカーAには水と洗濯用洗剤を入れ，ビーカーBには水のみを入れる。2つのビーカーに水に溶けないすすを入れて撹拌する。ビーカーAではすすが洗剤液全体に分散するが，ビーカーBではすすが固まって浮くことを確認する。　再汚染(再付着)防止作用…分散作用の実験で用いた2つのビーカーに，白い綿の布を入れて引き上げる。ビーカーAでは布にすすがほとんどつかないが，ビーカーBではすすが布に着いてしまうことを確認する。　問4　解答略

〈解説〉問1　小学校では手洗いを中心とした洗濯の基本的な作業を学習する。中学校では小学校での学習を基礎として，電気洗濯機を用いた洗濯の方法と特徴を理解する他，洗剤の働きや衣服の材料の特性などに応じて洗剤や洗濯方法を適切に選ぶ能力を身に付ける。

問2　石けんは天然油脂が原料で，合成洗剤は石油が原料である。また，毛・絹などでは，洗浄力は劣るが素材の風合いを保つために中性洗剤を使う。　問3　公式に示されている評価規準では，「与えられた器具・試料のみの使用で界面活性剤の働きを理解させる実験であるか等を主な観点として，相対的に評価する」としている。　問4　まず「生徒の実態」より，衣服の保健衛生上・生活活動上・社会生活上の機能及び着方や，衣服の計画的な活用及び選択については理解していることが前提となる。「学習指導案を作成する上で考慮すべき事項」のうち，学習指導要領のD「身近な消費生活と環境」の(2)の項目とは，環境に配慮した消費生活の工夫と実践を指導することである。以上から，「洗濯が環境に与える影響を考える」などの学習課題が設定できるだろう。また，「言語活動の充実」も求められている。これは「言

葉や図表，概念などを用いて考えたり，説明したりするなどの学習活動」の充実を意味しており，今回の学習指導要領の改訂において全校種・全教科的に重視されたポイントの一つである。この点を盛り込みつつ，「本時のねらい」を達成しうる学習活動を考えていく。たとえば，生徒を男女混合の5～6人のグループに分け，「効率的に衣類の汚れを落とす洗濯方法にはどのようなものがあるか」「環境に配慮した水や洗剤の適切な使い方とは何か」などについて調べ，発表させるといった学習活動が考えられる。

【高等学校】

【1】問1　性別や世代を超えて，男女が家族や社会の中で平等な関係を築き，共に生きる社会の一員として役割と責任を果たし，家庭や地域の生活を主体的に創造していくことが重要であることを認識させること。　問2　(1)　②　(2)　学校家庭クラブ活動等との関連を図り，地域の実態に応じて，実際に地域の高齢者を訪問したり，学校に招いたり，福祉施設等を訪問したりするなどして，高齢者との触れ合いや交流などの実践的・体験的な学習活動を取り入れるようにする。
問3　生涯の生活設計

〈解説〉問1　教科の目標は重要な部分。高等学校学習指導要領(平成21年3月告示)第2章　第9節に示された共通教科「家庭」の目標は必ず覚えておくこと。「人間の生涯にわたる発達」を時間軸，「生活の営み」を空間軸でとらえ，相互に関連付けて家族・家庭の意義や社会とのかかわりを理解させる。高等学校学習指導要領解説家庭編(平成22年1月文部科学省)なども参照し，指導の意図をしっかりおさえておきたい。
問2　(1)　乳幼児から小学校低学年頃までの乳幼児期は，人間の発達段階において重要な時期である。そのため，家族や家庭の生活の営みを総合的にとらえる「家庭総合」の性格から，高等学校学習指導要領解説家庭編(平成22年1月　文部科学省)第2章　第2節　2　(2)　アではこの指導項目における「子ども」の定義を明確に示したものと思われる。　(2)　平成20年1月の中央教育審議会の答申の中で，「家庭総合」

の改善の具体的事項として,「人間の尊厳や高齢者の肯定的理解」,「実験・実習を通して科学的に学習項目の理解を深めること」などがあげられている。このことから,福祉施設等の見学やボランティア活動への参加といった,身近な高齢者との交流の機会をもつよう努めることが求められる。　問3　高等学校学習指導要領(平成21年3月告示)第2章　第9節に示された共通教科「家庭」の各科目のうち,「家庭基礎」では「(2)　生活の自立及び消費と環境　カ　生涯の生活設計」,「家庭総合」では「(5)　生涯の生活設計」,「生活デザイン」では「(2)消費や環境に配慮したライフスタイルの確立　ウ　生涯の生活設計」で取り扱う。科目の中の大項目となっていることからも,「家庭総合」での取扱いの比重が大きいことがわかる。

【2】問1　激しく変化し続ける社会の状況を常に把握し,それに対応すべく常に新たな課題解決の方法を考え,新たな発想の中から技術や技能を開発していくことのできる能力と,その能力を実際に社会の中で生かして働こうとする態度のことである。　問2　(1)　調査,研究,実験　(2)　作品製作　(3)　産業現場等における実習
(4)　職業資格の取得　(5)　学校家庭クラブ活動

〈解説〉問1　「創造的な能力と実践的な態度」の育成が,専門教科「家庭」の究極の目標であることを理解しておく。　問2　専門科目「課題研究」は,今回の学習指導要領の改訂において全校種・全教科的に重視されている問題解決的な学習の充実に大きくかかわる科目である。そのこともあり,「生活産業基礎」とともに高等学校の家庭に関する各学科における原則履修科目となっている。

【3】(1)　この表示は「国際エネルギースターロゴ」で,OA機器の稼働時やスリープ,オフ時の消費電力に関する基準を満たす製品に,この表示が認められている。　(2)　この表示は「エコマーク」で,ライフサイクル全体を考慮して環境保全に役立つと認められた商品に付けられる。環境からみた商品の情報を提供し,環境にやさしく暮らした

いという願う消費者が商品を選びやすいようにした。　(3)　この表示は「PETボトルリサイクル推奨マーク」で，回収された使用済みペットボトルを用いて日本国内で再商品化されたフレーク，ペレットまたはパウダーを25％以上使用しており，商品の主要構成部材として利用されているものにつけられる。

〈解説〉(1)　国際エネルギースターロゴは，1995年から日米両政府の合意のもとで実施されている国際エネルギースタープログラム制度により運用されており，環境問題への関心からこの制度を運用する国・地域は年々増加している。　(2)　エコマークの制度は，日本環境協会が実施するエコマーク事業によって1989年より実施されている。

(3)　このマークをつけることで，対象商品がペットボトルのリサイクルに寄与している側面の情報を広く社会に提供し，消費者にリサイクル商品選択を促してペットボトルのリサイクル推進に役立てるという目的がある。

【4】問1　手縫い糸は右撚り，ミシン糸は逆に左撚りにすることが多いから。　問2　(1)　布のたて糸と横糸が直交していない状態のもの。

(2)　①　まず，霧吹きで生地全体に霧を吹いてよく湿らす。水分が蒸発してしまわないように，ポリ袋などに入れて全体に湿らせ，水分がなくなるまでアイロンをかけながら布目を整える。　②　手で歪みを直してドライアイロンを使用する。余分な照りがでないように，少しアイロンを浮かせて使用する。　問3　結びつぎ(機結び)

問4　(1)　肩山が左側に来るように着物を広げ，右前身ごろを右脇に沿って折る。右衽を衽付けに沿って折り返す。衿を内側に折る。

(2)　反対側の衿先と裾を持って左衽を重ね合わせ，衿，衿先，衿下も重ね合わせる。　(3)　左脇を持って，右脇に合わせ背縫いに沿って2つに折る。身ごろ，袖を重ねる。　(4)　上側の袖(左袖)を袖付けの部分で折り返して身ごろに重ねる。　(5)　身丈を半分に折って折り返した左袖に重ねる。左袖，裾，衿が重なった部分を持ち裏返す。

(6)　右袖を身ごろに重ね合わせる。

〈解説〉問1　これは縫製時に糸の撚りが締る方向と関係している。手縫いの場合は多くが右から左へ縫うため，糸はよじれにくいように右撚りとなっている。一方ミシンは，糸立て棒やボビンからみて左から右へ糸が進むという構造上，左撚りのほうが糸がよじれにくくなる。
問2　(1)　地直しの目的は，布地を正しく裁断し，着用後の型くずれを防ぐために，裁断前に布のゆがみ，つれ，しわを正したり，洗濯による収縮を防ぐためなど布地を整えることである。　(2)　①　小さい布では，スチームアイロンなどを使用するとよい。　②　絹織物の地直しでアイロンを当てるときは，裏面から当てるようにするとよい。
問3　結びつぎは，糸の節約をねらい，手縫いを行う箇所に洋裁，和裁を問わず使用する方法である。糸を引っ張りすぎないように留意する。あまりきついと表布に影響する。　問4　実際に和服を用いて練習し，たたみ方を身に付けておくとよい。

【5】問1　・伝統文化とかかわらせて生け花を扱う。　・食卓を飾るフラワーアレンジメントを扱う。　問2　・保育への関心をもつこと。　・子どもが育つ環境としての家族と家庭の役割に気付くこと。　・地域の子育て支援の意義を認識すること。　など
〈解説〉問1　インテリア計画は，専門科目「リビングデザイン」でも扱うが，共通科目「生活デザイン」では園芸を取り入れている点が大きな違いである。生活の価値や質を高める実践力の育成を重視する科目である「生活デザイン」のねらいが反映されていると考えられる。
問2　実際に子どもとの触れ合いの機会を設けるに当たっては，乳幼児の保育にかかわる地域の関係機関との連携が欠かせない。生徒が主体的に子どもとの触れ合いを図ることができるように配慮する。

【6】問1　それぞれの企業や消費者が環境を大切した生産活動・消費活動を行うことで環境配慮型社会が形成されるという理念。
問2　イギリス　問3　解答略
〈解説〉問1・問2　大量生産，大量消費，大量廃棄の社会を改めるため，

「持続可能な社会」ということが言い出されてきた。イギリスの「グリーンコンシューマー・ガイド」は，自動車，家電製品，食品等の様々な製品が抱える環境問題についての解説や，エネルギー消費量，有毒物質の使用の有無など環境保全の観点から商品を選ぶための情報が掲載してある。一方，日本では1993年の環境基本法の制定，それを受けての2000年の環境型社会形成推進基本法の制定，2004年の環境配慮促進法等の制定がある。環境問題への一連の取り組みを理解しておくこと。　問3　フェアトレードについて，チョコレートを題材とした指導内容である。フェアトレード(公正貿易)とは，発展途上国などの立場の弱い生産者(ここではチョコレートの原料生産者)に対し，一方的な援助でなく，生産物などに適正な対価を支払い，生産者の労働条件を保護し，経済的自立を継続的に支援する取引のことである。内容を十分に理解し，設問の中の条件，キーポイントを網羅した指導計画案を作成できるようにする。

【7】問1　(1)　①　膨張色は実際のものよりも大きく見える色で，明度の高い色である。収縮色は実際のものよりも小さく見える色で，明度の低い色である。　②　興奮色は暖色系の彩度の高い色で，沈静色は寒色系のやや彩度の低い色である。　(2)　被服の色の組み合わせは，70％程度をベースカラーが占め，アソートカラーが25％程度，アクセントカラーは5％程度とするのがバランスがよい。
問2　(1)　特色…国民皆年金，社会保険方式，世代間での支え合い　問題点…少子高齢化であること，国民年金保険料の未払いが増えていること，マクロ経済スライドであること，など　(2)　・機会の平等の保障のみならず，国民が自らの可能性を引き出し，発揮することを支援すること。　・働き方や，介護などの支援が必要になった場合の暮らし方について，本人の自己決定を支援すること。　・社会的包摂の考え方に立って，労働市場，地域社会，家庭への参加を保障すること。　(3)　「自助」…家庭で的確な応急手当てを行う。「共助」…地域のしかるべき医療機関にかかる。　「公助」…医療

保険制度により，医療機関への受診にかかる費用について療養の給付を受ける。

〈解説〉問1　(1)　色の機能は，刺激の程度や目の諸機能の関係に基づくことから，その性質には様々なとらえ方がある。　(2)　ベースカラー(基調色)，アソートカラー(配合色)，アクセントカラー(強調色)を決めることで，配色はきれいにまとまり安定する。　問2　(1)　国民皆年金は，国民すべてが国民年金制度に加入し，基礎年金給付を受けるというしくみである。社会保険方式において，加入者はそれぞれ保険料を拠出し，それに応じた年金給付を受ける。世代間での支え合いとは，現役世代が全員でルールに従って保険料を納付し，その時その時の高齢者全体を支えるという考え方である。　(2)　参加型社会保障(ポジティブ・ウェルフェア)は，「平成22年度厚生労働省の目標」で打ち出された考え方である。厚生労働省ではこの考え方を推進し，社会保障について自助を引き出す観点から再定義し，経済成長の基盤を作ることを明確にして現下の政策課題に対応していくこととした。

(3)　家庭・地域・社会における支え合いは，個人や家族の努力による「自助」，地域が連帯して支え合う「共助」，それらで補えない困難な状況に対して社会保障を行う「公助」からなる。

【8】問1　主として1g当たり9kcalのエネルギー源になる。

問2　脂肪酸は，炭素数および不飽和結合の有無によって分類される。炭素数による分類はいくつかあるが，短鎖脂肪酸，中鎖脂肪酸，長鎖脂肪酸に分けられる。不飽和結合による分類は，炭素鎖に多重結合を有しない飽和脂肪酸と，炭素鎖に二重または三重結合を有する不飽和脂肪酸に分類される。　問3　豚肉はばら肉でなくヒレ肉を用いる。

問4　(1)　卵白のシスチンが硫化水素を生み出し，卵黄に含まれる鉄と結合して，硫化第一鉄ができるため。　(2)　パイナップル果汁はたんぱく質分解酵素を含み，ゼリー強度を弱くするため。

問5　(1)　相乗効果は，2種のうま味，具体的にはこんぶのうま味(グルタミン酸)がかつおぶしのうま味(イノシン酸)により著しく強まることをいう。　(2)　背わた(背腸)　(3)　そぎ切り　(4)　春　(5)　25％　(6)　蒸気の上がった蒸し器に入れ，蓋をして強火で2～4分蒸す。その後蓋をずらして弱火で2～3分蒸す。

〈解説〉問1　脂質には中性脂肪，リン脂質，コレステロールなどがある。リン脂質やコレステロールは主に細胞膜をつくる働きがある。

問2　不飽和脂肪酸のうち，栄養的に必要であるが体内で合成できないため，食品から摂取しなければならない2つの必須脂肪酸(リノール酸とα-リノレン酸)についてはその性質もおさえておくこと。

問3　豚肉の各部位の可食部100g当たりをみると，最も脂質が多いのはばら肉で34.6g，中間の肩ロースは19.2g，最も少ないヒレ肉は1.9gである。　問4　(1)　固ゆで卵は，沸騰してから約12分ゆでるとでき上がるので，卵黄の周りを変色させないようにするには，この時間を目安にして湯から取り上げる。　(2)　ゼラチンは一般的には，40～50℃で溶ける。　問5　(1)　相乗効果とは，味の相互作用の1つである。相互作用とは，異なる味物質が一緒に存在する場合，一方の味が他方を強めたり，弱めたりする現象をいう。　(2)　えびの背わたには海中の汚染物質や抗生物質が残留している可能性があるので，取り除いたほうがよい。　(3)　切り方には材料や料理に合わせて色々あるので身に付けよう。ここではそぎ切りすることにより，火を均一に通すことをねらっている。　(4)　根みつばは，春に種をまき，冬，葉が枯れると根元に土寄せし，翌春，葉が地上に出たころ根つきのまま収穫する。他に，切みつばは軟化床で育てる。糸みつばは水耕栽培が主流である。(5)　卵1個を50gとすると，だし汁150mLで25％の卵液ができる。(6)　この方法を急速加熱という。

【9】問1　・昭和30年以前から栽培されているもの。　・地名・人名がついているなど，秋田県に由来しているもの。　・現在でも種子や苗があり，生産物が手に入るもの。　問2　ひろっこ，秋田ふき，じゅんさい，八木にんにく，とんぶり，湯沢ぎく，ちょろぎ，松館しぼり大根，仁井田大根，山内にんじん，からとり芋，田沢ながいも，

仁井田菜，亀の助ねぎ，阿仁ふき，五葉豆，関口なす　などから三つ

〈解説〉問1・問2　それぞれの伝統野菜の産地，特徴や料理法も学んでおくとよい。あわせて，それらの伝統野菜を用いた郷土料理もおさえておこう。

2014年度　実施問題

【中学校】

【1】次の文は,「中学校学習指導要領解説　技術・家庭編」(平成20年9月　文部科学省)「第2章　第3節　家庭分野　1家庭分野の目標」より抜粋したものである。下の設問に答えよ。

　＿＿①＿＿を通して,＿＿②＿＿を習得するとともに,家庭の機能について理解を深め,これからの生活を展望して,課題をもって生活をよりよくしようとする能力と態度を育てる。

－略－

　家庭分野の学習は,小学校家庭科の学習を基盤として発展させるものであり,その連続性と系統性を重視しながら指導することが大切である。各内容のねらいは,その上に立って学習を深められるよう構成されていることに十分配慮して指導する必要がある。

－略－

問1　下線部①,②に適する言葉を記せ。

問2　中学校技術・家庭科家庭分野の学習の基盤となる,小学校家庭科を構成するA～Dの4つの内容を記せ。

問3　小学校家庭科の各学年の年間標準授業時数を記せ。

(☆☆☆◎◎◎)

【2】児童虐待について,あとの設問に答えよ。

児童虐待の防止等に関する法律(最終改正：平成24年8月22日法律第67号)より抜粋

第二条　この法律において,「児童虐待」とは,保護者(＿①＿を行う者,未成年後見人その他の者で,児童を現に監護するものをいう。以下同じ。)がその監護する児童(＿②＿歳に満たない者をいう。以下同じ。)について行う次に掲げる行為をいう。

問1　下線部①～②に入る適切な語句や数値を記せ。

問2　上記条文で定義されている「児童虐待」の行為に当たる4つの内容を記せ。

(☆☆☆◎◎◎)

【3】調理実習の指導について，次の設問に答えよ。

問1　「盛り付け」「配膳」について，小学校家庭科，中学校技術・家庭科で指導すべき内容をそれぞれ記せ。

問2　米飯，みそ汁，煮魚，ほうれん草のごま和え，漬けものを1食分の献立とした時の配膳図を記せ。ただし，箸については向きが分かるように記すこと。また，ほうれん草のごま和え，煮魚(付け合わせ：大根おろし)の盛り付けの際に留意すべき点を記せ。

問3　調理実習における事故防止のために，全ての生徒に教師が指導すべき事項を具体的に記せ。

問4　調理実習における事故防止のために，食物アレルギーを有する生徒について，教師が留意すべき点を記せ。

(☆☆☆◎◎◎◎)

【4】次の文は，「中学校学習指導要領解説　技術・家庭編」(平成20年9月　文部科学省)「第2章　第3節　家庭分野　2家庭分野の内容　A家族・家庭と子どもの成長」より抜粋したものである。下の設問に答えよ。

(2)　家庭と家族関係について，次の事項を指導する。

ア　①家庭や家族の基本的な機能と，②家庭生活と地域とのかかわりについて理解すること。

イ　これからの自分と家族とのかかわりに関心をもち，③家族関係をよりよくする方法を考えること。

問1　①家庭や家族の基本的な機能を記せ。

問2　②家庭生活と地域とのかかわりについて理解を図るために，災害に備えた室内環境の整え方と関連させ，地域の独居高齢者宅への訪問を取り入れた題材を構成することとした。下の事項を踏まえ，3単位時間からなる題材計画を作成せよ。なお，必要に応じて区切り線を入れ，評価の記入は枠囲みにせよ。

◇題材名　地域の人々とのつながり－災害への備え－

◇題材の目標　・地域の人々とのつながりの大切さに気付き，主体的に課題を捉えて取り組もうとしている。

(生活や技術への関心・意欲・態度)

・災害への備えに関する室内環境の整え方や，家庭生活と地域との関わりについて理解している。

(生活や技術についての知識・理解)

◇対象生徒　中学校第2学年30名

◇その他　・学校から徒歩で往復30分圏内にある独居高齢者宅を，3人一組で訪問する。

問3　生徒に③家族関係をよりよくする方法を考えさせるためにどのような指導の手立てがあるか，教材の活用例等を挙げ，具体的に記せ。

(☆☆☆◎◎◎◎)

【5】身近な消費生活と環境について，次の設問に答えよ。

問1　中学校技術・家庭科家庭分野内容D「身近な消費生活と環境」の指導に当たって，配慮すべき事項を2点記せ。

問2　「消費者教育の推進に関する法律」(平成24年法律第61号)第11条には，「学校における消費者教育の推進」について3つの事が示されている。「教育職員に対する消費者教育に関する研修の充実」，「消費者教育に関する知識，経験等を有する学校内外の人材の活用」と，あと1つは何かを記せ。

問3　次のマークはどのような商品に付けられるマークか記せ。

問4　次の学習を2単位時間扱いで構想することとした。下の事項を踏まえ，2単位時間の学習の流れが分かるワークシートを完成させよ。

◇学習課題　よりよい商品を適切に選択するために必要なことを考えよう

◇ねらい　①　収集・整理した情報を活用して自分の生活に必要なものの選択，購入及び活用について考え，工夫している。　(生活を工夫し創造する能力)

②　自分の生活に必要なものの選択，購入及び活用について，必要な情報を収集・整理することができる。(生活の技能)

③　物資・サービスの選択，購入及び活用に関する知識を身に付けている。(生活や技術についての知識・理解)

◇対象生徒　中学校第3学年30名

◇その他　・中学生の身近な消費行動と関連させた学習の流れにすること。

・①，②，③のねらいが達成されたかどうかをワークシートで見取り，評価するものとする。ワークシートのどの部分でどのねらいについて評価するのかを，「←①」のように矢印と番号を使って示すこと。

(☆☆☆◎◎◎◎)

【高等学校】

【1】高等学校学習指導要領(平成21年3月告示)第2章　第9節　家庭　について，次の設問に答えよ。

問1　次の文章は共通教科「家庭」の目標を示している。下線部はどのようなことを意味しているか，具体的に記せ。

<u>人間の生涯にわたる発達と生活の営みを総合的にとらえ</u>，家族・家庭の意義，家族・家庭と社会とのかかわりについて理解させるとともに，生活に必要な知識と技術を習得させ，男女が協力して主体

的に家庭や地域の生活を創造する能力と実践的な態度を育てる。

問2　次の文章は科目「家庭基礎」　2　内容　(1)人の一生と家族・家庭及び福祉から一部抜粋したものである。下線部について，①　青年期　　②　壮年期　　③　高齢期における生涯発達上の視点を記せ。

人の一生を生涯発達の視点でとらえ，各ライフステージの特徴と課題について理解させるとともに，家族や家庭生活の在り方，子どもと高齢者の生活と福祉について考えさせ，共に支え合って生活することの重要性について認識させる。

問3　科目「生活デザイン」において，科目名にある「デザイン」という言葉に込められた意味と，この科目が重視していることを記せ。

問4　次の文章は共通教科「家庭」の内容の改善から抜粋したものである。このことから，いずれの科目においても履修させ，その充実を図ることとした大項目名を記せ。

学習した知識と技術を生かして，自己の家庭生活や地域の生活と関連付けて生活上の課題を設定し，解決方法を考え，計画を立てて実践することを通して生活を科学的に探究する方法や問題解決の能力を身に付けさせることを一層重視した。

(☆☆☆◎◎◎◎)

【2】高等学校学習指導要領(平成21年3月告示)第3章　第5節　家庭　について，次の設問に答えよ。

問1　次の文章は専門教科「家庭」の目標を示している。下線部はどのようなことを意味しているか，具体的に記せ。

家庭の生活にかかわる産業に関する基礎的・基本的な知識と技術を習得させ，生活産業の社会的な意義や役割を理解させるとともに，生活産業を取り巻く諸課題を主体的，合理的に，かつ倫理観をもって解決し，生活の質の向上と社会の発展を図る創造的な能力と実践的な態度を育てる。

問2　次の文章は専門教科「家庭」における科目「生活産業基礎」の

目標を示している。下線部はどのようなことを意味しているか，具体的に記せ。

　衣食住，ヒューマンサービスなどに関する生活産業や関連する職業への関心を高め，必要な知識と技術を進んで習得し活用する意欲と態度を育てる。

問3　主として調理師養成を目的とする学科等において履修する科目名を6つ記せ。

(☆☆☆◎◎◎◎)

【3】高等学校学習指導要領(平成21年3月告示)第3章　第5節　家庭　第2款　各科目　第9　服飾文化　について，次の設問に答えよ。

問1　縄文時代から江戸時代における和装が「きもの」と呼ばれるまでの変遷について，次の語句をすべて用いて解説せよ。

筒袖　衣褌(きぬはかま)　衣裳(きぬも)　貫頭衣　束帯(そくたい)　十二単　直垂(ひたたれ)
裳袴　小袖

問2　「大裁ち男物袷長着」とは分類上の視点からどのような和服を示すか記せ。

問3　和服には格があるが，きものについて「染め」と「織り」との比較から説明せよ。

(☆☆☆◎◎◎◎)

【4】高等学校学習指導要領(平成21年3月告示)第3章　第5節　家庭　第2款　各科目　第10　ファッション造形基礎　について，次の設問に答えよ。

問1　次の(1)～(3)について説明せよ。また，語群の中から最も関連がある被服材料の性能を選び，記号で記せ。

(1)　見かけの比重

(2)　ウオッシュアンドウエア(Wash and Wear)加工

(3)　ヤング率

【語群】

ア　防しわ性　　イ　透湿性　　ウ　吸水性　　エ　通気性

オ　保温性　　　カ　含気性　　キ　弾性　　　ク　ドレープ性

問2　日常着の製作における「そで」の原型の作り方について，以下の設問に答えよ。

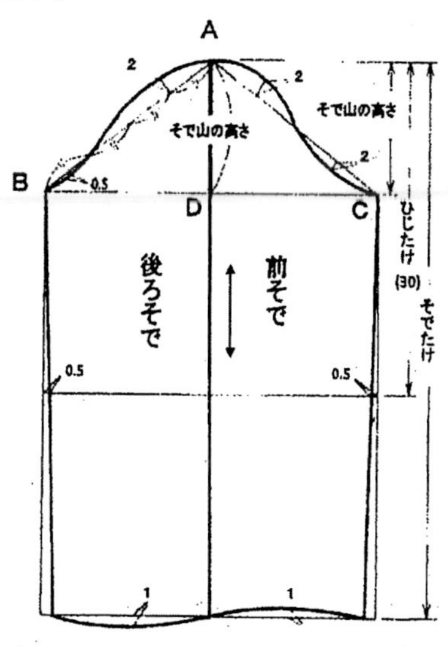

※上記図中の単位cmは省略している

【必要寸法】身ごろのそでぐりを実測した寸法，そでたけ

【作り方】

① そでの中心になる線に直角に交叉する線をひき，その交点をDとする。

② その交点Dから上にそで山の高さをとり，A点を決める。

③ [　　　　　　　　　　　　　　　　　　]

④ そでつけ線をかく。

⑤ [　　　　　　　　　　　　　　　　　　]

⑥ そで口線を図のようにカーブさせる。

⑦ BACのそでつけ線をはかると，身ごろのそでぐりより3cmほど長くなる。これがそでつけのときのいせ分となる。

(1)　②の「そで山の高さ」はどのように算出するか，記せ。

(2)　手順に従い，③と⑤に当てはまる工程文を記せ。

(3)　⑦に「身ごろのそでぐりより3cmほど長くなる」とあるが，活動着を製作する場合ではどうか，そで山の高さとそで幅の関係から記せ。

問3　スカートやパンツのすその始末に，すそ上げテープやミシンの直線縫いよりも，手縫いのまつり縫いなどが適しているのはなぜか。次の(1)～(3)の観点から記せ。

(1)　すそ上げテープが適さない理由

(2)　ミシンの直線縫いが適さない理由

(3)　手縫いのまつり縫いなどが適している理由

(☆☆☆◎◎◎◎)

【5】高等学校学習指導要領(平成21年3月告示)第2章　第9節　家庭　第2款　家庭総合　について，次の設問に答えよ。

問1　次の(1)～(3)について説明せよ。

(1)　環境共生住宅

(2)　バーチャルウォーター

(3)　ライフサイクル評価

問2　次のマークはどのような商品に表示されるマークか記せ。

問3　日本で古くから行われている住まい方の工夫例を2つ挙げ，それぞれの特徴を記せ。

問4　保育への関心をもたせ，子どもの発達の実際の姿について生徒に理解させるための指導の留意点を記せ。

問5　「コーポラティブハウス」の長所を3点記せ。

問6　「ファミリー・フレンドリー企業」の特徴を3点記せ。

(☆☆☆◎◎◎◎)

【6】高等学校学習指導要領(平成21年3月告示)第3章　第5節　家庭　第2款　各科目　第4　消費生活　について，次の設問に答えよ。

問1　特定商取引に関する法律の一部改正について，次の設問に答えよ。

(1)　平成20年改正(平成21年12月1日施行)の主な内容である迷惑メールの規制強化について，次の【　　】に示した語句を用いて具体的に説明せよ。【オプトアウト規制　オプトイン規制】

(2)　平成24年改正(平成25年2月21日施行)により，自宅での買い取りのルールが変更となった。その内容を2つ挙げ，箇条書きで記せ。

問2　インターネットオークションのトラブル事例を読み，以下の設問に答えよ。

【事例】　インターネット上でペニーオークションをしたら，入札に没頭し，手数料ばかりかかってしまった。

豪華な家電製品や金券が，比較的安価で落札できるというインターネット広告を見て参加することにした。1回の入札に75円かかる。商品の価格が1円ずつ上昇する仕組みであったが，入札しても落札できず意地になって寝る間も惜しんで，入札を2,000回も繰り返してしまった。だが，結局落札できず，入札用のコイン15万円を使ってしまった。支払わなければならないか。

(相談受付：2010年10月　契約当事者：20歳代　男性　給与生活者　岡山県)

(出典)　「インターネットトラブル」(国民生活センターHP)トップページ

(1)　ペニーオークションが一般のネットオークションと異なりギャンブル性が高いと言われる理由を記せ。

(2)　インターネット社会に必要な3つの力である①判断力　②自制力　③責任力　の必要性を，この事例と関連付けてそれぞれ記せ。

(3)　消費者支援研究の指導を通して，生徒によりよい消費生活について具体的な方策を検討する能力を育てたい。そのための具体的な手立てとして，どのような学習活動が考えられるか。この事例を教材とした学習活動の例を記せ。

問3　消費者の権利と責任について，次の設問に答えよ。

(1)　ア～オの事例と最も関係の深い消費者の権利を①～⑧から選び，記号を記せ。

① 安全を求める権利
② 選択する権利
③ 補償を受ける権利
④ 知らされる権利
⑤ 消費者の意見が反映される権利
⑥ 消費者教育を受ける権利
⑦ 生活の基本的ニーズが保障される権利
⑧ 健全な環境が確保される権利

【事例】

ア　PTAの会合に消費者教育講座の講師を派遣依頼した。

イ　レストランでハンバーグを注文する時に牛肉の原産国を聞くことができる。

ウ　走行距離や車の用途に応じていろいろな会社の自動車保険を比べて選ぶことができる。

エ　テレビが発火しカーペットを焦がしたので，テレビの代替とカーペット代金・見舞金が支払われた。

オ　幼児を連れて買い物をしやすくしてほしいとショッピングセンターに伝えたら，幼児を乗せられるショッピングカートが導入された。

(2)　消費者利益を追求する非営利団体が加盟し，消費者の8つの権利と5つの責任を提唱している機構名を記せ。

(3)　次の資料を用いた消費者トラブルへの対応を考える授業について，①，②の設問に答えよ。

① 資料の読み取りで，生徒に着目させたいことを1つ記せ。
② 相談したり伝えたりする対応がもつ意味を，個人と社会のそ

れぞれの視点から記せ。

【資料】

●この1年間で商品・サービスに対する不満・被害があった人の割合(20代)

不満・被害があった人・・・・・・・・・・・・・・・・32.2%

不満・被害がなかった人(無回答を含む)・・・・・・ 67.8%

●不満・被害があった人はどのような対応をしたか(20代)

相談したり，伝えたりした・・・・・・・・・・・・・55.0%

どこにも相談したり，伝えたりしなかった・・・・・45.0%

●どこにも相談したり，伝えたりしなかった理由

・めんどうだから

・申し出ても，うまい解決策があるとは思えないから

・どこに相談してよいかわからない　など

(独立行政法人国民生活センター「第39回国民生活動向調査」から作成)

調査対象：政令指定都市及び東京23区に居住する20歳以上69歳以下の男女6,000名

回収数：3,180(有効回収率54.6%)　調査時期：2011年5月～6月

(☆☆☆◎◎◎◎)

【7】高等学校学習指導要領(平成21年3月告示)第3章　第5節　家庭　第2款　各科目　第14　フードデザイン　について，次の設問に答えよ。

問1　たんぱく質について，次の設問に答えよ。

(1)　たんぱく質の役割について，「構成成分」「熱量」「酵素」を用いて説明せよ。

(2)　以下に示したことについて，生徒の理解を促すためにどのような学習活動が考えられるか，具体的に記せ。但し，実験・実習以外の学習活動とする。

たんぱく質は約20種類のアミノ酸が数百から数万個結合したも

ので，結合するアミノ酸や組み合わせによって性質が異なる。

(3)　次の①～⑤に最も関係の深いものをA群，B群の中から一つ選び，その記号を記せ。

①　卵白，乳汁，血清に含まれる

②　小麦のグルテニンに含まれる

③　骨のコラーゲン，毛髪や爪のケラチンとして存在する

④　とうもろこしのツェイン，小麦のグリアジンとして存在する

⑤　血液中のヘモグロビンに含まれる

【A群】

ア　色素たんぱく質　　イ　糖たんぱく質

ウ　アルブミン　　エ　ヒスチン

オ　グルテリン　　カ　プロラミン

キ　硬たんぱく質

【B群】

a　水溶性で熱凝固する　　b　食塩水に可溶

c　不溶　　d　酸，アルカリに可溶

e　アルコールに可溶　　f　糖質を含む

g　色素体を含む　　h　りん酸を含む

問2　雛祭りの献立(はまぐりの潮汁　太巻きすし　桜もち)による調理実習について，あとの設問に答えよ。

【太巻きすしの作り方】

1)　米は硬めの飯になるように炊く。飯に合わせ酢をかけ，すし飯をつくる。

2)　かんぴょうは水で湿らせ，塩をつけてしなやかになるまでもみ，さっと洗い流す。かんぴょうがかぶるくらいの水で軟らかくなるまでゆでる。

3)　しいたけは水洗いしてひたひたの水につけ，もどす。

4)　3)のもどし汁と2)のゆで汁を合わせただし汁に調味料を加え，かんぴょうとしいたけを入れて煮汁がなくなるまで煮含める。かんぴょうはのりの長さに，しいたけは4mm幅の千切りにする。

5) 卵を溶いて調味料を加え，厚焼き卵をつくる。1cm角の棒状に切る。

6) にんじんは1cm角の棒状に切り，ひたひたの水に入れて調味料を加え，煮汁がなくなるまで煮含める。

7) みつばはさっとゆでる。

8) 巻きすにのりとすし飯をのせ，用意した具材を巻き込む。

9) 包丁をぬれぶきんでふきながら，1本を7～8つに切る。

(1) はまぐりの下処理方法を記せ。

(2) 合わせ酢の調味料名を記せ。

(3) 【太巻きすしの作り方】の8)について，巻き方の詳細を記せ。

(4) 高等学校家庭科における言語活動の充実を図る学習について，【太巻きすしの作り方】から例を挙げながら具体的に記せ。

(5) あんの材料となるあずきを煮るときの注意点について，次の設問に答えよ。

① あずきを浸漬しないで直接煮るのはなぜか。その理由を次のグラフから読み取れることを含めて記せ。

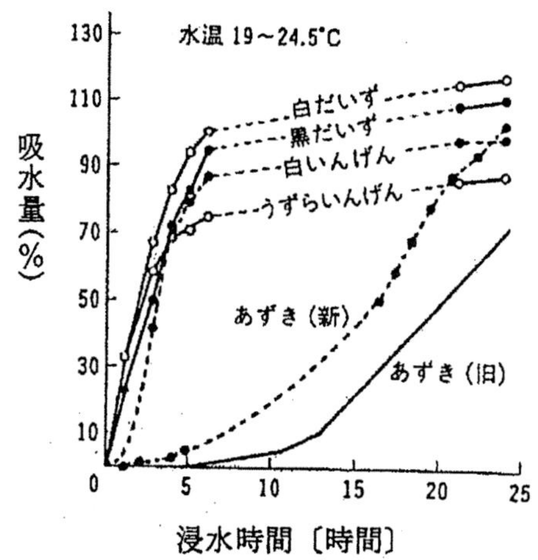

豆類の吸水曲線 （松元，1975より）

② 煮る途中で冷水を加える理由を記せ。

③ ②の後に沸騰したらざるにあけて水をかける理由を記せ。

(6) (5)の②と③の調理操作を調理用語で記せ。

(☆☆☆◎◎◎◎)

解答・解説

【中学校】

【1】問1 ① 衣食住などに関する実践的・体験的な学習活動
② 生活の自立に必要な基礎的・基本的な知識及び技術
問2 A 家庭生活と家族　B 日常の食事と調理の基礎
C 快適な衣服と住まい　D 身近な消費生活と環境
問3 第5学年 60単位時間　第6学年 55単位時間

〈解説〉小学校の家庭科は，第5学年(60単位時間)，第6学年(55単位時間)が必修となっている。中学校の教員は，小学校でどのような内容を学習してきたかを知っていることが重要である。

【2】問1 ① 親権　② 十八　問2 解答略 <評価基準>児童虐待の4種類の分類(身体的虐待，性的虐待，ネグレクト，心理的虐待)を的確に示しているかを観点として，相対的に評価する。

〈解説〉〔児童虐待の定義〕

○身体的虐待……殴る，蹴る，投げ落とす，激しく揺さぶる，やけどを負わせる，溺れさせる，首を絞める，縄などにより一室に拘束するなど

○性的虐待……子どもへの性的行為，性的行為を見せる，性器を触る又は触らせる，ポルノグラフィの被写体にする　など

○ネグレクト……家に閉じ込める，食事を与えない，ひどく不潔にする，自動車の中に放置する，重い病気になっても病院に連れて行かな

い　など

○心理的虐待……言葉による脅し，無視，きょうだい間での差別的扱い，子どもの目の前で家族に対して暴力をふるう(ドメスティック・バイオレンス：ＤＶ)　など(厚生労働省HP)

【3】問1　小学校家庭科　解答略　<評価基準>分量，色どり，食べやすさ，食器の位置等について，学習指導要領解説に沿った内容であるかを主な観点として，相対的に評価する。　中学校技術・家庭科　解答略　<評価基準>料理の外観，料理の様式等について，学習指導要領解説に沿った内容であるかを主な観点として，相対的に評価する。

問2　配膳図

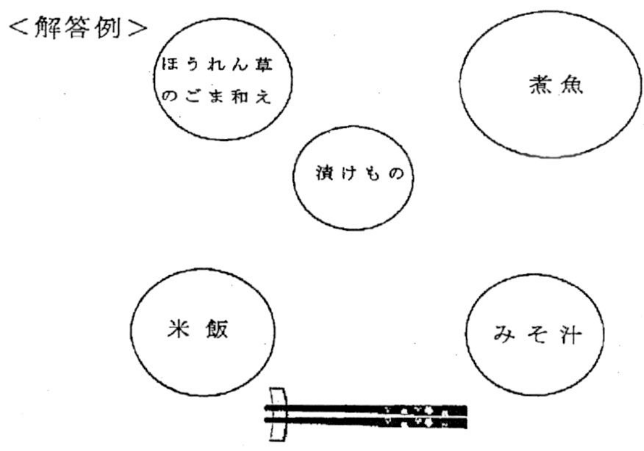

盛り付けの際に留意すべき点　ほうれん草のごま和え　解答略　<評価基準>具のバランス等を主な観点として，相対的に評価する。煮魚　解答略　<評価基準>付け合わせの位置等を主な観点として，相対的に評価する。　問3　解答略　<評価基準>火気，包丁，食品等についての安全と衛生に留意した指導であるか，事故や災害の発生を想定した指導であるか等を主な観点として，相対的に評価する。

問4　解答略　<評価基準>実態把握，情報交換，緊急措置，連携方法等を主な観点として，相対的に評価する。

〈解説〉問1　小学校学習指導要領解説　家庭科では，「盛り付け」については，料理の分量や色どり，食べやすさを考えて，盛り付けるようにする。例えば，どんな食器にどのように盛り付けるか，一人分ずつ盛り付けるか一皿にまとめて盛り付けるかなど，その相手や目的に応じて工夫するとよいことが実感的にわかるようにする。「配膳」については，食器の位置に配慮し，例えば，米飯及びみそ汁，はしなどを配膳する際には，我が国の伝統的な配膳の仕方があることが分かるようにする。＜略＞例えば，盛り付けや配膳によって，同じ料理でも食欲を喚起し，食事を楽しくするための雰囲気作りに役立つことに気付かせる学習も考えられる，と記載されている。　中学校学習指導要領解説　技術・家庭科では，盛り付けや配膳については，料理の外観がおいしさに与える影響は大きいことを理解させ，料理の様式に応じた方法でできるようにする，と記載されている。　問2　ほうれん草のごま和えは，にんじんや高野豆腐なども使い，色どりなどを工夫するとよい。また，びちゃびちゃにならないように盛りつけの直前にあえる。煮魚の盛り付けには，一例として「山水盛り」などが挙げられる。魚の頭を左に，腹を手前にし，大根おろしは右下に盛る。切り身の場合は，皮側を奥にする。　問3　調理用具については，調理実習に用いる用具を中心に正しい使い方を知り，安全に取り扱うことができるようにする。特に，小学校での学習を踏まえ，ふきんやまな板の衛生的な取扱いや包丁などの刃物の安全な取扱いができるようにする。調理用の熱源については，主に電気とガスの特徴を知り，電気やガス用の器具を効率よく安全に取り扱うことができるようにする。特に，小学校での学習を踏まえ，使用後の後始末についてはガスの元栓の閉め忘れや電源の切り忘れがないようにする。調理実習に際しては，調理に必要な手順や時間を考えて計画を立てて行い，調理の後始末の仕方や実習後の評価も含めて学習できるようにする。また，安全と衛生に留意した調理ができるようにするとともに，調理することの喜びを味わい，自ら調理することによって食生活に対する関心を高め，日常生活における実践につなげることができるようにする。　問4　食物アレルギーをもつ特定の児童生徒については，アレルギー緊急時個別対応票を整えておく。アナフィラキシーが生じた場合の対応として，流れを確認しておく。学校関係職員の役割分担の明確化と緊急事態発生に備えた予行演習の必要性がある。教職員の心構え，正しい知識も重要である。また，アナフィラキシー発生時の連絡体制の整備と緊急対応病院の確保なども重要である。

【4】問1　解答略　<評価基準>　子どもを育てる機能，精神的な機能等を主な観点として，相対的に評価する。　問2　解答略<評価基準>○題材の目標を達成するための学習活動が設定されていること　○郊外での学習における安全の確保に留意していること　○題材の目標が達成されたかを見取る評価規準と評価方法であること　等を主な観点として，相対的に評価する。　問3　解答略　<評価基準>物語の活用，ロールプレイング等を主な観点として，相対的に評価する。

〈解説〉家庭や家族の，子どもを育てる機能や心の安らぎなどの精神的な機能などの基本的な機能を取り上げ，家庭生活が地域と相互に関連して成り立っていることを理解できるようにする。指導に当たっては，生徒の生活にかかわりの深い事例を取り上げ，具体的に考えられるようにする。例えば，自分や家族の生活を支えている家庭の役割を資料や新聞等を利用して見つめ直したり，子どもの成長と地域とのかかわりについて調べたり，地域の活動や行事等を取り上げて，高齢者など地域の様々な人々とのかかわりについて話し合ったりすることなどの活動が考えられる。

【5】問1　解答略　<評価基準>小学校家庭科の内容D，中学校技術・家庭科家庭分野の内容A，B又はCとの関連，生徒のプライバシーへの配慮を主な観点として，相対的に評価する。　問2　授業等において適切かつ体系的な消費者教育を行う機会の確保　　問3　①　衣料品から文房具まで，日本工業規格に適合した生活用品　　②　おもちゃの安全基準に適合した製品　　③　メーカーの自主規制ルールに基づいた飲用牛乳　　④　目の不自由な子どもたちもいっしょに遊べるお

もちゃ　⑤　原料に，古紙を規定の割合以上利用しているリサイクル製品　問4　解答略　＜評価基準＞○生徒が見通しをもって学習を進めることができるワークシートであること　○生徒の思考の流れが把握できる構成になっているワークシートであること　○ねらいが達成されたかどうかを適切に見取り，評価することができるワークシートであること　○ワークシートのどの部分でどのねらいについて評価するのかが適切に示されていること　等を主な観点として，相対的に評価する。

〈解説〉問1　「身近な消費生活と環境」の内容は，全ての生徒に履修させる(1)「家庭生活と消費」，(2)「家庭生活と環境」の2項目で構成されている。＜中略＞これらの内容の指導に当たっては，小学校家庭科で学習した「D身近な消費生活と環境」の内容(1)「物や金銭の使い方と買物」，(2)「環境に配慮した生活の工夫」に関する基礎的・基本的な知識と技能などを基盤にして，適切な題材を設定し，「A家族・家庭と子どもの成長」，「B食生活と自立」，「C衣生活・住生活と自立」の学習と相互に関連を図り，総合的に展開できるように配慮する。なお，指導に当たっては，生徒のプライバシーに十分配慮する。　問3　マーク，取扱い絵表示などは頻出である。幅広く確認しておきたい。

【高等学校】

【1】問1　解答略　＜評価基準＞「人の一生」「生活資源」等のキーワードを主な観点として，相対的に評価する。　問2　①　自立の視点　②　次世代を生み育てる世代としての視点　③　高齢者とかかわる視点や自分が迎えるライフステージとしての視点　問3　解答略　＜評価基準＞「生活の価値や質」「豊かな生活」等のキーワードを主な観点として，相対的に評価する。　問4　ホームプロジェクトと学校家庭クラブ活動

〈解説〉問1　「人間の生涯にわたる発達と生活の営みを総合的にとらえ」とは，人間が生まれてから死ぬまでの間，身体的，精神的に変化し続け，各ライフステージの課題を達成するという生涯発達の考えに立ち，

乳幼児期，児童期，青年期，壮年期，高齢期など，人の一生という時間の経過の中で，生活の営みに必要な金銭，生活時間，人間関係などの生活資源や，衣食住，保育，消費などの生活活動にかかわる事柄を，相互に関連させて理解することを示している。(学習指導要領解説より)　問2　ここでは，人は各ライフステージの課題を達成しつつ発達するという生涯発達の視点で自分自身の一生をとらえさせるとともに，青年期，壮年期，高齢期という時間軸に沿って各ライフステージの特徴と課題を理解させる。特に，青年期は自立の視点，壮年期は次世代を生み育てる世代としての視点，高齢期は高齢者とかかわる視点や自分が迎えるライフステージとしての視点に立って扱う。(学習指導要領解説より)　問3　科目名「生活デザイン」のデザインには，人がよりよい価値に向かって行動するために計画し，考えるという意味をもたせており，生活の価値や質を高め，豊かな生活を楽しみ味わいつくる実践力を育成することを重視している。　問4　ホームプロジェクトは，学習を進める中で，各自の生活の中から課題を見いだし，課題解決を目指して主体的に計画を立てて実践する問題解決的な学習活動である。学校家庭クラブ活動は，ホームルーム単位又は家庭科の講座単位，さらに学校としてまとまって，学校や地域の生活の中から課題を見いだし，課題解決を目指して，グループで主体的に計画を立てて実践する問題解決的な学習である。(学習指導要領解説より)

【2】問1　解答略　＜評価基準＞「規範意識」等のキーワードを主な観点として，相対的に評価する。　問2　解答略　＜評価基準＞「生活産業のスペシャリスト」等のキーワードを主な観点として，相対的に評価する。　問3　食文化　調理　栄養　食品　食品衛生　公衆衛生

〈解説〉問1「生活産業を取り巻く諸課題を主体的，総合的に，かつ倫理観をもって解決し」とは，衣食住，保育，家庭看護や介護などの各分野で生じた生活にかかわる諸課題の解決に向けて進んで取り組み，科学的で論理的な方法で，生活産業に従事する者として求められる職業人としての規範意識に基づいた倫理観をもって解決できるようにする

ことを示している。(学習指導要領解説より)　問2「必要な知識と技術を習得し活用する意欲と態度を育てる」とは，衣食住，ヒューマンサービスの各分野の知識と技術を習得しようとする意欲と態度を育てるとともに，生涯にわたって必要な知識と技術を学び続け，生活産業のスペシャリストとしてそれらを活用しながら社会の要請にこたえ，生活の質の向上と社会の発展に寄与しようとする意欲と態度を育てることを意味している。(学習指導要領解説より)

【3】問1　解答略　<評価基準>語群の語句をすべて用いているか等を主な観点として，相対的に評価する。　問2　解答略　<評価基準>分類上の視点が適切であるか等を主な観点として，相対的に評価する。問3　解答略　<評価基準>「染め」と「織り」を比較しているか等を主な観点として，相対的に評価する。

〈解説〉問1　弥生時代は，女子は貫頭衣，男子は袈裟衣。古墳時代は，女子は筒袖の打ちあわせした上衣に衣裳，男子は筒袖の打ちあわせした上衣に衣褌。平安時代は，女子は十二単，男子は束帯。女性用のト衣で，「袴」や「裳」を重ねて着るのが不便になったため，この二つが一つになったものが「裳袴」。鎌倉・室町時代は，女子は衣袴，武家男子の服装は直垂。小袖は，日本の伝統的衣装の一つで，現代日本で一般的に用いられている，和服の元となった衣類。平安時代から着用されていた。江戸時代になって，代表的な小袖として，慶長小袖，寛文小袖，元禄小袖などがあり，発展した。現在では「小袖」は，束帯や十二単など宮廷装束の下着のことを指す。　問2　大裁ち＝六つ身裁ち。　男物＝男性用。　袷＝裏地のある服。　長着＝裾まである和服。　問3　染めの着物とは，先に白い生地を織り上げ，後から染めたり，模様を手書きしたりする着物のことをいう。織りの着物とは，先に糸を染め，その後で織り上げる着物のことをいう。着物では，織りの着物より，染めの着物のほうが格が高いとされる。

【4】問1　(1)　解答略　＜評価基準＞「繊維」「空気」等のキーワードを主な観点として，相対的に評価する。　語群　カ　(2)　解答略　＜評価の基準＞「樹脂加工」等のキーワードを主な観点として，相対的に評価する。　語群　ア　(3)　解答略　＜評価基準＞「繊維の伸びにくさ」等のキーワードを主な観点として，相対的に評価する。　語群　キ　問2　(1)　解答略　＜評価基準＞「見ごろそでぐり」等のキーワードを主な観点として，相対的に評価する。　(2)　③　解答略　＜評価基準＞「見ごろそでぐり」等のキーワードを主な観点として，相対的に評価する。　⑤「ひじたけ」等のキーワードを主な観点として，相対的に評価する。　(3)　解答略　＜評価基準＞そで山の高さとそで幅の関係を示しているか等を主な観点として，相対的に評価する。　問3　(1)　解答略　＜評価基準＞「アイロンの熱」「接着面の段差」等のキーワードを主な観点として，相対的に評価する。

(2)「縫い目」「シルエット」等のキーワードを主な観点として，相対的に評価する。　(3)「表目」「仕上がり」等のキーワードを主な観点として，相対的に評価する。

〈解説〉問1　(1)　繊維を中空にしたり多孔化することにより，見かけの比重を小さくしたりする。見かけの比重とは，空気など含む物体の平均比重。　(2)　洗濯した衣類にアイロンかけをしないでそのまま着用できる性能を与える加工。織物によって樹脂加工を行う。　(3)　ヤング率は，同軸方向のひずみと応力の比例定数。一方向の引張りまたは圧縮応力の方向に対するひずみ量の関係から求める。　問2　(1)　平均肩丈－腕の直径＝そで山の高さ。　(2)　③　前アームホールを4等分して印を付ける。後ろアームホールも同じく4等分して，それぞれの山の頂点に一番近いところのみに印をつける。　⑤　ひじたけを基準に，袖口をすぼめる。　(3)　そで山を高くすると，そでは下向きになる。そで山を低くすると幅が広くなるので余裕ができ，動きやすくなる。　問3　(1)　すそ上げテープは，テープ面についている接着剤を 140℃～160℃のアイロンの熱で溶融させて使用するため熱に弱い布には適さない。また，接着面に段差があると接着しにくい。布が厚い場合，しっかり押しつけるようにしないとはがれる原因となる。
(2)　ミシン縫いは，表面の縫い目が目立つ。縫い目が，手縫いに比べて堅くなり，柔らかい布のスカートなどは，すそのシルエットに影響することがある。　(3)　手縫いは，表目が目立たす，縫い目が柔らかく，布に負担がかからないので，外観上の仕上がりが良い。

【5】問1　(1)　解答略　<評価基準>「地球環境」「省エネルギー」等のキーワードを主な観点として，相対的に評価する。　(2)　解答略　<評価基準>「生産」等のキーワードを主な観点として，相対的に評価する。　(3)　解答略　<評価基準>「環境負荷の低減」等のキーワードを主な観点として，相対的に評価する。　問2　(1)　解答略
<評価基準>「有機食品」等のキーワードを主な観点として，相対的に評価する。　(2)「おもちゃ」等のキーワードを主な観点として，相対的に評価する。　(3)「古紙」等のキーワードを主な観点として，相対的に評価する。　問3　解答略　<評価基準>工夫例と特徴が合致しているか等を主な観点として，相対的に評価する。　問4「学校家庭クラブ活動」「実践的・体験的な学習活動」等のキーワードを主な観点として，相対的に評価する。　問5　解答略　<評価基準>「注文設計」等のキーワードを主な観点として，相対的に評価する。
「費用」等のキーワードを主な観点として，相対的に評価する。
「住居の管理・運営」等のキーワードを主な観点として，相対的に評価する。　問6　解答略　<評価基準>「仕事と家庭の両立」等のキーワードを主な観点として，相対的に評価する。

〈解説〉問1　(1)「環境共生住宅」とは，地球温暖化防止等の地球環境保全を促進する観点から，地域の特性に応じ，エネルギー・資源・廃棄物等の面で適切な配慮がなされるとともに，周辺環境と調和し，健康で快適に生活できるよう工夫された住宅及び住環境のことをいう。
(2)　バーチャルウォーターとは，食料を輸入している国(消費国)において，もしその輸入食料を生産するとしたら，どの程度の水が必要かを推定したものである。　(3)　ライフサイクル評価(ライフサイク

ル・アセスメント)とは，商品やサービスの原料調達から，廃棄・リサイクルに至るまでのライフサイクル全体を通しての環境負荷を定量的に算定する手法のことをいう。　問2　(1)　有機JASマーク

(2)　盲導犬マーク…目の不自由な友だちとも楽しく遊べると認められたおもちゃについているマーク(共遊玩具)。　(3)　グリーンマーク…古紙を4%以上原料に利用した製品につけられるマーク。　問3　高温多湿な梅雨のある日本では，木材や紙など自然素材が多用され，風がよく通るようにふすまや障子を使っている，など。　問4　高等学校学習指導要領解説の第2章第2節の「2　内容とその取扱い」の(2)を参照。　問6　ファミリー・フレンドリー企業とは，仕事と育児・介護とが両立できるような様々な制度を持ち，多様でかつ柔軟な働き方を労働者が選択できるような取組を行う企業をいう。1 法を上回る基準の育児・介護休業制度を規定しており，かつ，実際に利用されていること，2 仕事と家庭のバランスに配慮した柔軟な働き方ができる制度をもっており，かつ，実際に利用されていること，3 仕事と家庭の両立を可能にするその他の制度を規定しており，かつ，実際に利用されていること，4 仕事と家庭との両立がしやすい企業文化をもっていること。

【6】問1　(1)　解答略　<評価基準>「オプトアウト規制」「オプトイン規制」を用いているか等を主な観点として，相対的に評価する。

(2)　○不招請勧誘の禁止　○勧誘目的の明示　○引渡しの拒絶　○再勧誘の禁止　○クーリング・オフ　○期間内に物品を第三者へ引き渡す際の通知義務　○書面の交付義務　から2つ　　問2　(1)　解答略　<評価基準>一般のネットオークションと異なる点を示しているか等を主な観点として，相対的に評価する。　(2)　①②③　解答略　<評価基準>事例との関連を示しているか等を主な観点として，相対的に評価する。　(3)　解答略　<評価基準>・主体的に活動し表現する学習活動であるか　・事例を教材として用いた学習活動であるか等を主な観点として，相対的に評価する。　問3　(1)　ア　⑥　　イ　④

ウ　②　　エ　③　　オ　⑤　　(2)　国際消費者機構(CI)

(3)　①　解答略　<評価基準>不満・被害があった人の対応に着目しているか等を主な観点として，相対的に評価する。　②　個人の視点　解答略　<評価基準>相談したり伝えたりすることによる個人の利点を示している等を主な観点として，相対的に評価する。　社会の視点　解答略　<評価基準>情報を発信・共有することによる社会全体への効果を示しているか等を主な観点として，相対的に評価する。

〈解説〉問1　(1)　オプトアウト規制とは，最初に送られる電子メール広告の中に，消費者が電子メール広告を受け取ることを希望しない旨の意思表示をするための連絡方法が記載されており，この連絡方法に基づいて以後のメール受信を希望しない旨を送信者に伝えて，初めて電子メール広告の提供が規制される方法。オプトイン規制では，消費者からの事前の請求や承諾を得ていない電子メール広告を送付することが禁止される。　問2　(1)　ペニーオークションは，入札するごとにコインやペニーと呼ばれる通貨単位で手数料を支払うのが特徴。入札ごとに上昇する入札単位は1円，5円など少ない金額に抑えられている。出品物は主催者側が用意するのが大前提。一般オークションは，出品者が入札開始価格を設定できる。入札にはほとんどの場合手数料は発生しない。　(2)　インターネット社会に必要な3つの力として，①判断力(インターネット情報の正否，危険性の有無等を見極める)，②自制力(興味本位や好奇心等で行ったことが思わぬ犯罪やトラブルになることがあるため自らの欲求を自制する)，③責任力(インターネット社会は自己責任が原則，自分の行動について自分で責任がとれるという自覚)があげられる。加えて，「想像力」(自分が行った行為がどのような結果を生じさせるのかを十分想像できる力)等も必要と言われている。

【7】問1　(1)　解答略　<評価基準>「構成成分」「熱量」「酵素」の語句を用いているか等を主な観点として，相対的に評価する。

(2)　解答略　<評価基準>・理解を図るための手立てが明確であるか

・実験・実習以外の具体的な学習活動であるか　等を主な観点として，相対的に評価する。

(3)

	①	②	③	④	⑤
A群	ウ	オ	キ	カ	ア
B群	a	d	c	e	g

問2　(1)　解答略　<評価基準>「塩水」等のキーワードを主な観点として，相対的に評価する。　(2)　酢，塩，砂糖　　(3)　解答略　<評価基準>巻きすの扱い方を示しているか等を主な観点として，相対的に評価する。　(4)　解答略　<評価基準>太巻きすしの作り方から例を挙げているか等を主な観点として，相対的に評価する。

(5)　①　解答略　<評価基準>「吸水」「胴割れ」等のキーワードを主な観点として，相対的に評価する。　②　解答略　<評価基準>「加熱速度」等のキーワードを主な観点として，相対的に評価する。

③　解答略　<評価基準>「あく」等のキーワードを主な観点として，相対的に評価する。　(6)　②　びっくり水(差し水)　　③　しぶ切り

〈解説〉問1　(1)　食事から摂取した，エネルギー(熱量)の三大栄養素の一つがたんぱく質である。ほかに，糖質，脂質がある。たんぱく質は，アミノ酸が多数連結(重合)してできた高分子化合物で構成された成分。また，酵素は生物が作る触媒で生物に関連する全ての化学反応を触媒する。ほぼすべての酵素はタンパク質である。　問2　(1)　塩水につけ，砂をよく吐かせてから使う。　(3)　のりは一枚を使用し，すし飯は巻き終わりののりをのこして均等に置く。切ったときの色取りなどを考えて芯を置く。巻き方は，二つ折りしながら芯がずれないように，巻きすを引きながら折るようにして巻く。　(4)　<家庭>　家庭科においては，学習した知識及び技術を活用して生活に関わる諸問題を解決する能力を育む観点から，実践的・体験的な学習を通して衣食住，家族，保育，消費，環境など家庭生活の様々な事象の原理・原則を科学的に理解する学習活動や，それらに関わる知識と技術を実際の生活上の意思決定や問題解決に活用するなどの学習活動を充実する。特に，

学習した知識と技術を生かして，自己の家庭生活や地域の生活と関連付けて生活上の課題を設定し，解決方法を考え，計画を立てて実践することを通して生活を科学的に探究する方法や問題解決の能力を身に付けさせることを目的とする，「ホームプロジェクトと学校家庭クラブ活動」を充実する。　○　合理的な判断力や創造的思考力，問題解決能力の育成を図るため，衣食住などの生活における様々な事象や科学性を説明する活動や判断が必要な場面を設けて理由や根拠を論述したり，正解が一つに絞れない課題を考える際，最適な解決方法を探究したりする学習活動を充実する。　○　乳幼児との触れ合いや高齢者との交流等を通して自己の考えを明確にし，自己を表現し，他者を理解し，他者と意見を共有し，互いの考えを深めることなどの協同的な関係を築く学習活動を充実する。　○　衣食住などの生活における様々な事象やものづくりなどに関する実践的・体験的な活動を一層重視し，その過程で様々な語彙の意味を実感を伴って理解させる学習活動を充実する。(言語活動の充実に関する指導事例集【高等学校版】より)　　(5)　①　あずきの表皮は硬く水に浸漬しても表皮からはとんど吸水しない。また，側面の胚座から少しずつ吸水し，内部の子葉が先に膨潤して胴割れを起こしやすいため，浸漬しないでそのまま加熱することが多い。　②　びっくり水を加えることにより豆表面の熱を一時的に下げ，中まで水が吸収されるための時間を作るため(びっくり水又は，差し水)。　③　皮や子葉に含まれるタンニンやあく・渋みを除くため(しぶ切り)。

2013年度　実施問題

【中高共通】

【1】「平成24年度学校教育の指針　本年度の重点」(秋田県教育委員会)に示された，「家庭，技術・家庭，情報」の重点である，①「学んだ知識及び技能(技術)を生活で活用する力の育成」，②「教科の特質を踏まえた言語活動の充実」について，それぞれの具体的な手立てを記せ。

(☆☆☆◎◎◎)

【中学校】

【1】次の文は，「中学校学習指導要領解説　技術・家庭編」(平成20年9月文部科学省)「第2章　第3節　家庭分野　2家庭分野の内容　B食生活と自立」より抜粋したものである。下の設問に答えよ。

(内容の取扱い)

エ　食に関する指導については，技術・家庭科の特質に応じて，食育の充実に資するよう配慮すること。

問1　下線部の「技術・家庭科の特質に応じて，食育の充実に資するよう配慮する」とは具体的にどのようなことか記せ。

問2　「第2期秋田県食育推進計画『食の国あきた』推進運動アクションプログラム」(平成23年3月秋田県農林水産部流通販売課)の取組の中で，朝食の摂食率(毎日食べる)を，中学校では平成21年度の87.6%から，平成27年度には92%まで引き上げようという目標が示されている。この目標を目指すために，技術・家庭科(家庭分野)ではどのような手立てが考えられるか，具体的に記せ。

(☆☆☆◎◎◎)

【2】次の文は，「中学校学習指導要領解説　技術・家庭編」(平成20年9月文部科学省)「第2章　第3節　家庭分野　2家庭分野の内容　B食生活と自立」より抜粋したものである。あとの設問に答えよ。

(3)　日常食の調理と地域の食文化について，次の事項を指導する。

ア　基礎的な日常食の調理ができること。また，安全と衛生に留意し，食品や調理用具等の適切な管理ができること。　—中略—

魚や肉については，煮る，焼く，炒めるなどの加熱調理を扱い，種類によって調理法が異なることや主な成分であるたんぱく質が加熱によって変性・凝固し，固さ，色，味，においが変化するため，調理の目的に合った加熱方法が必要であることを理解できるようにする。　—中略—

調理用の熱源については，主に電気とガスの特徴を知り，電気やガス用の器具を効率よく安全に取り扱うことができるようにする。　—以下略—

問1　肉類に主に含まれる栄養素の特徴について記せ。

問2　肉類の加熱による変化について，①固さ　②色　③味　④においの観点から具体的に記せ。

問3　調理用熱源のIHクッキングヒーターとガスコンロについて，それぞれ使用上のメリット，デメリットを記せ。

問4　牛肉のヒレ，肩ロース，バラ，豚肉のロース，肩ロース，モモの各部位の特徴と適している調理例を記せ。

問5　国内では牛トレーサビリティ制度が運用されている。その目的と仕組みについて記せ。

問6　肉類の調理上の性質を踏まえたハンバーグの加熱の仕方を理解させるために，調理実験を第1時，調理実験後の振り返りを第2時とし，2時間扱いで調理実習の事前学習となる小題材を構想することとした。次の欄にある事項を踏まえ，第2時(50分間)を本時とする学習指導案を完成させよ。

○本時のねらい

・調理実験の結果の振り返りを通して，肉類の調理上の性質を踏まえたハンバーグの加熱の仕方を理解することができる。

(生活や技術についての知識・理解)

○生徒の実態

・第2学年30名(男子15名，女子15名)が対象。調理実験は1班5人，6班編制で実施。

・生徒はこれまでB(1)「中学生の食生活と栄養」及び(2)「日常食の献立と食品の選び方」を履修済み。

○第1時で扱う調理実験について

・火加減の違いによる比較実験とする(他は同じ条件)。

○学習指導案を作成する上で考慮すべき事項

・調理実験の結果についてレポートを作成する学習活動を設定する。その際，レポート作成の観点についても学習指導案の中に具体的に示すこと。

・教科の特質を踏まえた言語活動の充実を意識した学習指導案とする。(教師の指導・支援の中に具体的に示し，それに当たる部分に下線を引くこと。)

(☆☆☆◎◎◎)

【3】次の文は，「中学校学習指導要領解説　技術・家庭編」(平成20年9月文部科学省)「第2章　第3節　家庭分野　2家庭分野の内容　A家族・家庭と子どもの成長」より抜粋したものである。下の設問に答えよ。

(3)　幼児の生活と家族について，次の事項を指導する。

—中略—

ウ　幼児と触れ合うなどの活動を通して，幼児への関心を深め，かかわり方を工夫できること。—以下略—

(内容の取扱い)

ウ　—中略—(3)のウについては，幼稚園や保育所等の幼児との触れ合いができるよう留意すること。

問1　幼稚園と保育所での触れ合いの他に，どのような触れ合い方が考えられるか記せ。

問2　幼稚園と保育所について，違いを明確にし，それぞれの特徴を具体的に説明せよ。

問3　幼児と直接的な触れ合い体験を行う事前学習として，3歳児における発達の段階の特徴と関わり方について，トラブルが発生した場面のロールプレイングを通して生徒に理解させる授業を行うこととした。3歳児における発達の段階の特徴を示し，次の事項を踏まえて，ロールプレイングのシナリオを作成せよ。また，作成したシナリオのようなトラブルが起きたときの，望ましい関わり方について具体的に記せ。

・対象生徒は第3学年40名(男子20名，女子20名)。3歳児との触れ合い体験は全員初めてのものとする。

・ロールプレイングは，3歳児2名(A児，B児)によるトラブルの場面とする。

・30秒程度で演じられるシナリオとする。

(☆☆☆◎◎◎)

【４】衣生活に関する次の設問に答えよ。

問1　繊維の種類と手入れに関する性質について，次の表中の＿＿＿部①～⑥に適切な語句や数値を入れよ。

繊維の種類			洗濯に適する洗剤	繊維に適したアイロン温度
天然繊維	植物繊維	麻	①＿＿＿＿性	高温 (③＿＿＿～＿＿＿℃)
		綿		
	動物繊維	毛	②＿＿＿＿性	中温 (④＿＿＿～＿＿＿℃)
		絹		
化学繊維	ポリエステル		弱アルカリ性	中温
	アクリル			⑤＿＿＿＿＿温 (⑥＿＿＿～＿＿＿℃)
	ナイロン			
	ポリウレタン			

問2　洗剤によって衣服の汚れが落ちる過程を，界面活性剤の分子モデル【A】を使って4段階で図示し，【B】の語句を用いて説明せよ。また，それぞれの段階が界面活性剤のどのような作用によるものかを記せ。

【A】　○――

【B】　親水基　　親油基　　ミセル

問3　次の意味をもつ既製服の取扱い絵表示を図示せよ(JIS：日本工業規格による表示とする)。

(1)　日かげのつり干しがよい。

(2)　塩素系漂白剤による漂白はできない。

問4　秋田県内の伝統的な衣文化について，次の中から一つ選択し，その歴史や特徴等を具体的に記せ。

秋田八丈　　亀田(天鷺)ぜんまい織　　鹿角茜染・紫根染

浅舞絞り

(☆☆☆◎◎◎)

【高等学校】

【1】高等学校学習指導要領(平成21年3月告示)第2章　第9節　家庭　に関して，次の設問に答えよ。

問1　共通教科としての家庭科の科目は下記のとおりである。各科目に関する次の(1)と(2)を答えよ。

共通教科　科目名

家庭基礎

家庭総合

生活デザイン

(1)　標準単位数

(2)　改善の要点

問2　高等学校家庭科において，食育の充実を図る上でどのような指導が求められるか，説明せよ。

(☆☆☆◎◎◎)

【2】高等学校学習指導要領(平成21年3月9日　文部科学省)第3章　第5節　家庭　に関して，次の設問に答えよ。

問1　科目編成について，従前の「被服製作」はどのように整理分類されたか，簡潔に説明せよ。

問2　以下は，第2款　各科目　第2　課題研究　より抜粋したものである。あとの設問に答えよ。

1　目標

a生活産業の各分野に関する課題を設定し，その課題の解決を図る学習を通して，専門的な知識と技術の深化，総合化を図るとともに，問題解決の能力や自発的，創造的な学習態度を育てる。

2　内容

(1)調査，研究，実験　　(2)作品製作

(3)産業現場等における実習

(4)職業資格の取得　　(5)学校家庭クラブ活動

3　内容の取扱い

(1)内容の構成及びその取扱いに当たっては，次の事項に配慮するものとする。

ア　生徒の興味・関心，進路希望等に応じて，内容の(1)から(5)までの中から個人又はグループで適切な課題を設定させること。なお，b課題は内容の(1)から(5)までの2項目以上にまたがる課題を設定することができること。

イ　課題研究の成果について発表する機会を設けるようにすること。

(1)　下線部aについて，生徒が課題を設定できるようにするための，指導者が留意すべき点を簡潔に記せ。

(2)　下線部bについて，どのような課題設定が考えられるか，具体例を挙げて記せ。

(3)　専門教科・科目の履修に関して，特例として「課題研究」との相互の代替が可能である。①　教科等の名称　　②　代替を可能とする理由　　③　代替する際の留意点 を簡潔に記せ。

問3　第2款　各科目　第7　生活と福祉　2内容　(4)生活援助と介護の実習　ア生活援助の実習　の指導について，次の設問に答えよ。

(1)　生徒に習得させる生活援助に関する技術にはどのようなものがあるか，記せ。

(2)　「高齢者に関わる消費者問題」という題材について，具体的な指導の構想を記せ。

(☆☆☆◎◎◎)

【3】次の(1)から(3)の語句について，簡潔に説明せよ。

(1)　フェアトレード

(2)　トレーサビリティシステム

(3)　スケルトン・インフィル方式

(☆☆☆◎◎◎)

【4】日常生活と福祉について，次の設問に答えよ。

問1　高齢期の知的能力の特徴について，次の図から読み取れることを説明せよ。

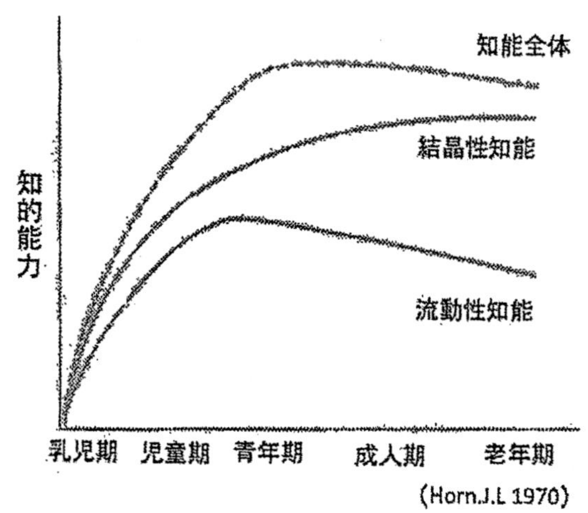

流動性知能と結晶性知能の発達的変化のモデル
(厚生白書　平成９年度版より)

問2　要介護認定の仕組みについて，板書を想定した図を書き，説明せよ。

問3　ユニバーサルデザインについて説明せよ。また，身近にある製品例を挙げよ。

問4　介助の学習として車いす体験を行うことにした。次の設問に答えよ。

(1)　車いすの取扱いに関する留意点を2点記せ。

(2)　介助する前に行うべき安全点検事項を3点記せ。

(3)　段差を降りるときの介助方法を簡潔に記せ。

(☆☆☆◎◎◎)

【5】保育について，次の設問に答えよ。

問1　次の(1)から(3)の理由を，図を示した上で発達の特徴から説明せよ。ただし，説明にはそれぞれの【　】内の語句を用いることとする。

(1)　乳児の頭部をむやみに押したりしてはいけない。【化骨】

(2)　授乳後はげっぷをさせ，授乳の際に飲み込んだ空気を出させる。【噴門】

(3)　首のすわっていない乳児を抱くときは，横抱きにして乳児の首をしっかり受けとめて抱く。【脊柱】

問2　我が国の子育て支援策について，文中の(①)から(⑤)にあてはまる適切な語句を語群より選び，記号で答えよ。

子どもは，次の時代を担う大切な人材であり，社会全体で子どもを育てていくことが大切である。そのため，国は，(①)を施行し，親が育児に取り組みながら，安心して職業生活を継続できるよう支援している。

小学校低学年の児童に対しては，2007年度から(②)が実施されている。また，2010年度から5年間で取り組む少子化対策の方向性をまとめた(③)が策定され，家族や親など子育てを担う個人に過重な負担がかかる現状から，社会全体で子育てを支え，個人の希望を実現する社会へと変えていくことをかかげている。(④)を重視した仕事と家庭の両立支援や，男女の働き方の見直しも進められている。

多様化する保育ニーズに対応するため，子どもをあずかる人とあずけたい人が登録して会員になる制度である(⑤)も行われている。

また，地域によっては，保育士などの資格をもった保育ママが，あずかった子どもを自宅で保育する家庭的保育事業も利用できる。

【語群】 a　子育てネットワーク
b　ファミリー・サポート・センター事業
c　子ども・子育てビジョン
d　放課後子どもプラン
e　育児・介護休業法
f　ワーク・ライフ・バランス
g　男女共同参画基本法
h　保育所待機児童対策

(☆☆☆◎◎◎)

【6】衣生活について，次の設問に答えよ。

問1　次の(1)と(2)について，説明せよ。

(1)　衣服の輸入浸透度　　(2)　衣服のマテリアルリサイクル

問2　次の(1)から(3)のそれぞれについて，立体構成と平面構成の特徴を答えよ。

(1)　縫製　　(2)　着装　　(3)　収納

問3　次の設問に答えよ。

ホームプロジェクトを夏休み中の課題にしたところ，一人の生徒から祖母の常備薬を入れるための巾着袋の作り方を教えてほしいという申し出があった。

(1)　上記の場合，ホームプロジェクトのねらいを踏まえてどのような指導をしていくか，主な指導内容を記せ。

(2)　巾着袋の作り方について，次の設問に答えよ。

①　型紙の置き方を図示せよ。但し，次の条件に従うこととする。

・用布の幅は適宜とする。

・型紙の大きさは，出来上がりの長さの2倍に12cmを加え，幅は4cmを加えたものとする。

・布目線を矢印⟷，出来上がり線は細線――，縫いしろ線は太線━━で表すこと。

・縫いしろの分量を付記すること。

・底の部分，布の面を付記すること

② 作り方を手順に沿って記せ。ただし，次の条件に従うこととする。

・ミシン縫いと手縫いによる製作とする。

・次の語句を用いること。　返し縫い　　中表　　三つ折り

・地直しと柄合わせは考えなくてもよい。

・巾着袋はマチ無しとする。

問4　秋田県内の伝統的な衣文化について，次の中から一つ選択し，その歴史や特徴等を具体的に記せ。

秋田八丈　　亀田(天鷺)ぜんまい織　　鹿角茜染・紫根染

浅舞絞り

(☆☆☆◎◎◎)

解答・解説

【中高共通】

【1】① 基礎・基本的な知識・技能(技術)を学習した後，それらを活用して生活の中のある問題をパフォーマンス課題として与える。生活で活用する力がついたかどうかを評価する評価項目を予め立てておき，生徒もそれらを達成するように問題解決をする。　② 実験・実習や体験活動はただ実施するだけでなく，記録や考察をまとめさせ，その際に学習した教科特有の用語を実感をもって理解して使うことができる。それらを積み重ねてポートフォリオを作成させることにより言語活動も積み重ねができる。さらにそれらを展示や口頭などで発表する機会があれば，生徒同士で教科特有の言語を共有しながら習得するこ

とができる。

〈解説〉① 題材・教材の開発・精選，実践的・体験的な学習活動，家庭や地域との連携などを考えるとよい。 ② 教科特有の言語，実践的・体験的な学習活動，実感を伴った理解などを念頭において考えるとよい。

【中学校】

【1】問1 食事の重要性，心身の成長や健康の保持増進の上で望ましい栄養や食事のとり方，食品の品質及び安全性等について自ら判断できる能力，望ましい食習慣の形成，地域の産物，食文化の理解，基礎的・基本的な調理の知識と技術などを総合的にはぐくむ。また，家庭や地域との連携を図りながら健康で安全な食生活を実践するための基礎が培われるよう配慮する。 問2 朝食は脳を活性化し，体温を上げる働きをするので，1日の活動のための生体リズムを整えるのに必要であり，家族と協力して毎朝摂るように工夫する。

〈解説〉問1 食育は学校教育全体で取り組むべきものだが，学習指導要領の技術・家庭科家庭分野は，内容B「食生活と自立」において中学生の食生活と栄養，日常食の献立と食品の選び方，日常食の調理と地域の食文化について取り上げることになっており，食に関する知識・食を選択する力という食育の目的を中心的に担う学習であり，さらに調理の技能により健康な食生活を実践する力を習得することになる。 問2 健康によい食習慣は1日3食を規則正しく摂ることが重要である。特に朝食は炭水化物が脳のエネルギーとなって脳を活性化し，たんぱく質は体温を上げる働きをするので，1日の活動のための生体リズムを整えるのに必要であることを理解させ，朝食をとる時間の工夫や，食事内容を簡単なものから次第に栄養バランスのとれたものにしていく計画を立て，家族と協力して摂るようにするなどの授業での取り組みが考えられる。

【2】問1　必須アミノ酸を多く含む良質のたんぱく質が多く，肉質や部位によっては脂質も多い。ビタミンA，B_1，B_2，無機質も豊富である。
問2　①　固さ…加熱によりたんぱく質が凝固して固くなる。表面を焼き固めて肉汁の流出を防ぐ。　②　色…肉の赤ないしはピンク色は加熱により白っぽくなる。焦げると褐色になる。　③　味…加熱により水分が蒸発し，味はうまみを増す。脂肪が熱で溶解してうまみとなる。　④　におい…肉の種類により独特のにおいや臭みがある。香辛料などで臭みを消したり，焼き目をつけて香ばしくする。
問3　【IHクッキングヒーター】　メリット…・炎がなく安全
・こげつき汚れがない　　デメリット…・火力の立ち上げが遅い
・鉄製の鍋しか使えない　　【ガスコンロ】　メリット…・火力の立ち上げが早い　　・土鍋など鉄以外の鍋も使える　　デメリット…ふきこぼれや風で炎が消えたり空気が十分ないと一酸化中毒になり危険など　　問4　牛肉ヒレ…肉質はやわらかく脂肪が少ない。ロースト・ステーキ・カツレツに適している。　牛肉肩ロース…肉質はやわらかく適度に脂肪がある。ロースト・ステーキに適している。　牛肉バラ…肉質はやわらかく脂肪が多い。シチュウ・カレーなど煮込み料理に向いている。　豚肉ロース…肉質はやわらかく脂肪が適度にある。ソテー・カツレツに適している。　豚肉肩ロース…肉質はやわらかく脂肪は適度にある。ソテーに向いている。　豚肉モモ…肉質はやわらかく脂肪が少ない。ソテー・煮物に向いている。　問5　目的…食肉の安全性に対する消費者の信頼を確保する。BSEの蔓延を防止する。仕組み…食肉の生産・加工・流通・販売の各過程の記録をとり，食肉の全ての履歴情報を提供できるシステム。　問6　【学習指導案】導入(5分)…前時の調理実験の結果を再確認する(火加減と肉の固さ，肉汁の出方，味・香りについて)。　学習課題…おいしいハンバーグの焼き方のこつを提案しよう。　学習活動(30分)…レポート作成＝各班で前時の実験を火加減の条件別に結果を表にまとめる。おいしいハンバーグを作るにはどの火加減がよいか理由を書いて結論を出す。
発表＝各班の結果をクラスで発表する。まとめとして，始めは強火で両面の表目をかため，次に中火で中まで火を通すことを確認する。
まとめ(15分)…肉類の性質として熱凝固すること，肉の中まで火を通すには火加減をすること，ハンバーグの焼き方の方法と理由が理解できたか確認する。

〈解説〉問1　肉類は必須アミノ酸を多く含む良質のたんぱく質が多い。その他，肉質や部位によっては脂質が多く，これらは飽和脂肪酸であり，とり過ぎると血中コレステロールを増やす。ビタミンA，B_1，B_2，無機質も多い。　問2　解答参照。　問3　IHクッキングヒーターとガスコンロには，それぞれメリットとデメリットがあるが，安全性についてまずは把握しておこう。　問4　牛肉と豚肉のほかに鶏肉についても部位の特徴や料理例を整理しておこう。　問5　牛のBSE(牛海綿状脳症)問題がおこったことがきっかけになった。現在では，米など多くの食品について実施されている。　問6　ねらいにせまる学習課題を示すこと　・課題を解決するための学習活動を適切に設定すること　・レポート作成の観点について具体的に示すこと　・教科の特質を踏まえた言語活動の充実に当たる部分を適切に示すこと　・教師の指導・支援が適切であること　・ねらいに沿った評価基準と評価方法であること　などを念頭において学習指導案を作るよう心がけるとよい。

【3】問1　子育て支援センターや育児サークルの親子との触れ合いや，教室に幼児を招いての触れ合いなど。　問2　幼稚園…文部科学省所轄，学校教育法に基づく，対象は満3歳から就学までの幼児，保育者は幼稚園教諭，保育時間は1日4時間が標準(最近は預かり保育もある)保育所…厚生労働省所轄，児童福祉法に基づく，対象は保育に欠ける0歳から就学までの乳幼児，保育者は保育士，保育時間は1日8時間が原則，従って食事，おやつ，昼寝などが入る。延長保育も行われている。　問3　3歳児の発達段階の特徴…友達と遊ぶことを喜ぶが相手の気持ちはまだよくわからず，けんかが多い。　ロールプレイングのシナリオ…ままごと遊びをしていた2人がどちらが誰の役をするかでけ

んかになった，保育園のおもちゃの取り合いになった，友達の持っているおもちゃを使いたがって取り合いになったなど。　関わり方…友達のおもちゃを使いたがった場合，使いたがった子どもBには「友だちの○○はいいね。遊びたいね。」と気持ちを受容する。おもちゃを持っている子どもAにも「Aちゃんの大事な○○なのね」と気持ちを認める。それぞれ自分の気持ちを(親など周囲の人に)受け止められたことで満足し，Bには我慢しようね，Aにはちょっと友だちに貸してあげようかというと，それぞれ受け入れる気持ちが生まれてくる。

〈解説〉問1　事前の打ち合わせを十分行い，幼児及び生徒の安全に配慮することが大切である。また，地域の実態に応じた触れ合いの工夫が定説である。　問2　近年，大都市圏を中心に待機児童の問題が社会問題となっている。幼稚園と保育所の違いと共に今後の動向に注意しておこう。　問3　30秒程度のシナリオを示すので，簡潔な構成を考えることが大切である。

【4】問1　①　弱アルカリ(性)　②　中(性)　③　180～210(℃)　④　140～160(℃)　⑤　低(温)　⑥　80～120(℃)　問2　①　吸着作用＝界面活性剤の親油基は汚れと繊維の表面に集まって吸着する。　②　浸透作用＝界面活性剤は汚れと繊維の間に浸透して汚れがはがれていく。　③　乳化・分離作用＝取り出された汚れが細かくなり，洗液中に分散する。　④　再汚染防止作用＝汚れと繊維の表面が界面活性剤に覆われ，汚れが再び繊維に付着することを防ぐ。

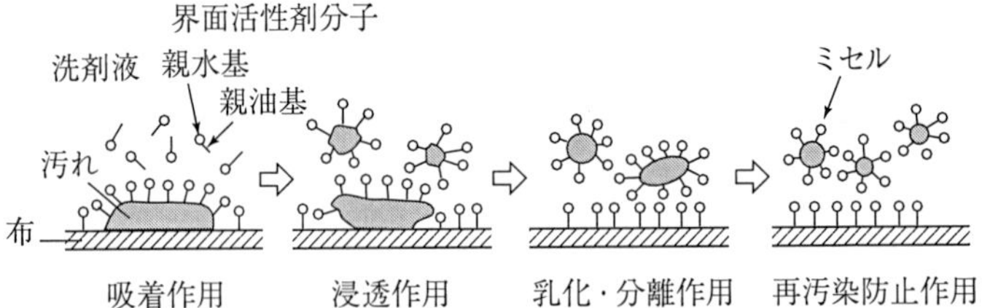

問3　(1)　　　　(2)

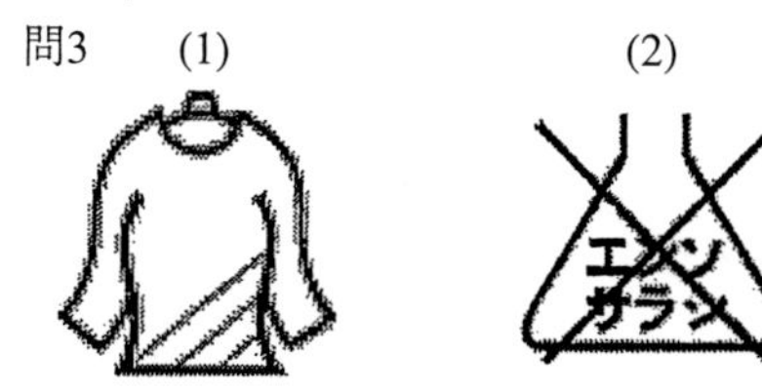

問4　(選択例)秋田八丈…現在の北秋田市でかつて評判が高かった，ハマナスや山つつじを染料とする黄八丈。現在も伝統が復活している。

〈解説〉問1　洗剤はアルカリ性の方が油汚れはよく落ちるが動物性繊維はアルカリに弱いので中性洗剤を用いる。植物性繊維は熱に強いが，動物性繊維や化学繊維(特にナイロン)は熱に弱い。　問2　解答参照。問3　その他の取扱い絵表示やISO14000の規格表示も調べておこう。問4　(解答以外の選択例)亀田(天鷺)ぜんまい織…秋田県亀田町(現 由利本荘市)産。ぜんまい綿と綿花を混ぜて織ったもので防水性と防虫性がある。　鹿角茜染(かづのあかねぞめ)・紫根染(しこんぞめ)…染料に茜または紫草を用いた無地または絞り染。媒染剤に錦織木の灰汁を用いて何度も染める。奈良時代からあったが江戸時代に発展し，化学染料ができてからは衰退した。　浅舞絞り(あさまいしぼり)…江戸時代に横手市の浅舞地区で発展した綿織物の藍染。柄は200種類以上あり，優れたものは珍重された。現在は保存会が伝承している。

【高等学校】

【1】問1　(1)　標準単位数　家庭基礎…2単位　　家庭総合…4単位　生活デザイン…4単位　　(2)　改善要点　家庭基礎…青年期の課題である自立と共生の能力をはぐくみ，生活設計の学習を通して生活を主体的に創造する能力や態度を育てることを重視する。　家庭総合…生命の誕生から死までの生涯を見通し，親の役割や子育て支援，高齢者理解，消費生活と環境，生活文化などについて総合的に学び，家庭や地域の生活をマネジメントできる力を育てる。　生活デザイン…生活の技術や文化的価値を理解し，将来の生活設計をする力を育てるとともに，食育を推進する実践力を高める。　問2　栄養，食品，調理お

よび食品衛生についての知識と技術を科学的に理解させるとともに，生涯を通して健康で安全な食生活をいとなむための実践力を実習を通して身につけさせる。また，実生活への活用につながるようにする。

〈解説〉問1　(1)　各科目の標準単位数は高等学校学習指導要領の第1章総則で示されている。　(2)『高等学校学習指導要領解説　家庭編』第1部第1章の「第1節　改訂の趣旨」では，改訂の経緯・趣旨・要点が詳述されているので，熟読して十分に理解しておこう。

問2　『高等学校学習指導要領解説　家庭編』第1部第3章の「3　内容の取扱いに当たっての配慮事項」の(3)に詳述されている。なお，秋田県では「食の国あきた」推進運動に取り組んでいるので，資料などを参照しておこう。

【2】問1「被服製作」，は基礎を学ぶ「ファッション造形基礎」と，さらに専門的な被服製作の知識・技術を学ぶ「ファッション造形」とに分かれた。　問2　(1)　衣食住やヒューマンサービスなどの生活産業に対する消費者のニーズや産業界の進展などの情報を提供し生徒の興味関心を喚起する。　(2)　例えば調査・研究・実習であれば，それだけでなく作品製作などを組み合わせて解決すべき課題を設定する。

(3)　①　総合的な学習の時間　　②　総合的な学習の時間においても問題解決能力や自ら課題をみつける自発的な学習態度を育てるので。

③　課題研究と同様な問題解決学習を含むこと。　問3　(1)　高齢者が地域で自立生活ができるように，調理，洗濯，掃除，買物などの生活援助をする技術。　(2)　高齢者にかかわる消費者問題には悪質商法やオレオレ詐欺があるが，高齢者の様子に気をつけたり，日頃のコミュニケーションにより未然に防いだ事例をロールプレイングするなど，高齢者に接するための演習を述べる。

〈解説〉問1　専門教科の家庭は，改訂前は19科目であったが，20科目になった。　問2　(1)　生徒の興味・関心の喚起などをキーワードにしてまとめるとよい。　(2)　2項目以上の課題設定を組み合わせることが大切である。　(3)　①　専門教科「家庭」の他，農業，工業，商業，水産，情報の各教科の中の科目「課題研究」は，総合的な学習の時間に代えることができる。　②　総合的な学習の時間との共通点として，問題解決の能力や自発的な学習態度を育てることが考えられる。

③　同様の問題解決が期待できることを念頭にまとめるとよい。

問3　(1)　調理，掃除などをキーワードにまとめるとよい。

(2)　演習を取り入れたり，対応や防止策についても触れるとよい。

【3】(1)　開発途上国では低い賃金で過酷な労働をさせられて収穫したものが貿易されることが多い。これに対し，途上国の労働条件や経済的自立を支援し，伝統的な生活文化も守りながら，先進国と公平な貿易や取引を支援する運動。　(2)　牛のBSE(牛海綿状脳症)問題がおこったことがきっかけになり，食品の生産・加工・流通・販売の各過程の記録をとり，食品の全ての履歴情報を提供できるシステム。これにより食品の安全性に対する消費者の信頼を確保しようとする。

(3)　住宅のスケルトン(建物の骨格・構造体)とインフィル(内装・設備)を分けて造り，骨格に耐久性を持たせ，内装は住まい手のニーズに合わせて自由に変えられるようにして，建物を長持ちさせるような方式。

〈解説〉(1)　開発途上国，経済的自立，公平な貿易などがキーワードである。　(2)　牛のBSE(牛海綿状脳症)問題がおこったことがきっかけでBSEの蔓延の防止と消費者の信頼を確保する目的で導入された。現在では，米など多くの食品について実施されている。　(3)　高度の耐用性と住まい手のニーズやライフステージとを組み合わせた住宅である。SI住宅ともいう。

【4】問1　高齢期の知的能力は，新しい情報を取り入れるなどの流動的知能は低下するが，経験から全体的に判断をする結晶性知能は低下せず，全体として必ずしも知能が低下するとはいえない。

問2

要介護認定の申請	訪問審査・医師の意見書	認定審査 一次 二次	要介護度の認定 (不服申し立て)	ケアプラン 介護予防ケアプラン	介護給付サービス開始

説明…①本人か家族が住んでいる市区町村に申請。→　②本人からの聞き取り調査と医師による介護程度の意見書→　③訪問調査票によるコンピュータ判定と，市町村の介護認定審査会による審査→　④要支援1・2,　要介護1～5の判定と通知。不服申し立てができる。→　⑤自分や家族，またはケアマネージャーと相談して利用するケアプランを立てる。(在宅＝訪問介護，入浴，リハビリ，デイケア，ショートステイ，福祉用具　施設＝特養，老人保健施設，介護療養型医療施設)→　⑥ケアプランの見直し，6ヶ月ごとの認定更新　　問3　説明…年齢や性別，障害の有無などにかかわらず，だれもが快適に生活できるようなデザイン。日用品から建物まで全てにあてはまる。　製品例…段差がなく広い入り口，広いトイレ，使いやすいドアノブや水栓など。問4　(1)　・車椅子に乗り降りさせるときはブレーキをかけ，フットレストはあげておく。　・発進時やキャスタ(前輪)をあげるときは声をかける。　・乗っている人の安全を第一にして不安感を持たせない。(2)　・乗り降り時，ブレーキはかかっているか　　・フットレストはあげてあるか　　・安全ベルトをしめたか　　(3)　後ろ向きになり，ティッピングレバーをふんで，前輪を上げたまま後輪をゆっくり後ろへ下ろす。

〈解説〉問1　流動性知能は新しい場面への対応や状況に素早く柔軟に対応する能力であり，結晶性知能は知識や経験の積み重ねによる能力である。この2つをグラフから読み取ればよい。また，知能全体の特徴を適切に読みとってまとめるとよい。　問2　段階に分けて図と説明を対応させること。不服申し立てができる，6ヶ月ごとの認定更新などの説明も忘れないこと。　問3　ユニバーサルデザインとともにバリアフリーデザインについてもまとめておこう。1950年代にデンマークで起きたノーマライゼーション運動がもとになっている。

問4　(1)　車いす各部の役割や安全面などを再確認しておこう。

(2) 車いすの安全点検における基本操作事項である。点検や操作を誤ると重大事故につながりかねないので，しっかり理解しておこう。
(3) 介助される人の立場を考えることが最も大切である。

【5】問1 (1)

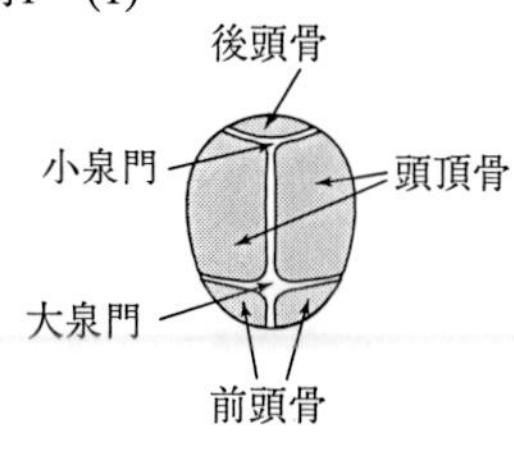

乳児の頭蓋骨

理由説明…乳児の頭蓋骨は出産の時，産道を通りやすいように大泉門，小泉門のような隙間があり，軟骨が多い弾力性のある骨でできているので押してはいけない。成長にしたがってカルシウムが沈着して硬骨となるが，これを化骨という。

(2)

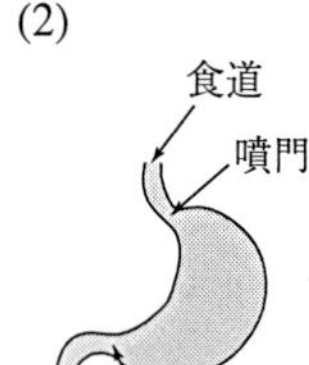

理由説明…乳幼児は胃の入り口である噴門の閉鎖が不完全なため，乳を飲んだ後吐き出しやすい。その際の窒息を防ぐため，げっぷで空気を出させる。

(3)

新生児

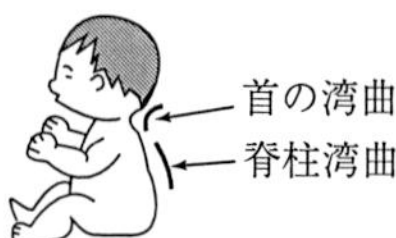

乳児(3，4カ月)

理由説明…乳児は3，4カ月までは脊柱の湾曲がなく，頭を支えられないので首をしっかり受け止めて抱く。脊柱の湾曲は体重を支え，脳への衝撃を和らげる働きをする。　問2　① e　② d　③ c　④ f　⑤ b

〈解説〉問1　図と説明がよく対応しているか確認するとよい。
(1)　化骨とは軟骨がカルシウムの沈着で硬い骨になることをいう。
(2)　噴門は胃の入り口で成人はしっかり閉じているが乳幼児は不完全である。　(3)　脊柱の働きにはいろいろあるが湾曲によって体を支えている。　問2　少子化対策が出発となり子育て支援の施策は1995年からのエンゼルプランに始まり，第4期ともいえる子ども・子育てビジョンが策定され，地域の支えあいを重視している。

【6】問1　(1)　衣服の輸入浸透度は，輸入点数÷国内供給点数×100で表され，国内供給点数は，生産点数＋輸入点数－輸出点数　である。1990年までは輸入点数と生産点数が半々だったが，近年は輸入点数がほとんどをしめ，輸入浸透率は90％以上となった。輸入元は中国が8割以上をしめる。　(2)　不要衣服を再利用すること。資源として回収された衣服は中古衣料として流通する他は繊維に戻して中綿やクッション・断熱材などの原料として再生される。国内で年間100万トンの衣服が廃棄されていることから，リサイクルが必要である。
問2　(1)　立体構成の縫製…体の凹凸に合わせて立体的な形にするため，いせ込みやギャザー，タックなどの技術を用いる。　平面構成の縫製…直線に縫い合わせることが多い。縫い目にはきせをかけて糸が見えないようにするとともに布が引っ張られたときのゆとりをもたせる。　(2)　立体構成の着装…体に沿って立体的なのでそのまま着ればよい。あきはボタンやファスナーで閉める。　平面構成の着装…着付けるときにおはしょりやタックをとって体にあわせる。前を合わせるにはひもや帯を用いる。　(3)　立体構成の収納…ハンガーにかけ，立体をつぶさないようにかけておく。　平面構成の収納…縫い目にそって平面にたたみ，なるべく伸ばしてたんすに収納する。

問3　(1)　ホームプロジェクトは衣食住・家族・家庭の学習を進めながら，家庭や地域の問題解決を自主的に計画を立てて実践するものである。生徒には解決の目標の明確化，情報収集，解決・実践の計画などをすることを示唆して資料を紹介し，自分で解決していくように促す。　(2)　①　解答略　　②　手順…1 布を中表に二つ折りにして合わせる。　2 袋の両脇をあきどまりまでミシンで端を返し縫いしながら縫う。　3 袋口をを三つ折りにして三つ折りぐけでくける。　4 縫い目にアイロンをかけて表返す。　5 三つ折りにひもを通して結ぶ。

問4　(選択例)秋田八丈…現在の北秋田市でかつて評判が高かった，ハマナスや山つつじを染料とする黄八丈。現在も伝統が復活している。

〈解説〉問1　(1)　用語の意味と表し方，過去の大雑把な傾向と現状を説明するとよい。　(2)　リサイクル，製品の原料，再生などがキーワードである。　問2　(1)　布をいせる(いせ込み)，きせをかけるなどの用語を正しく文の中に入れてまとめるとよい。　(2)　ボタン，ファスナー，ひも，帯などのキーワードが多いので注意してまとめるようにしたい。　(3)　ハンガーにかける，平面にたたむなどがキーワードとなる。　問3　(2)　①　巾着袋の上下の方向が布目に沿っているかを確認しながら，記入する線を作図すること。　②　製作の手順が適切であるかはもちろんであるが，指示された条件を満たしているか確認するようにしよう。　問4　(解答以外の選択例)亀田(天鷺)ぜんまい織…秋田県亀田町(現 由利本荘市)産。ぜんまい綿と綿花を混ぜて織ったもので防水性と防虫性がある。　鹿角茜染(かづのあかねぞめ)・紫根染(しこんぞめ)…染料に茜または紫草を用いた無地または絞り染。媒染剤に錦織木の灰汁を用いて何度も染める。奈良時代からあったが江戸時代に発展し，化学染料ができてからは衰退した。　浅舞絞り(あさまいしぼり)…江戸時代に横手市の浅舞地区で発展した綿織物の藍染。柄は200種類以上あり，優れたものは珍重された。現在は保存会が伝承している。

2012年度　実施問題

【中学校】

【1】「衣生活・住生活と自立」について，次の問いに答えよ。

(1)　「中学校学習指導要領技術・家庭」(平成20年3月告示)において，家庭分野で衣生活と住生活を1つの指導内容として構成した視点を記せ。

(2)　「小学校学習指導要領解説家庭編」(平成20年8月文部科学省)，「中学校学習指導要領解説技術・家庭編」(平成20年9月文部科学省)に例示のある，手縫いとミシシ縫いの技能及びミシンの操作と取扱いについて，それぞれの内容を記せ。

(3)　布を用いた物の製作で，ハーフパンツを製作題材として指導することとした。①～③について答えよ。

①　製作に当たって採寸が必要な箇所を挙げよ。

②　ハーフパンツのしるし付けと裁断に当たって，型紙の置き方，布目線，出来上がり線，縫いしろの分量を図示せよ。ただし，ハーフパンツは右パンツと左パンツの2枚を縫製するデザインとする。

③　縫製段階の製作手順と，製作全般の指導上の留意点を記せ。

(☆☆☆◎◎◎)

【2】「学校教育の指針　本年度の重点」(平成23年秋田県教育委員会)に示された，「家庭，技術・家庭，情報」の3つの重点について，次の①～③の下線部に適切な語句を記入し，完成せよ。

①　学んだ______の育成

②　______を実感できる______の工夫

③　根拠に______の育成

(☆☆☆◎◎◎)

【3】「日常食の献立と食品の選び方」について，あとの問いに答えよ。

表1　中学生の1日分の献立表

	献立	材料	6つの基礎食品群					
			1群	2群	3群	4群	5群	6群
食品群別摂取量のめやす(14歳男子)			330g	400g	100g	400g	500g	25g
朝食	・食パン	食パン					120	
	・ハムエッグ	卵	50					
		ロースハム	10					
		サラダ油						3
	・野菜サラダ	レタス				40		
		きゅうり				15		
		トマト			30			
		ブロッコリー			30			
		マヨネーズ						6
	・野菜スープ	玉ねぎ				40		
		にんじん			20			
		塩・こしょう						
	・くだもの	みかん				80		
昼食	・牛丼	米					150	
		牛肉	90					
		玉ねぎ				40		
		砂糖					5	
		サラダ油						3
		しょうゆ						
		みりん						
	・おひたし	キャベツ				50		
		もやし				50		
		しょうゆ						
	・すまし汁	豆腐	40					
		三つ葉			5			
		しょうゆ						
		だし汁						
	・牛乳	牛乳		200				
夕食	・ごはん	米					160	
	・ぶた肉のしょうが焼き	ぶた肉	80					
		しょうが				5		
		しょうゆ						
		みりん						
		サラダ油						3
	・ポテトサラダ	じゃがいも					65	
		きゅうり				20		
		コーン				20		
		にんじん			15			
		マヨネーズ						10
		塩・こしょう						
	・みそ汁	だいこん				20		
		とうふ	40					
		油揚げ	5					
		みそ	15					
		だし汁						
	・牛乳	牛乳		200				
	・漬物	きゅうり				20		

(1)　中学生の1日分の献立を作成する授業を実施したところ，ある生徒が表1の献立表を完成させた。この献立の修正が必要と考えられる点を，根拠を明らかにして具体的に記せ。

(2)　表1の献立のうち，夕食を「夏の旬の食材の活用」という視点で考えさせる時，生徒に例として示す献立を作成せよ。ただし，旬の材料の前に，○を付けること。

(3)　表1の食品の中には，食中毒を発生する危険性があり，安全と衛生に十分に留意しなければならない食品がある。次の食品について，(ア)食中毒の原因になると予想される細菌名や毒素名，(イ)その細菌や毒素に汚染されやすい他の食品名，(ウ)その食中毒の予防法について記せ。

①　卵　　②　じゃがいも　　③　牛肉　　④　ロースハム

(☆☆☆◎◎◎)

【4】住生活について，次の問いに答えよ。

(1)　次の不動産広告に示された住宅の，①「2階部分の面積」と②「建ぺい率」を求めよ。

○○町○丁目

物件内容

●土地62.5坪

●建物1階37.5坪，2階__①__坪

●第一種住居地域　●建ぺい率__②__%

●容積率120%

(2)　建築基準法で定められている，①「部屋の換気のために必要な開口部の広さ」と，②「部屋の採光のために有効な開口部の広さ」を記せ。

(☆☆☆◎◎◎)

【5】「中学校学習指導要領技術・家庭」(平成20年3月告示)において，[家庭分野]B(1)ア「中学生の食生活と栄養」を含む題材の導入部を1時間扱いで構想するものとして，本時の学習指導案を完成せよ。なお，下欄にある本時のねらいと学習指導案を作成する上で考慮すべき事項を踏まえること。

○本時のねらい

・自分の食生活に関心をもち，健康によい食習慣について考え，日常生活で実践しようとしている。

(生活や技術への関心・意欲・態度)

・自分の食生活を点検し，課題を見付け，健康によい食習慣について考え，工夫している。

(生活を工夫し創造する能力)

○学習指導案を作成する上で考慮すべき事項

・指導形態は，栄養教諭とのTTとする。

・小学校との接続，本時のねらいに迫るための言語活動の充実を意識した学習指導案とする。

(☆☆☆◎◎◎)

【6】「中学校学習指導要領技術・家庭」(平成20年3月告示)において，[家庭分野]のA～Cの内容に設定されている「生活の課題と実践」について，次の問いに答えよ。

(1)　次の文は，「中学校学習指導要領解説技術・家庭編」(平成20年9月文部科学省)第3章　指導計画の作成と内容の取扱い　より抜粋したものである。①，②に入る適切な言葉をそれぞれ答えよ。

－略－　学習した知識と技術などを活用し，__①__能力と__②__をはぐくむことの必要性から，家庭分野の内容の「生活の課題と実践」に当たる3事項については，これらのうち1又は2事項を選択して履修させることとした。－略－

(2)　「生活の課題と実践」の中から内容Cの「住生活についての課題と実践」を選択し，内容Dの「環境に配慮した消費生活の工夫と実践」との関連を図り，履修させることとした。次の事項を考慮して，題材の指導計画を完成せよ。なお，必要に応じて区切り線を入れること。

○題材名　　　「環境に優しい住まい」

○題材の目標　・環境に配慮した住生活に関心をもち，課題を主体的に捉えて計画と実践に取り組もうとしている。
(生活や技術への関心・意欲・態度)
・自分や家族の住生活の問題点を環境への配慮から改善したり，さらに豊かにしたりするための工夫を考えることができる。
(生活を工夫し創造する能力)

○対象生徒　　中学校第2学年40名

○夏季休業を挟んだ3時間扱いの題材とする。

○C(2)「住居の機能と住まい方」については，全ての生徒が履修しているものとする。

○次のどちらかの資料を，題材の中のいずれかの時間に活用するものとし，それが分かるように示すこと。資料A：家庭における機器別の消費電力量の比較

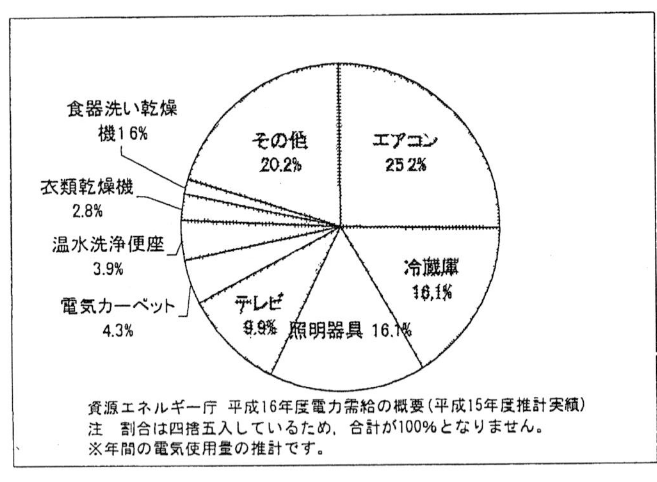

資源エネルギー庁 平成16年度電力需給の概要(平成15年度推計実績)
注　割合は四捨五入しているため，合計が100%となりません。
※年間の電気使用量の推計です。

資料B：夏期の1日の電力需要(最大需要発生日)

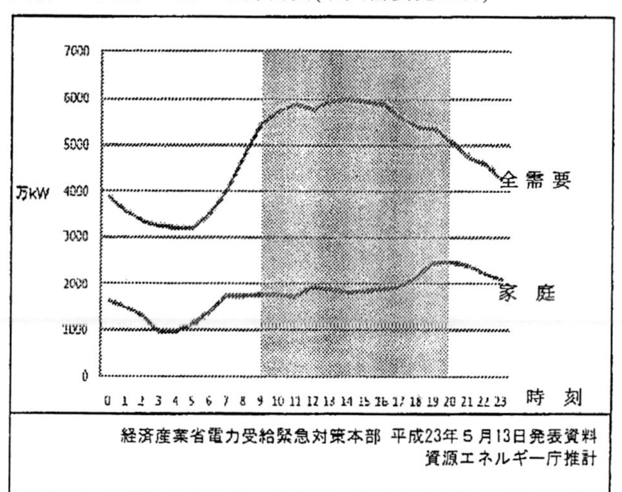

(☆☆☆◎◎◎)

【高等学校】

【1】高等学校学習指導要領(平成21年3月9日　文部科学省)「第2章　第9節　家庭」に関して，次の設問に答えよ。

問1　共通教科「家庭」の目標について，今回の改訂ではどのような視点から，どのような改善が図られたか，説明せよ。

問2　小・中学校と高等学校の内容の体系化について，各校種において育成する資質・能力を挙げて説明せよ。

問3　高等学校家庭科において，言語活動の充実を図る上でどのような学習活動が求められるか，説明せよ。

(☆☆☆◎◎◎)

【2】高等学校学習指導要領(平成21年3月9日　文部科学省)「第3章　第5節　家庭」に関して，次の設問に答えよ。

問1　専門教科「家庭」の目標について，今回の改訂ではどのような視点から，どのような改善が図られたか，説明せよ。

問2　科目編成について，どのような観点から，どのような改善が図られたか，科目名を挙げて具体的に説明せよ。

問3　第2款　各科目　第14節　フードデザイン　2　内容(4)食育と食育推進活動について，以下の(1)，(2)をどのように指導するか，具体的な構想を記せ。

(1)　食育を推進することの重要性

(2)　学校家庭クラブ活動を通して食育を推進する活動

(☆☆☆◎◎◎)

【3】次の(1)と(2)の語句について簡潔に説明し，必履修科目「家庭基礎」においてどのようなねらいのある題材に用いるか，記せ。

(1)　カーボンオフセット

(2)　フードファディズム

(☆☆☆◎◎◎)

【4】次の(1)と(2)について，図と解説文を記せ。

(1)　脂質の代謝

(2)　界面活性剤の働きと洗浄

(☆☆☆◎◎◎)

【5】保育について，次の設問に答えよ。

問1　認定こども園制度化の背景とその機能について，次のグラフを参考にして具体的に記せ。

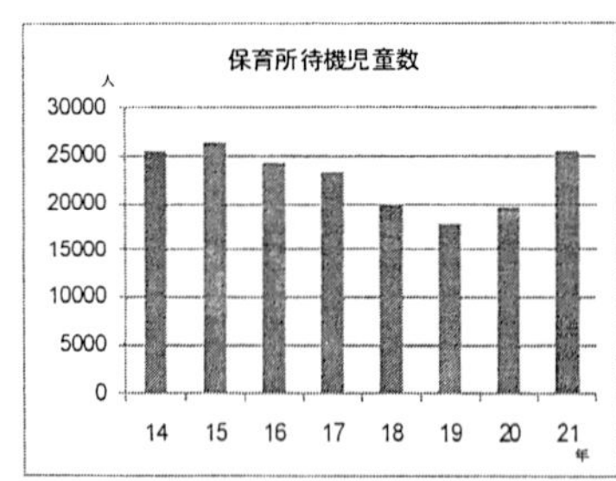

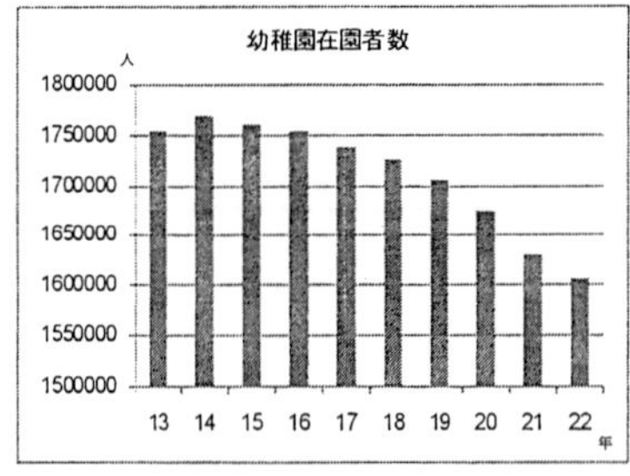

保育所の状況(平成21年4月1日)等について(厚生労働省)HPより作成

学校基本調査(文部科学省)・政府統計の総合窓口(e-Stat)HPより作成

問2　文部科学省が平成18年10月，幼児教育全体の質の向上を図る目的として幼児教育振興アクションプログラムを示したことを受け，平成20年3月に秋田県が0から5歳児を対象として策定した施策名を記せ。

問3　乳幼児との触れ合い体験学習について，次の(1)～(3)に答えよ。

(1)　この体験学習の意義の一つに「実感の伴う体験から乳幼児の理解を深められること」がある。実際にどのような場面で，どのような実感から理解を深められると考えるか，具体的に記せ。

(2)　事前に必要な「生徒への指導事項」について，記せ。

(3)　乳幼児との交流の際，乳幼児とうまく触れ合えない生徒に対してどのように指導をするか，具体的な工夫点を記せ。

(☆☆☆◎◎◎)

【6】消費生活について，次の設問に答えよ。

問1　次の(1)と(2)に答えよ。

(1)　返済回数3回，分割払い(元金均等返済)により，15万円を年利18％(月利1.5％)で借りることとする。翌月から3ヵ月で返済する場合，利息支払額の合計はいくらか。計算の過程とともに記せ。

(2)　多額の債務を負い，返済が不可能になった場合の救済手段として，「自己破産」制度がある。自己破産をして免責が確定すると，自己破産者はどのような制約を受けるか，記せ。

問2　クレジットカードの利用と管理について，ロールプレイングを取り入れた学習で，高校生に実感を伴った理解をさせたい。ロールプレイングを行う際の留意点を記せ。

問3　多重債務問題の深刻化を受けて，2006年貸金業法が改正(2010年6月　完全施行)された。その改正内容を簡潔に記せ。但し，次に示す語句を用いることとする。

住宅ローン，自動車ローン，クレジットカード，利息制限法

(☆☆☆◎◎◎)

【7】被服製作について，次の設問に答えよ。

問1　製作手順に沿って次の語句をすべて並べた場合，(1)2番目と(2)5番目にあたる作業は何か，記せ。

デザインや材料の決定，仕上げ，着装，採寸，本縫い，補正，しるしつけと裁断，型紙作成，仮縫い

問2　次の(1)と(2)の装飾を何というか，記せ。

(1)　衿や袖ぐり，身頃の切り替え線等に用いる，細い線状の布。縁取りと似ているが，これは2枚の布の間にバイアステープ等を挟んで縫い，パイプ状に作った物。

(2)　一定の間隔と深さで，縦，横，又は斜めにつまみ縫いをした物。つまむ布の深さは0.2～0.3cm位である。

問3　題材にハーフパンツを取り上げ，指導することとした。次の設問に答えよ。

(1)　パンツ丈の他に製作に当たって必要な採寸箇所はどこか，すべて挙げよ。

(2)　ハーフパンツのしるしつけと裁断に当たって，型紙の置き方，布目線，出来上がり線，縫いしろの分量を図示せよ。但し，次の①から⑤の条件に従うこととする。

①前パンツと後ろパンツの4枚を縫製するデザインとすること。

②布目線は矢印 ⟷，出来上がり線は太線 ──，縫いしろ線は細線 ── で表すこと。

③用布は110cm幅とし，外表に二つ折りにする。その際，みみ，わの部分も付記すること。

④用布の長さを算出する式を図中に付記すること。

⑤すその縫いしろの取り方について，留意事項を図中に付記すること。

(3)　本縫いにおいて，①わき・また下を縫う　②また上を縫う　段階の指導上の留意点を記せ。

(☆☆☆◎◎◎)

解答・解説

【中学校】

【1】(1)　人間を取り巻く身近な環境としてとらえる視点

(2)　(例)

	小学校	中学校
手縫いの技能	・手で縫い針に糸を通す ・糸端を玉結びや玉止めにする ・布を合わせて縫ったりする ・なみ縫い，返し縫い，かがり縫いなど(なみ縫いについては，2～3針続けて縫う程度でもよい)	・まつり縫いによる裾上げ ・補修の目的と布地に適した方法を選ぶ実践ができるようにする
ミシン縫いの技能及びミシンの操作と取扱い	・ミシンの使い方が分かり，ミシン縫いができること ・上糸，下糸の準備の仕方や縫い始めや縫い終わりの角の縫い方を考えた処理の仕方など，直線縫いをするために必要な基本的な操作	・使用前の点検，使用後の手入れとしまい方，簡単な調整方法など ・姿勢や動作が作業の正確さや能率に関係すること ・作業環境の整備が安全に影響すること

(3)　①　(例)　胴囲，腰囲，パンツ丈　②　解答略　③　解答略

〈解説〉(1)　本問は改訂の要点から出題されている。学習指導要領は改訂から間もないため，特に改訂点を中心に出題される傾向が見受けられることに注意しよう。なお，学習指導要領解説では，改善の視点として「少子高齢化や食育の推進，持続可能な社会の構築など，社会の変化に対応」をあげている。　(3)　ハーフパンツの作成は教科書や参考書などで例示されているので，参照されたい。　③の指導上の留意点については製作上で重要になると思われる点，生徒がつまずきやすい点を考え，自分ならどのように指導するかを簡潔にまとめること。

【2】①学んだ知識及び技能を生活で活用する力の育成，②有用感を実感できる学習活動の工夫，③根拠に基づいて説明する力の育成

〈解説〉秋田県では課題として「学んだ知識及び技能を，生活の中で活用している児童生徒が少ない」，「これからの生活を見通し，生活的な自立を目指そうと知る意欲が低い」，「自己と家庭，家庭と社会のつながりを大切にし，積極的に社会の変化に対応しようとする意欲が低い」をあげている。

【3】(1)　解答略　(2)　解答略　(3)　((ア)：(イ)：(ウ)の順)

①　卵…サルモネラ属菌：卵の加工食品，食肉(牛レバー刺し，鶏肉)，うなぎ，すっぽん，乾燥イカ菓子など：肉や卵は十分に加熱(75℃以上，1分以上)。卵の生食は新鮮なものに限る。　②　じゃがいも…ソラニン：他はなし：芽や表皮が緑色になっている部分を十分に取り除く。

③　牛肉…腸管出血性大腸菌：焼き肉，牛レバーなど：食肉は中心部までよく加熱する(75℃，1分以上)。野菜は流水でよく洗う。

④　ロースハム…黄色ブドウ球菌：乳，乳製品(牛乳，クリームなど)，卵製品，畜産製品(肉，ハムなど)，穀類とその加工品(弁当，おにぎり)，魚肉練り製品(ちくわ，かまぼこなど)，和洋生菓子など：手指の洗浄，調理器具の洗浄殺菌する。手荒れや化膿巣のある人は，食品に直接触らない。

〈解説〉(1)　献立を考える際には，栄養，嗜好，調理法，季節，費用などの観点から検討する必要があるが，中学校では主として栄養を考えた食品の組み合わせを中心に指導することとなっている。具体的には主食，主菜，副菜，汁物などの料理の組み合わせで考えさせ，食品の種類と概量を踏まえ，食品の組み合わせを工夫し，栄養バランスのよい献立を考えることができるようにする。示された献立は，同一食品の使用が多くみられ，食品の種類という面での工夫も考えられる。

(2)　夏が旬の野菜の例としてはトマト，枝豆，トウモロコシ，ジャガイモ，ピーマンなど，魚介類はまぐろ，すずき，うなぎ，いさきなどがある。デザートの果物としては，なし，スイカ，サクランボなどがある。

【4】(1) ① 37.5坪　② 60%　(2) ① 部屋の床面積の20分の1以上　② 部屋の床面積の7分の1以上

〈解説〉(1) ① (37.5＋x)÷2×100＝120　x＝37.5　② 37.7÷62.5×100＝60　x＝60　(2) 建築基準法は，国民の生命・健康・財産の保護のため，建築物の敷地・設備・構造・用途についてその最低基準を定めた法律であり，建築法規の根幹を成す法律である。

【5】解答略

〈解説〉授業案としては，導入において自己の食生活の実態を記録し，展開で栄養教諭から食と健康についてアドバイスをもらい，生徒が自己点検をし，改善の方法を見出し，記録していく。まとめではクラスで手だてを報告しあい，知識や情報を共有しながら，実際に食生活の改善に向けて具体的で，実現可能な事を自分への提言としてまとめる展開も考えられる。このような出題の場合は，例えば，学習活動を導入・展開・まとめなどでくくり，目標に照らした流れを考えるとよい。教師の立場としては多くのことを盛り込もうとしがちだが，欲張りすぎず，目標達成を目指す姿勢が重要である。

【6】(1) ① これからの生活を展望する　② 実践的な態度
(2) 解説参照

〈解説〉(2) 具体的な授業案としては，3時間の指導の案を考える設問であるが，夏休みをはさんでいるという条件が付されている。よって，1時間目は夏休み前に，資料を活用し現状を把握させ，生徒各人が夏休みを利用して家庭での課題について記録を取る。それをもとに2時間目は，いくつかのグループに分かれて「環境に優しい住まい」と言えるのかどうか，言えないとしたらそれはなぜなのかをまとめる。3時間は，学級全体で意見を交わし，実生活で各人が可能な事を具体的に提案する，などが考えられる。「住生活の課題と実践」は，生活を見直し，課題を見つけて計画し，実践，評価，改善するという一連の学習活動を重視し，問題解決的な進めることやグループで発表しあったり，実践発表会を設けるなどの工夫や効果的な実践が重要である。

【高等学校】

【1】(例)　問1　人の一生を時間軸としてとらえるとともに，生活の営みに必要な金銭，生活時間，人間関係などの生活資源や，衣食住，保育，消費などの生活活動にかかわる事柄を空間軸としてとらえ，各ライフステージの課題と関連付けて理解させることが重要であることを示している。　問2　小学校では，生活を工夫する楽しさやものをつくる喜び，家族の一員としての自覚をもった生活を実感するなど，実践的・体験的な学習活動，問題解決的な学習を通して，自分の成長を理解し家庭生活を大切にする心情をはぐくむとともに，生活を支える基礎的・基本的な能力と実践的な態度を，中学校では，衣食住などに関する実践的・体験的な学習活動，問題解決的な学習を通して，中学生としての自己の生活の自立を図り，子育てや心の安らぎなどの家庭の機能を理解するとともに，これからの生活を展望し，課題をもって主体的によりよい生活を工夫できる能力と態度を，そして高等学校では人間の発達と生涯を見通した生活の営みを総合的にとらえ，家族・家庭の意義と社会とのかかわりについて理解させるとともに，生活に必要な知識と技術を習得させ，家庭や地域の生活を創造する能力と主体的に実践する態度を育成する。　問3　知的活動に関することとして，合理的な判断力や創造的思考力，問題解決能力の育成を図るため，衣食住などの生活における様々な事象や科学性を説明する活動や判断が必要な場面を設けて理由や根拠を論述したり，正解が1つに絞れない課題を考える際，最適な解決方法を探究したりする活動を重視すること。他者とのコミュニケーションに関することとして，人が他者との会話を通して考えを明確にし，自己を表現し，他者を理解し，他者と意見を共有し，互いの考えを深めることを通して協同的な関係を築くような活動を重視すること。感性や情緒に関することとして，衣食住などの生活における様々な事象やものづくりなどに関する実践的・体験的な活動を一層重視し，その過程で様々な語彙の意味を実感を伴

って理解させるような学習を重視すること。

〈解説〉問1　本文は目標に関する事項であり，また最近実施された改訂点でもあるので，頻出問題と言えよう。なお，教科の目標は「人間の生涯にわたる発達と生活の営みを総合的にとらえ，家族・家庭の意義，家族・家庭と社会とのかかわりについて理解させるとともに，生活に必要な知識と技術を習得させ，男女が協力して主体的に家庭や地域の生活を創造する能力と実践的な態度を育てる」である。必ず学習しておこう。　問2　高等学校だけでなく，全校種の学習指導要領を通読していないと解答は非常に難しいであろう。小学校では家庭の一員としての視点，中学校では自己の生活の自立を図る視点が重視されているが，高等学校では，社会とのかかわりの中で営まれる家庭生活や地域の生活への関心を高め，生涯を見通して生活を創造する主体としての視点が重要となる。　問3　具体的には，子どもや高齢者など様々な人々と触れ合い，他者とかかわる力を高める活動，衣食住などの生活における様々な事象を言葉や概念などを用いて考察する活動，判断が必要場面を設けて理由や根拠を論述したり適切な解決方法を探求したりする活動などを充実したりする等が考えられる。

【2】(例)　問1　衣食住，ヒューマンサービスなどにかかわる生活産業の各分野で職業人として必要とされる資質や能力，生活文化の伝承と創造に寄与する能力と態度，生活産業を取り巻く諸課題を倫理観をもって解決し，生活の質の向上と社会の発展を図る能力と態度の育成を観点として，生活産業における将来のスペシャリストに必要な資質や能力の育成を明示した。　問2　少子高齢社会の進展やライフスタイルの多様化，食育の推進などの社会の要請に対応し，衣食住，ヒューマンサービスなどにかかわる生活産業への消費者ニーズの的確な把握や必要なサービス提供等を行う企画力・マネジメント能力を身に付け，生活文化を伝承し創造する人材を育成することなどの観点から改善を図った。具体的には「家庭情報処理」を「生活産業情報」，「発達と保育」を「子どもの発達と保育」，「児童文化」を「子ども文化」，

「家庭看護・福祉」を「生活と福祉」に名称変更し，「被服製作」については「ファッション造形基礎」と「ファッション造形」の2科目にしたため，19科目が20科目に増えた。　問3　(1)　解説参照
(2)　解説参照

〈解説〉問1　示された目標は次の通り「家庭の生活にかかわる産業に関する基礎的・基本的な知識と技術を習得させ，生活産業の社会的意義や役割を理解させるとともに，生活産業を取り巻く諸課題を主体的，合理的に，かつ倫理観を持って解決し，生活の質の向上と社会の発展を図る創造的な能力と実践的な態度を育てる」　問2　科目編成については，少子高齢社会の発展やライフスタイルの多様化，食育の推進などの社会の要請に対応し，衣食住，ヒューマンサービスなどにかかわる生活産業への消費者ニーズの的確な把握や必要なサービス提供などを行う企画力・マネジメント能力を身につけ，生活文化を伝承し創造する人材を育成する観点から改善を図り，内容の整理分類を含めて従前の19科目を20科目に改めた。　問3　(1)　食育基本法の趣旨を理解させる，食育に関心を持たせる構想が中心となるが，地域の食育推進計画や行政，事業者などが行っている食育を推進する活動について調査などを通して関心を持たせ，重要性に気付かせることも考えられる。
(2)　食生活の課題解決，実践活動の中心とした構想が中心となるが，ホームプロジェクトや学校家庭クラブ活動で，各地域の食育推進にかかわる各種関連機関や食品関連企業との連携なども考えられる。

【3】(例)　(1)　カーボンオフセットとは，日常生活や経済活動で避けることのできないCO_2等の温室効果ガスの排出について，まずできるだけ排出量が減るよう削減努力を行い，どうしても排出される温室効果ガスについては，排出量に見合った温室効果ガスの削減活動に投資すること等により，排出される温室効果ガスを埋め合わせるという考え方である。オフセットを行う主体自らの削減努力を促進する点で，これまで温室効果ガスの排出が増加傾向にある業務，家庭部門等の取組を促進することが期待されている。題材としては，ライフスタイルと

環境の中で，環境負荷の少ない生活への取組とあわせて取りあげる。(2) マスコミや書籍・雑誌の情報を信じて，異常な食行動をとること。マスメディアが科学的な根拠を把握せずに，扇情的に健康情報を流した事件など社会問題にもなっている。食と健康に対するしっかりとした知識を身につけることが解決策である。題材としては，食事と健康で取りあげ，現代における食生活の問題点とあわせて考える。

【4】(例) (1) 図…略　説明…食事中の脂質の大部分は中性脂肪である。大部分は胆汁酸などにより乳化され，リパーゼによる消化作用を受けて脂肪酸とモノグリセリドに分解され，小腸壁からリンパ管経由で吸収される。一部は消化作用を受けて脂肪酸とグリセリンに分解され小腸から吸収されて血液中に入る。これらは吸収後再び中性脂肪に合成されて血液中に入る。そして皮下組織や肝臓などに貯蔵されるが，必要に応じてエネルギー源として消費される。 (2) 図…略
説明…洗剤は水に溶けて水の表面張力を低下させる。洗剤の主成分である界面活性剤が，水と空気との界面(水の表面)に吸着するからで，このような性質を界面活性があるという。界面活性剤の分子は，親水基と親油基とからできている。

【5】(例) 問1 親の共働きの増加によって，幼稚園に通わせることができる家庭環境にある家族が急減していることから，幼稚園在園者が急減する一方，保育所待機児童数は毎年1万5千人を超えている。このように，教育・保育ニーズがこれまでの取組だけでは対応しきれなくなっているため，認定こども園が制度化された。認定こども園は，①就学前の子どもに幼児教育・保育を提供する機能(保護者が働いている，いないにかかわらず受け入れて，教育・保育を一体的に行う機能)②地域における子育て支援を行う機能(すべての子育て家庭を対象に，子育て不安に対応した相談活動や，親子の集いの場の提供などを行う機能)を果たす幼稚園，保育園に都道府県知事から認定を受けることができる。幼保連携型，幼稚園型・保育所型，地方裁量型の4つのタイ

プがある。　問2　秋田県就学前教育振興アクションプログラム(秋田っこいきいきドリームプログラム)　　問3　(1)　乳幼児の身体や生活，遊び方等を通して，成長を実感することで理解を深めることができる。　(2)　実習の目的，実習内容に関わる留意点など

(3)　解答略

〈解説〉問2　秋田県就学前教育振興アクションプログラムはすべての秋田っ子に対し，就学前教育の振興と充実を目指すことを基本的な考え方とし，「乳幼児期は，人間形成の基礎が培われるきわめて重要な時期であり，県では，明日の秋田を担う子どもたちに視点を置き，思いやりやたくましさ，生きる力の基礎を培うなど，育ちを大切にした教育・保育の推進，幼保一体的な教育・保育の促進を目指した取り組み，「はじまりは乳幼児期から」を基本コンセプトに，就学前の0から5歳児のすべての子どもに質の高い教育・保育の機会を提供できるよう，訪問による指導助言及び情報提供や各種事業の実施並びに研修の開催等により，幼稚園・保育所等への支援を行い，共に教育・保育の充実」を目指している。　問3　(3)　生徒の個性を生かす指導を行うよう，具体的な指導点を記載すること。

【6】(例)　問1　(1)　計算式…｛150,000(円)×0.15(%)｝＋｛100,000(円)×0.15(%)｝＋｛50,000(円)×0.15(%)｝＝2,250＋1,500＋750＝4,500(円)　利息支払額の合計…4,500円　　(2)　自己破産をした場合，財産の管理処分権の喪失，居住の制限，通信の秘密の制限，弁護士や宅建取引業など公法上の資格制限が課せられる。　問2　解説参照　　問3　借入残高が年収の3分の1を超える場合，新たな借り入れができなくなるという，総量規制が新設された。この借入残高には住宅ローンや自動車ローン，クレジットカードによるショッピングは入らないが，クレジットカードによるキャッシングは含まれる。また利息については利息制限法が適用されることによって，いわゆるグレーゾーン金利が撤廃された。

〈解説〉問2　ねらいを明確にする等があげられる。　問3　貸金業法は，

消費者金融等の貸金業者や，貸金業者からの借り入れについて定めている法律である。新しい貸金業法では①借り過ぎ・貸し過ぎ防止のための総量規制，②上限金利の引き下げ，③貸金業者に対する規制の強化が行われた。①は，具体的には借入れの際に，基本的に，年収を証明する書類が必要になる。②は，法律上の上限金利が29.2%から借入額に応じて15～20%に引き下げられることになった。③は，法令遵守の助言・指導を行う国家資格のある者(貸金業務取扱主任者)を営業所に置くことが必要になる。これらのことを，設問のキーワードを交えながら記述していくとよい。

【7】問1 (1) 採寸 (2) 仮縫い 問2 (1) パイピング (2) ピンタック 問3 (1) 胴囲，腰囲 (2) 解説参照 (3) ① 解説参照 ② 解説参照

〈解説〉問3 (2) 一般的なパターンの置き方については，全部同じ方向に配置する場合と，布の使用量を少なくするために互い違いに入れ込む方法がある。柄が一方方向に向いているものや毛並みのあるものは，パターンは必ず一方向に置く。その時，モヘア・シャギーのように毛足の長いものは毛並みの方向(なで毛方向)に，ベルベット・べっちんのように光の方向により色が変わるものは逆毛方向にパターンを置く。 (3) また下は前後を合わせ，待ち針で止める。胴囲の始末は，出来上がり線に沿って三つ折りにし，しつけをしてミシン縫いをする。縫い始めと縫い終わりは，2cmくらい重ねて縫う。また上は布を伸ばしながら縫う。縫う前に，また上をアイロンで伸ばしておくとよい。左右のパンツを合わせ，しつけをしてミシン縫いをするが，同じところを二度縫う。また上の前の縫いしろと後ろの縫いしろを，重ならないように，互い違いの方向に折る。また下をまっすぐにして，しつけをし，ミシン縫いをする。

2011年度　実施問題

【中学校】

【1】次の文は,「中学校学習指導要領解説　技術・家庭編　第2章　第3節　家庭分野　2　家庭分野の内容　A家族・家庭と子どもの成長」(平成20年9月　文部科学省)より抜粋したものである。下の設問に答えよ。

(1)　自分の成長と家族について，次の事項を指導する。

ア　自分の成長と家族や家庭生活とのかかわりについて考えること。

この内容については，家庭分野の学習全体のガイダンスとしての扱いと，A(2)や(3)との関連を図り学習を進める扱いの2つがある。－以下略－

問1　家庭分野において，A(1)「自分の成長と家族」にガイダンス的な内容を設定することとしているねらいは何かを記せ。

問2　ガイダンス的な内容の題材を3単位時間扱いで構想するものとして，題材計画を完成させよ。なお，解答欄には必要に応じて区切り線を入れること。

(☆☆☆☆◎◎◎◎◎)

【2】次の文は,「中学校学習指導要領解説　技術・家庭編　第3章　1指導計画の作成」(平成20年9月　文部科学省)より抜粋したものである。あとの設問に答えよ。

(4)　道徳の時間などとの関連

学習指導要領の第1章総則の第1の2においては,「学校における道徳教育は，道徳の時間を要(かなめ)として学校の教育活動全体を通じて行うものであり，道徳の時間はもとより，各教科，総合的な学習の時間及び特別活動のそれぞれの特質に応じて，生徒の発達の「段階を考慮して，適切な指導を行わなければならない」と規定されている。

問　次の三つの道徳的価値について，それぞれ指定された家庭分野のA，B，Cの内容において，どのように工夫することで道徳教育と関連を図ることができるかを記せ。

○家庭や地域社会の一員としての自覚をもって自分の生き方を考え，生活をよりよくしようとする(内容A)

○望ましい生活習慣を身に付ける(内容B)

○家族への敬愛の念を深める(内容C)

(☆☆☆◎◎◎◎)

【3】次の文は，[小学校学習指導要領解説　家庭編　第2章　第3節　家庭科の内容　C快適な衣服と住まい」(平成20年8月　文部科学省)より抜粋したものである。下の設問に答えよ。

(2)　快適な住まい方について，次の事項を指導する。

ア　－略－

イ　季節の変化に合わせた生活の大切さが分かり，快適な住まい方を工夫できること。]

問1　(2)のイで，主として取り上げる内容を記せ。

問2　(2)のイの学習を踏まえ，中学校では何に重点を置いて指導するかを記せ。

問3　中学校家庭分野における住居の機能と住まい方の指導に当たって，調査や観察・実験などの学習活動を工夫したい。次の事項を考慮して具体的に説明せよ。

○「幼児や高齢者なども含め，家族が快適に住まうための室内環境を整えることができる」をねらいとする。

○連続する2単位時間の授業とする。

(☆☆☆◎◎◎◎)

【4】次の文は，「中学校学習指導要領解説　技術・家庭編　第2章　第3節　家庭分野　2家庭分野の内容　C衣生活・住生活と自立」(平成20年9月　文部科学省)より抜粋したものである。あとの設問に答えよ。

(1)　衣服の選択と手入れについて，次の事項を指導する。

ア　衣服と社会生活とのかかわりを理解し，目的に応じた着用や個性を生かす着用を工夫できること。

(内容の取扱い)

ア　(1)のアについては，和服の基本的な着装を扱うこともできること。

問　上記の趣旨を踏まえ，実物を用いて，和服と洋服の「構成の違い」と「着方の違い」に気付かせる授業を構想したい。それぞれのねらいに沿った実物の用い方と留意点を具体的に記せ。

(☆☆☆◎◎◎◎)

【5】浴衣の製作について，次の設問に答えよ。

問1　浴衣を製作するときの並幅の反物の裁ち方の詳細を，裁ち目は実線，折り目は破線で図1(並幅の反物の図)に示せ。また，それぞれが図2(完成略図)B～Fのどの部分に当たるか図1に記号で書き入れ，A～Gの名称は解答欄に記せ。ただし，柄合わせは不要，肩当てといしき当ては除くものとする。

図１（並幅の反物の図）

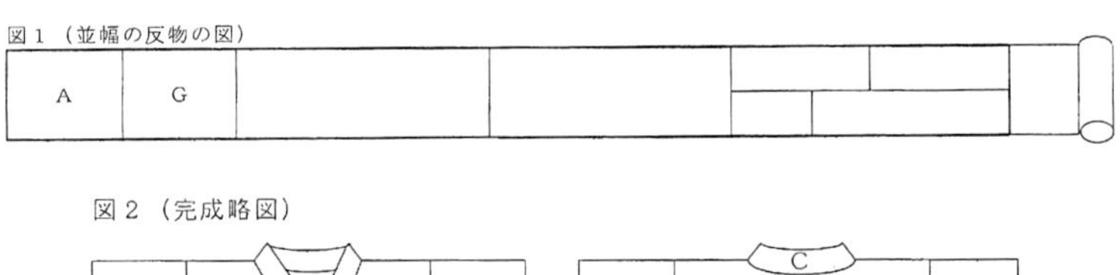

図２（完成略図）

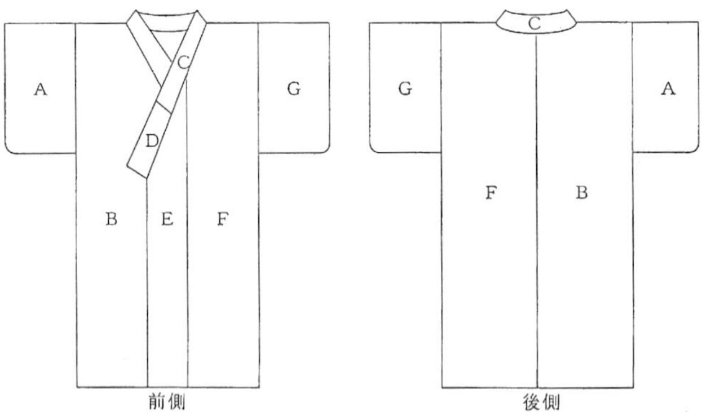

問2　問1の製作において，身長160cm，袖丈50cmの女性の浴衣の場合，その総用布の裁ち切り寸法を計算過程を明らかにして求めよ。

(☆☆☆☆☆◎◎◎)

【6】消費生活について，次の設問に答えよ。

問1　消費生活におけるトラブルについて，下線部の事例の解決方法を，解決までの商品の取り扱いやそれに関連する日数を示しながら答えよ。

カニの送りつけ商法に注意!!

最近，突然，北海道の業者から電話で「カニは好きですか。」と聞かれ，「はい。」と答えたところ，カニが送りつけられたなどという相談が増えていますので，次の点に注意してください。

－以下略－

「美の国あきたネット　秋田県生活環境部　県民文化政策課消費生活室　消費生活情報(2009年8月21日登録)」より

問2　我が国の消費者保護の法律等について，次の(　　)に当てはまる語句や数字を記せ。

1968年　(　①　)法制定

行政・事業者の責務と消費者の役割を明らかにした。

2004年に消費者の権利の尊重を明記した消費者基本法に改正された。

1976年　(　②　)法制定

2000年に特定商取引法(特定商取引に関する法律)に改称された。

1994年　製造物責任法制定　略称(　③　)法

欠陥商品の事故により消費者が受けた被害をすみやかに救済するため，製品の欠陥と因果関係さえ明らかにすればよいとの考え方を取り入れた法律である。

2000年　(　④　)法制定

契約全般について消費者の権利を尊重して，適正な環境のもとで行われなかった契約は，一定要件のもとで取り消せることを定めている。契約の取り消しは，誤認に気付いた時または困惑行為の時から(　⑤　)カ月以内，契約の時から(　⑥　)年以内に行うことができる。また，消費者に不当な契約内容は無効とすることを定めている。2001年4月に施行された。

2009年　(　⑦　)庁設置

消費者行政の司令塔で，消費者に身近な法律を所管する。

(☆☆☆☆◎◎◎◎)

【7】平成19年度に中学校第3学年を対象に実施された「特定の課題に関する調査(技術・家庭)」(文部科学省国立教育政策研究所教育課程研究センター)によると，食品の選択と日常食の調理に関する実技調査で，次のような結果となった。下の設問に答えよ。

【調査問題】内容①　調査Ⅱ　　(使用した大根：直径約7cm，長さ約8cm　調査時間：2分間)

問題2

さつま汁（豚汁）に入れる材料の一つとして，写真のように，大根を5mm以下の「いちょう切り」にしてください。この問題では皮はむきません。

（写真は略）

【調査結果】《大根のいちょう切り》　　(正答◎，準正答○)

解答類型	正答	反応率	正答率
縦4等分にしてから切る	◎	33.2%	93.6%
半月切りにしてから2等分する	○	6.2%	
輪切りにしてから4等分する	○	54.2%	
縦に6等分や8等分してから切る		0.7%	
半月切りのまま		0.8%	
輪切りのまま		2.3%	
いちょう型に切り取ったり，切り抜いたりしている		0.3%	
上記以外の切り方		2.2%	
大根を切らなかった		0.1%	

問　この調査結果を踏まえ，展開する1単位時間の学習指導案を，次の事項を考慮して完成させよ。

○「効率的で安全な切り方や，料理に適した切り方を理解することができる」「望ましい切り方を意欲的に考えようとしている」という二つのねらいとする。

○対象生徒は中学校第1学年で，男女20人ずつ，計40人の学級である。

○豚汁の調理実習に向けて，材料の切り方についてのポイントを確認する授業とする。

○言語活動の充実を図ることでねらいに迫る授業とする。

(☆☆☆☆◎◎◎◎)

【高等学校】

【1】平成20年1月の中央教育審議会の答申の中で，学習指導要領の主な改善事項について次のように示されている。あとの設問に答えよ。

改善の具体的事項(高等学校：家庭)

○　人間の発達と生涯を見通した生活の営みを(　①　)にとらえ，家族・家庭の意義と社会とのかかわりについて理解させるとともに，生活に必要な知識と(　②　)を習得させ，家庭や地域の生活を創造する能力と(　③　)に実践する態度を育てることを重視し，次のような改善を図る。

(ア)　家庭を築くことの重要性，(　④　)の推進，子育て理解や高齢者の肯定的な理解や支援する行動力の育成など(　⑤　)社会への対応，日本の生活文化にかかわる内容を重視する。

(イ)　高校生の発達課題と生涯生活設計，キャリアプランニングなどの学習を通して，次世代を担うことや生涯を見通す視点を明確にするとともに，生涯賃金や働き方，年金などとの関係に関する指導などを加え，生活を総合的にマネジメントする内容を充実する。

その際，生涯にわたる生活経済や多重債務等の深刻な消費者問題，衣食住生活と環境とのかかわりなどを科学的に理解させるとともに，社会の一員として生活を創造する意思決定能力を習得させることを明確にする。

－以下略－

問1　(　　)にあてはまる適語を記せ。

問2　文中(イ)を踏まえ，生涯を見通した経済の計画を立てるために，共通教科「家庭」においてどのような改善が図られたか答えよ。

問3　高等学校学習指導要領(平成21年3月)共通教科「家庭」については，小学校家庭科及び中学校技術・家庭科との一貫性を重視して改善された。次の(1)～(5)は小学校学習指導要領，中学校学習指導要領(平成20年3月)の内容である。小学校をA，中学校をBとし，いずれの内容かを記号で答えよ。

(1)　布を用いた物の製作を通して，生活を豊かにするための工夫ができること。

(2)　日常着の手入れが必要であることが分かり，ボタン付けや洗濯ができること。

(3)　地域の食材を生かすなどの調理を通して，地域の食文化について理解すること。

(4)　これからの自分と家族とのかかわりに関心をもち，家族関係をよりよくする方法を考えること。

(5)　米飯及びみそ汁の調理ができること。

問4　高等学校学習指導要領(平成21年3月)において，現行の普通教科「家庭」の科目編成が改善され，「生活技術」が名称変更とともに次の(1)～(6)の大項目に改編された。下の設問に答えよ。

(1)人の一生と家族・家庭及び福祉

(2)消費や環境に配慮したライフスタイルの確立

(3)食生活の設計と創造

(4)衣生活の設計と創造

(5)住生活の設計と創造

(6)ホームプロジェクトと学校家庭クラブ活動

①　この(1)～(6)の大項目となった科目名と標準単位数を答えよ。

②　生徒の興味・関心や進路希望等に応じて，適宜選択させるこ

としている小項目を含む大項目を(1)～(6)からすべて選び，記号で答えよ。

(☆☆☆◎◎◎)

【2】消費生活について，次の設問に答えよ。

問1　消費生活におけトラブルについて，下線部の事例の解決方法を，解決までの商品の取り扱いやそれに関連する日数を示しながら答えよ。

カニの送りつけ商法に注意!!

最近，突然，北海道の業者から電話で「カニは好きですか。」と聞かれ，「はい。」と答えたところ，カニが送りつけられたなどという相談が増えていますので，次の点に注意してください。

－以下略－

「美の国あきたネット　秋田県生活環境部　県民文化政策課消費生活室　消費生活情報(2009年8月21日登録)」より

問2　我が国の消費者保護の法律等について，次の(　　　)に当てはまる語句や数字を記せ。

1968年　(　①　)法制定

行政・事業者の責務と消費者の役割を明らかにした。

2004年に消費者の権利の尊重を明記した消費者基本法に改正された。

1976年　(　②　)法制定

2000年に特定商取引法(特定商取引に関する法律)に改称された。

1994年　製造物責任法制定　略称(　③　)法

欠陥商品の事故により消費者が受けた被害をすみやかに救済するため，製品の欠陥と因果関係さえ明らかにすればよいとの考え方を取り入れた法律である。

2000年　(　④　)法制定

契約全般について消費者の権利を尊重して，適正な環境のもとで行われなかった契約は，一定要件のもとで取り消せることを定めている。契約の取り消しは，誤認に気付いた時または困惑行為の時から(　⑤　)カ月以内，契約の時から(　⑥　)年以内に行うことができる。また，消費者に不当な契約内容は無効とすることを定めている。2001年4月に施行された。

2009年　(　⑦　)庁設置

消費者行政の司令塔で，消費者に身近な法律を所管する。

(☆☆☆◎◎◎)

【3】ライフサイクルと住要求の変化について，下の設問に答えよ。

▽ライフサイクルと住要求の変化のモデル

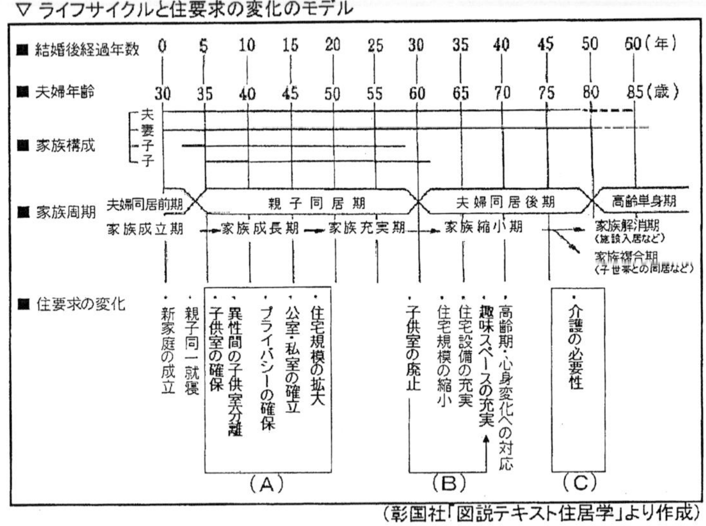

(彰国社「図説テキスト住居学」より作成)

問1　上の図は，ライフサイクルと住要求の変化のモデルである。図中(A)について，家族成長期というライフステージを踏まえた住要求の必要性と意義を述べよ。

問2　図中(B)について，子供室をピアノ演奏を楽しむ趣味の部屋として使用することにした。その際に考えるべき遮音について，次の設問に答えよ。

①　透過損失について説明せよ。

②　窓の遮音効果を壁との比較から記せ。但し，壁は均質な材料か

らできている単一壁とする。

問3　図中(C)について，住宅計画における高齢者への配慮事項を記せ。

(☆☆☆◎◎◎)

【4】「あじのムニエル，きゅうりとわかめの酢の物，大根と油揚げの味噌汁」の調理実習を計画した。この調理実習に関する次の設問に答えよ。

問1　この調理実習で用いる食品の調理上の性質を食品成分の変化から科学的に理解させたい。次に挙げた身近なものを用いて，目的に沿って行う簡単な実験(方法・結果・考察)を組み立てよ。但し，この実験は教師による演示とする。

目的：大根おろしの酵素の働きを知る

使用するもの：大根　食酢　ヨウ素溶液　おろし器　プラスチックコップ(5個)　駒込ピペット　でんぷん溶液(ビーカーにでんぷん2gを入れ，それに水200mlを加えて透明になるまで加熱したもの)

問2　あじの三枚おろしの手順を説明せよ。但し，ポイントとなる部分は図示を加えること。

問3　ムニエルの調理について，魚に小麦粉をまぶすことによる効果は何か。小麦粉の性質に関連付けて，簡潔に述べよ。

問4　この調理実習で用いる次の調理用語を説明せよ。

①　板ずり　　②　油抜き

(☆☆☆◎◎◎)

【5】「高齢者の生活と福祉」についての授業を実施する。あとの設問に答えよ。

科目名：家庭基礎

対象生徒：高等学校　普通科　第1学年　40名

題材名：高齢期の特徴と生活

本時のねらい：(1)高齢者の心身の特徴と生活について理解させる。

(2)高齢者とのかかわり方を考えさせる。

授業時間：50分間(導入5分程度，展開40分程度，まとめ5分程度)

育てたい資質・能力：高齢者の心身の特徴と生活について，視聴覚教材や体験的な学習を通して具体的に考えさせ，家庭や地域社会で高齢者とかかわっていくための能力や態度を養いたい。

問1　上記の「育てたい資質・能力」を踏まえた導入の工夫を記せ。

問2　授業の展開部分における生徒の学習活動の内容と教師の指導・支援，教材・教具を時系列で答えよ。

問3　次の表は，秋田県の高齢者に係る消費生活相談等の資料である。表1と表2を展開部分の心理面の特徴を理解させる場面で活用したい。その場合，資料のどの部分を取り上げ，どのように読み取らせたらよいか記せ。

表1 年代別相談件数（秋田県分）　　（件/%）

区　分	H17	H18	H·19	H20	H20/H19
20歳未満	225	202	164	119	△ 27.4
20歳代	828	696	684	562	△ 17.8
30歳代	950	756	844	703	△ 16.7
40歳代	1,016	708	783	739	△ 5.6
50歳代	885	725	747	712	△ 4.7
60歳代	749	518	465	498	7.1
70歳以上	654	621	412	426	3.4
同　割	10.9	12.6	9.0	10.1	
不明(無回答)	676	691	504	451	△ 10.5
計	5,983	4,917	4,603	4,210	△ 8.5

表2　相談が多い商品・役務(サービス)

順位	商品・役務名	20年度計	内苦情	年代別内訳 20歳未満	20歳代	30歳代	40歳代	50歳代	60歳代	70歳以上	不明	前年度件数	対前年度増減率%
1	フリーローン・サラ金	1,308	1,293	0	134	216	262	293	170	65	168	1,327	▲1.4
2	電話情報提供サービス	551	544	64	129	179	96	47	23	2	11	536	2.8
3	商品一般	255	248	4	22	36	54	48	43	31	17	394	▲35.3
4	借家・賃貸アパート	114	105	2	31	23	15	17	6	3	17	121	▲5.8
5	オンライン情報サービス	95	95	16	17	24	19	11	6	1	1	238	▲60.1
6	自動車	75	68	3	17	21	10	7	3	2	12	69	8.7
7	健康食品	65	61	1	9	4	8	8	12	21	2	76	▲14.5
8	教養娯楽サービスその他	63	59	0	12	7	19	14	7	1	3	34	85.3
9	工事・建築サービス	45	44	0	1	2	3	10	11	12	6	52	▲13.5
9	修理サービス	45	42	0	2	4	5	5	6	16	7	47	▲4.3
11	生命保険	44	41	0	0	1	6	8	16	10	3	54	▲18.5
12	教養娯楽教材	40	40	0	4	3	6	25	1	0	1	9	344.4
12	内職・副業	40	39	0	9	11	9	3	5	2	1	52	▲23.1
14	書籍・印刷物	34	33	0	1	5	5	6	1	7	9	30	13.3
14	債権回収	34	33	0	5	4	4	2	2	7	10	24	41.7
16	宝くじ	33	30	0	1	0	2	5	8	12	5	27	22.2
17	新築工事	30	27	0	2	6	9	4	2	3	4	25	20.0
18	家庭用電位治療器	28	27	0	4	1	1	0	4	14	4	47	▲40.4
19	プロバイダ	27	27	0	0	7	7	5	2	1	5	28	▲3.6
20	新聞	25	23	3	2	1	2	1	5	9	2	27	▲7.4

（秋田県生活センター「平成20年度　消費生活相談の概要」より作成）

問4　本時のまとめで確認する「高齢者との適切なかかわり方」について，簡潔に述べよ。

(☆☆☆◎◎◎)

解答・解説

【中学校】

【1】問1　小学校家庭科の学習を踏まえて，中学校3年間の学習の見通しをもたせること。

問2〈解答例〉題材名：私の成長と家族

時	主な学習活動	教師の指導・支援，教材・教具
1	小学校で学んできた自分と家族の関係について振り返るとともに中学校での学習の見通しを持とう。	小学校で学んだことを引き出し，板書していく。
2	自分の成長にかかわってきた人々を図に表そう。	ワークシートを配布し，図を書かせる。 うまく表せない生徒には助言する。
3	今までの自分の成長を振り返りわかったことをまとめ，今後の学習の見通しを知ろう。	わかったことを発表させる。 うまくできない生徒には助言する。

〈解説〉新学習指導要領解説P42～43参照。家庭分野の内容は「家族・家庭と子どもの成長」「食生活と自立」「衣生活・住生活と自立」「身近な消費生活と環境」があり，「家族・家庭と子どもの成長」は中学校で学ぶ内容を見渡せるよう，導入として位置づけられていること，ガイダンスは学習意欲を高める役割を担っており，家庭科の学習は生活の自立，家族と共に家庭生活を工夫し創造する能力につながることを気付かせる目的があることをおさえておこう。

【2】〈解答例〉

道徳的価値	道徳教育と関連を図る工夫
家庭や地域社会の一員としての自覚を持って自分の生き方を考え，生活をよりよくしようとする。	自分や家族の生活を支えている家庭の役割を資料や新聞等を利用して見つめ直したり，子どもの成長と地域とのかかわりについて調べたり，地域の活動や行事等を取り上げて，高齢者など地域の様々な人々とのかかわりについて話し合ったりすることなどの活動をする。
望ましい生活習慣を身に付ける。	自分の食生活の課題を解決するための日常食の調理を計画を立てて実践することが考えられる。また，家族とともに地域の食材を生かした献立を工夫し，調理の計画を立てて実践したり，郷土料理や行事食の計画を立てて実践したりすることなどが考えられる。
家族への敬愛の念を深める。	家庭内の事故や自然災害については，室内の写真や住空間の図などから危険な箇所を点検したり，過去の災害の例を取り上げ必要な備えを検討したりすることなどが考えられる。また，音と生活とのかかわりについては，周囲に発生する音の測定などの活動を通して，快適な生活を送るための工夫や実践につなげることも考えられる。

〈解説〉家庭分野の内容とは「A 家族・家庭と子どもの成長」「B 食生活と自立」「C 衣生活・住生活と自立」であり，それらと問題にある道徳的価値を関連づけて解答すればよい。ただし，問題文に「道徳教育との関連」とあるので，道徳教育のどの項目に該当するかを明らかにしたほうが高い評価を得られるであろう。発想や工夫が求められる問題は増加傾向にあるため，過去問や模試等で何度も練習しておきたい。

【3】問1　暑さ・寒さ，通風・換気及び採光　　問2　安全

問3〈解答例〉

ねらい	幼児や高齢者なども含め，家族が快適に住むための室内環境を整えることができる。
学習活動	家庭内の事故や自然災害については，室内の写真や住空間の図などから危険な箇所を点検したり，過去の災害の例を取り上げ必要な備えを検討したりすることなどが考えられる。また，音と生活とのかかわりについては，周囲に発生する音の測定などの活動を通して，快適な生活を送るための工夫や実践につなげることも考えられる。

〈解説〉資料として小学校学習指導要領が出典されているため慌てるかもしれないが，新学習指導要領P.62～63を理解していれば，十分対応できる問題である。中学校では安全に重点をおいた上で，「住居の基本的な機能を知る」「家族の安全を考えた室内環境の整え方を知り，快適な住まい方を工夫できる」ことをねらいとしている。ねらいに沿った具体的行動については，学習指導要領解説や教科書などの資料を読んでおくこと。

【4】〈解答例〉

ねらい	実物の用い方と留意点
和服と洋服の「構成の違い」に気付く	浴衣と制服を用意する。 机の上に両方を置いてみる。 浴衣は平面的であり，制服は立体的であることを気付かせる。 ※縫製の違いにも気付かせること。
和服と洋服の「着方の違い」に気付く	浴衣と制服を用意する。実際に着てみる。浴衣は着る人の体によって丈が変えられるが，制服はあまり調節がきかないことに気付かせる。※浴衣はどのような場面で着装し，制服はどのような場面でどのように着装すればよいかにも着目させる。

〈解説〉新学習指導要領解説P.58～61を参照。目的が「構成の違い」「着方の違い」であるから，実際のものを見たり着せたりするのが1番効

果的であろう。他に衣服の計画的な活用，衣服の材料や状態に応じた日常着の手入れ等に関する出題も考えられるので，学習しておくとよい。

【5】問1

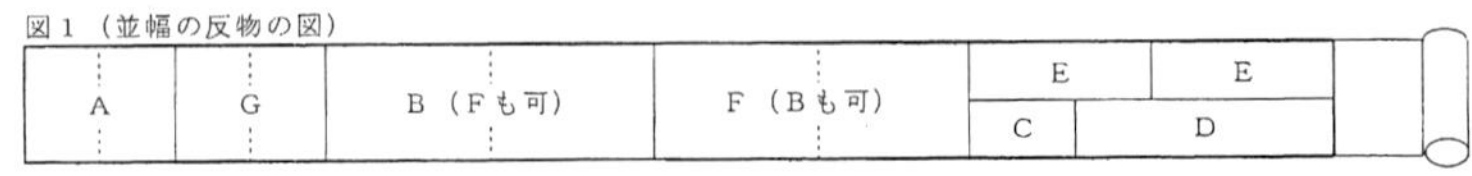

A　袖(そで)　　B　身頃(みごろ)　　C　掛衿(かけえり)

D　衿(えり)　　E　衽(おくみ)　　F　身頃(みごろ)　　G　袖(そで)

問2　(50＋3)×4＋(160＋2＋2)×4＋(160＋2＋2－23＋3)×2＝1156

総用布：1,156cm

〈解説〉問1　和服の各部の名称，裁ち方は頻出である。本問のように図を使った問題も頻出なので，本問などで学習しておくこと。

問2　計算式は，(裁ち切り袖丈)×4＋(裁ち切り身丈)×4＋(裁ち切りおくみ丈)×2である。

【6】問1〈解答例〉注文していないので，受け取らないこと。万が一受け取った場合でも支払い義務はない。受け取った場合，14日間保管する必要があるが，その後の処分は自由である。　問2　①　消費者保護基本　②　訪問販売　③　PL　④　消費者契約　⑤　6　⑥　5　⑦　消費者

〈解説〉問1　いわゆる「送りつけ商法(ネガティブ・オプション)」の事例である。商品の送りつけは業者からの契約の申し込みであり，消費者(送りつけられた側)が承諾しなければ契約は成立しないため，代金支払い義務は発生しない。商品は原則14日保管しなければならないが，それ以降は処分できる(特定商取引法第59条)。　問2　消費者保護については頻出問題なので法律等については，本問のような年表形式で学習するとよい。その他，消費者の権利と責任についても出題されるので，おさえておこう。

【7】○本時のねらい

・効率的で安全な切り方や，料理に適した切り方を理解することができる。(知識・理解)

・望ましい切り方を意欲的に考えようとしている。(関心・意欲・態度)

○本時の展開〈解答例〉

学習過程	学習活動	時間(分)	教師の指導・支援	評価
導入	学習課題の確認。 学習課題	10	学習課題を提示し，内容を確認させる。	課題に対し，意欲的であるか。
展開	○野菜の色々な切り方の名前を知ろう。 ○野菜の切り方を考えよう。 ・グループに分かれて相談する。 ・それぞれ，発表する。 ○どの切り方が望ましいか考えよう。	40	・色々な切り方をしてある野菜を提示する。 ・切り方の名前を提示する。 ・それぞれの野菜がどのように切られているか考えるようにする。 ・安定感のある切り方，料理に適した切り方になるかどうか，適切な助言をする。	・色々な切り方をしてある野菜に興味を持っているか。 ・グループで意見を出せているか。 ・望ましい切り方を発表できているか。
まとめ	○野菜の適切な切り方についてまとめる。	10	・本時で学んだことを発表させる。	・発表に意欲的か。 ・本時の内容が理解できているか。

〈解説〉切り方について新学習指導要領解説では「安全な包丁の使い方を知り，食べられない部分を切除し，食べやすさ，加熱しやすさ，調味料のしみ込みやすさ，見た目の美しさなどを考えて適切に切ることが

できるようにする」とある(P54～55)。本問では豚汁の実習に向けてとあるので，大根やゴボウ，にんじんなどの具体的な食材を学習指導案に入れてもよいだろう。学習指導案を作成させる問題は増加傾向にあるので，一通りの学習を終えたら過去問や模試等で練習したい。

【高等学校】

【1】問1　①　総合的　②　技術　③　主体的　④　食育　⑤　少子高齢　問2　(解答例)　生活と経済のつながりや主体的な資金管理の在り方，リスク管理など不測の事態への対応などにかかわる内容を重視し，すべての科目に「生涯の生活設計」の内容を加えるという改善が図られた。　問3　(1)　B　(2)　A　(3)　B　(4)　B　(5)　A　問4　①　科目名：生活デザイン　標準単位数：4単位　②　(1)，(3)，(4)，(5)

〈解説〉問1 「文部科学省 高等学校学習指導要領解説 家庭編(平成22年5月)　開隆堂」P4を参照のこと。　問2　前掲書の問1に同じ　P5～6参照。　問3　(1) 「文部科学省　中学校学習指導要領解説　技術・家庭編(平成20年9月)　教育図書」P63参照　(2) 「文部科学省　小学校学習指導要領解説　家庭編(平成20年8月)　東洋館出版社」P37参照　(3)　前掲書(1)に同じ，P53参照。　(4)　前掲書(1)に同じ，P44参照のこと。　(5)　前掲書(2)に同じ，P30参照。

【2】問1　(解答例)　この場合，支払いの義務はない。商品を受けとってから14日間保管し，業者がこの間に引き取りに来なければ，その後は商品を処分できる。この間に中身を消費すると購入の意思があったとみなされるので注意が必要である。　問2　①　消費者保護基本(法)　②　訪問販売(法)　③　PL(法)　④　消費者契約(法)　⑤　6(カ月)　⑥　5(年)　⑦　消費者(庁)

〈解説〉問1　注文していない商品を一方的に送りつけ，代金を請求する販売方法をネガティブオプション(送りつけ商法)という。返品，断りの通知義務はない。2009年12月に改正商取引法が施行され，生鮮食料品もクーリング・オフができるようになった。また，一度断った消費者へ再勧誘を行うことは禁止された。　問2　⑦　消費者庁とは，2009年9月に創設されたもので，消費者問題に関する縦割りの消費者行政を統合して強化するために設置された。ここでは，悪質商法や食品偽装などの消費者問題から消費者を保護することを目的としている。

【3】(解答例)　問1　家族成長期では，次のような住要求に合わせた住まい方の工夫が必要である。子どもは，生活面の自立，心身の成長，性的な成長が著しい時期である。このようなライフステージにおける住要求として，子ども室の工夫が必要である。子ども室の確保，異性間の子ども室の分離などがある。また，自我が形成され将来の生活について計画を立て必要な知識や技術を学ぶ時期である。そのために，プライバシーの確保，公室・私室の確立が必要になってくる。その結果として，住宅規模の拡大という住要求が発生することがある。
問2　①　透過損失とは，入射音のエネルギーと透過音のエネルギーの比で遮音の程度を表すことである。音が物体に入射すると，一部は通り抜け，残りは吸収・反射される。この入射した音と材料を透過した音との音圧レベルの差を透過損失といい，デシベル(dB)単位で表す。透過損失の値が大きいほど遮音性能が優れている。　②　質量が大きいほど遮音性能が大きくなる。窓ガラスの厚さの標準は5mm程度，壁は120～200mmくらいで，一般的に壁のほうが厚く質量が大きい。よって，音は窓から侵入しやすい。　問3　高齢者の身体機能の低下にあわせて，歩行を助ける手すりの設置，車いすが通れるように住戸内の段差の解消および広い廊下幅の確保などの配慮事項が考えられる。
〈解説〉問1　家族のライフステージによって住居に必要な条件が異なることを理解する。ライフステージごとにどのような機能が求められるかについて理解し，快適に暮らせるように工夫することが大切である。また，バリアフリーデザインやユニバーサルデザインなど生涯を通じて暮らしやすい住空間の在り方についても関心をもつ。　問3　そのほかに，浴室での安全確保のために次のようなことが考えられる。緊急通報装置，手すりや台などの補助具の設置，滑り止めのついたマットの使用などである。

【4】(解答例)　問1

方法

1　プラスチックコップ5個にでんぷん溶液を20mlずつ入れておく。

2　その一つに生の大根を小さく切ったものを加える(A)。

3　おろし器で大根おろしを作り，次の4つの条件に調整して，でんぷん溶液に加える。

(B)おろした直後

(C)おろして30分後

(D)おろして加熱したもの

(E)おろして食酢をかけたもの

4　(A)～(E)に，ヨウ素溶液を駒込ピペットで1滴加え，色の変化を観察する。

結果　(A)薄紫色　(B)茶色　(C)茶色　(D)紫色　(E)紫色

考察　(B)(C)では，ヨウ素溶液の茶色が残っており，でんぷんが分解したことを示している。即ち，大根おろしに酵素アミラーゼが含まれており，これがでんぷんを麦芽糖に分解するためヨウ素でんぷん反応を起こした時の紫色でなくヨウ素溶液の茶色となる。また，加熱したり(D)，食酢を加える(E)と酵素の活性が失われる。よって，ヨウ素でんぷん反応を起こしたため紫色となった。酵素アミラーゼは空気に触れることで活性があらわれる。大根おろしは空気にふれる表面積が大きいため酵素が活性化される。(A)はあまり酵素が活性化されていないためヨウ素でんぷん反応が少しあらわれている。

問2　1　ゼイゴを背びれから取り頭を付け根から切り取る。腹に切り込みを入れはらわたを取る。　2　背側に切り込みを入れる。　3　中骨を切り離す。　4　2枚おろし完成　5　3枚おろし：1から4を繰り返し行って逆側の身も中骨から切り離す。　6　中骨，上身，下身の3枚で3枚おろし完成。図は略。　問3　小麦粉は魚からしみて出てくる水分を吸収してうまみ成分を保つ。小麦粉を加熱すると糊化して魚の表面に膜を作り，魚の旨味を包み込み香ばしさをひき立たせる。問4　①　まな板の上にきゅうりを置き，塩をまぶし両手で押さえて転がし塩をすり込む。効果は，緑色を鮮やかにする。きゅうりの表面にあるいぼを取り，表面を滑らかにする。表皮の組織を傷つけて塩味を浸みやすくする。　②　油揚げをざるの上にのせ，熱湯を両面に流しかける。丁寧にする場合は，熱湯でゆで，ざるにあげる。効果は，油や匂いが取れて，味がしみ込みやすくなる。

〈解説〉問1　公式解答が公開されていないので，この解答例は，『成瀬宇平　食の「なっとく」科学実験　開隆堂　P18～19，2001年』を参考にした。でんぷん溶液にヨウ素溶液を入れてヨウ素でんぷん反応によって紫色に変化させる。このあと，大根おろしを加えて紫色の変化をみるという方法もある。　問4　①　板ずりとは，きゅうりの下処理方法である。　②　油抜きとは，食品の表面についている余分な油を落とすことである。他に，クッキングペーパーに包み，電子レンジで30秒ぐらい加熱してキッチンペーパーに油を吸い取らせるという方法がある。

【5】(解答例)　問1　はじめに，高齢者のイメージを書いてもらう。次に，フォトランゲージとして，高齢者が活動している写真を何枚か見せて，生徒に何をしているところか年齢，推理の理由などを考えて発表してもらう。写真は，観光ボランティアの高齢者，老人ホームでの生け花，高齢者と小学生がお正月の初もうでに飾る灯篭づくりをしているなどである。

問2

展開における生徒の学習活動	教師の指導・支援，「教材・教具」
1　高齢者における心身の特徴 ・シルバー体験活動をグループ単位で行う。 ・1人がシルバー体験用セットを身に着ける。他の3人が付添い人となる。 ・廊下から階段を昇降して，外にでる。車いすで移動して段差を経験する。 ・教室内では針に糸を通す。新聞を読むなどを経験する。	「シルバー体験用のセット」をグループ毎に配布する。 「車いす」は3台準備し，交代で使う。 「針と糸」，「新聞」を準備する。 教師は教具が全体にいきわたっているか注意をはらう。
2　高齢者のいろいろな生活 ・導入のフォトランゲージで推理した生活を実践する上で不便なことはないだろうか，高齢者の気持ちになって話し合う。 ・これまで高齢者とのかかわった経験から，不便なのに気付かなかった点について経験を交流しあう。 3　グループでの話し合いを全体に紹介する。 ・ワークシートにまとめる。	高齢者が生徒のまわりにいないときは，地域で出会った高齢者，テレビで視聴した高齢者でもよいことを生徒に伝え，社会全体の高齢者へと視野が広がるように支援する。 友人たちの意見を聞き，高齢者の心身の特徴への理解を深めるように生徒たちに促す。

※参考：家庭科への参加型アクション志向学習の導入　仲間美砂子編著　大修館　P72～83(2006年)

問3　表1から，60歳代および70歳以上の高齢者において平成19年度から平成20年度において相談件数が増加している。また，若者から高齢者まで相談件数がくまなく分布していることがわかる。表2からは，高齢者は，経済面にかかわりのあるフリーローン・サラ金，健康面に関する健康食品と生命保険，バリアフリー化など安全面にかかわる工事建築サービスの相談が多い。よって，高齢者は，心理的に，経済不安，健康不安，安全不安を抱えていると考えられる。　問4　高齢者が健康で自立した生活を営めるようにするには,高齢者の肯定的な面を生かして，生活の中で，老化の程度に応じた配慮や工夫をすることが必要である。たとえ病気になっても,リハビリテーションや効果的な介助・補助によって，自立した生活を続けることは可能である。大切なことは高齢者の生活の質を向上させることである。

〈解説〉問2　シルバー体験とは，特殊ゴーグル，アイマスク，耳栓など，高齢者の機能の低下を体験して，不自由な事柄を体験的に理解することである。　問3　表2から，フリーローン・サラ金が大半を占めており，若者から高齢者まで群を抜いている。多重債務などの経済的な問題を抱えている場合が多いことが明らかである。　問4　高齢者福祉の基本的考え方として，高齢者の尊厳を大切にし，残存機能を活用してなるべく自力で生活することを基本として支援することが大切である。

2010年度　実施問題

【中学校】

【1】平成20年1月の中央教育審議会の答申において，中学校技術・家庭科の改善の基本方針について次のように示されている。下の設問に答えよ。

(家庭分野)

○　衣食住などに関する実践的・体験的な学習活動，問題解決的な学習を通して，中学生としての自己の生活の自立を図り，子育てや心の安らぎなどの家庭の機能を理解するとともに，これからの生活を展望し，課題をもって主体的によりよい生活を工夫できる能力と態度の育成を重視することとし，次のような改善を図る。

(ア)　略

(イ)　社会の変化に対応し，次のような改善を図る。－以下略－

問　(イ)の下線部における改善について具体的事項として2点述べられているが，内容を簡潔に記せ。

また，それにかかわる学習内容について，教材や学習方法を挙げて，具体的に記せ。

(☆☆☆◎◎◎◎◎)

【2】次の文は，「中学校学習指導要領解説　技術・家庭編」(平成20年9月　文部科学省)より抜粋したものである。あとの設問に答えよ。

B　　食生活と自立

(3)　日常食の調理と地域の食文化について，次の事項を指導する。

ア　略

イ　地域の食材を生かすなどの調理を通して，地域の食文化について理解すること。－中略－

指導に当たっては，地域との連携を図り，調理実習を中心として行うよう配慮する。例えば，地域又は季節の食材について調べ，それらを用いた日常食の調理をすることが考えられる。また，地域の実態に応じて，地域の伝統的な行事食や郷土料理を扱うことも考えられる。－以下略－

問1　上記の趣旨を踏まえて，秋田県の郷土料理を教材として取り上げたい。「食の国あきた」食事バランスガイド(秋田県農林水産部流通経済課食の国あきた推進チーム)に掲載されている　きりたんぽ鍋・いものこ汁・ハタハタのしょっつる鍋　から一つ選択し，その郷土料理の由来と，教材としての価値を記せ。但し，教材としての価値については次の事項を踏まえること。

○「食事が果たす役割，健康によい食習慣」　＜中学校学習指導要領　技術・家庭　家庭分野B (1)　ア＞　との関連

○「フードマイレージ」「地産地消」の視点　＜解答の中にこれらの2つの語句を用いること＞

問2　この郷土料理の調理実習が学習活動の中心となる本時の学習指導案(2単位時間)を，次にある本時のねらいと生徒の実態を踏まえて完成させよ。

○本時のねらい

・郷土料理に関心をもって，意欲的に調理実習に取り組もうとする。(関心・意欲・態度)

・地域食材を用いた郷土料理の調理を通して，そのよさを理解することができる。(知識・理解)

○生徒の実態

・対象生徒　中学校2年生40名

・前時までに，B(1)「中学生の食生活と栄養」，B(2)ア「食品の栄養的特質，中学生の1日に必要な食品の種類と概量」，B(3)ア「基礎的な日常食の調理，食品や調理用具等の適切な管理」を学習している。

・その郷土料理をほとんどの生徒が食した経験はあるが，調理したことがある者はごく少数である。

○本時のねらい

・郷土料理に関心をもって，意欲的に調理実習に取り組もうとする。(関心・意欲・態度)

・地域贖罪を用いた郷土料理の調理を通して，そのよさを理解することができる。(地域・理解)

学習過程	学習活動	時間(分)	教師の指導・支援	評価
	1　前時の学習を振り返る。		・前時に話し合った郷土料理のよさを，見やすくカードで提示する。	
	2　本時の学習課題を確認する。			
	学習課題			

(☆☆☆◎◎◎◎)

【3】「幼児の遊びと生活」という題材を設定し，「幼児の観察や遊び道具の製作，幼児の遊びの意義」と「幼児との触れ合い，かかわり方の工夫」を関連付けて履修させることとした。次の設問に答えよ。

問1　次の事項を考慮して題材計画を完成させよ。

○題材の総時数を8時間とする。

○遊び道具の製作実習にかかる時数を3時間とする。

○遊び道具の製作実習はコース別学習で，幼児の発達段階別に3コース設定するものとし，それぞれのコース名，製作物の名称，材料と製作方法等を具体的にする。

○幼児と触れ合う活動にかかる時数を2時間とする。

問1

題材名　幼児の遊びと生活（総時数8時間）		
主な学習活動	時数	教師の指導・支援，教材・教具
○身近なもので遊び道具を工夫して作り，幼児になりきって遊ぶ。	1	
○幼児にとっての遊びの意義をまとめ，遊び道具を製作する計画を立てる。	1	
○幼児の遊び道具を製作する。	3	
①＿＿＿＿＿＿＿＿コース 製作物 「　　　　　　」		
②＿＿＿＿＿＿＿＿コース 製作物 「　　　　　　」		
③＿＿＿＿＿＿＿＿コース 製作物 「　　　　　　」		
○保育所を訪問し，幼児と触れ合う。	2	
○保育所訪問発表会を行う。	1	

問2　次の表を問1の題材の中で活用する場合，題材の何時間目のどの場面で，どのように活用するかを記せ。

【子どもの成長】

年齢	運動機能など	心，言葉，社会性の発達など
1歳	・一人立ち，伝い歩きができる。 ・スプーンが使える。	・模倣が正確になる。 ・人の名前を覚える。 ・しかられたことが分かる。
2歳	・歩行がしっかりし，転ばずに走ることができる。 ・手先が器用になる。	・言葉がだいたい分かり，大人と話ができるようになる。 ・絵本を見て，ものの名前を言ったりする。
3歳	・走ることが上手になり，階段の上りおりができる。 ・鉛筆で縦・横の線を引くようになる。	・「なになにごっこ」遊びが盛んになる。 ・グループの人数は2～3人が多い。 ・かんしゃく・しっと・恐れなどが強くなりやすい。

4歳	・すべり台・三輪車・平均台・ボール投げなどができる。 ・洗顔や着衣などを一人でしようとする。	・友達と共同で遊ぶことが上手になる。 ・簡単な規則は守れる。 ・言葉の発達がめざましく，「どうして」を連発し，多弁になってくる。
5歳	・自分の名前を書いたりする。	・正しく発音できるようになる。 ・想像力は盛んであるが，一つのことに注意を集中することは難しい。 ・戸外で友達と遊ぶことを好む。 ・集団生活に強く興味をもつが，まだ自己中心的で，互いの結び付きは弱い。
6歳	・走る，よじ登る。 ・片足立ちが上手になる。 ・スキップをする。	・接続詞や助詞を使って，複雑な事がらを上手に表現する。 ・統制力が発達するので，見通しのある動作が見られる。 ・ルールを作って遊ぶ。

問3　幼児と触れ合う活動を保育所訪問として設定した場合の留意点を，「事前に指導者が訪問先と打ち合わせをしておくべき事項」と「生徒に事前指導しておくべき事項」に分けて，箇条書きで記せ。

(☆☆☆◎◎◎◎)

【4】次の文は，「中学校学習指導要領解説　技術・家庭編」(平成20年9月文部科学省)より抜粋したものである。下の設問に答えよ。

C　衣生活・住生活と自立

(1) 衣服の選択と手入れについて，次の事項を指導する。－中略－

ウ　衣服の材料や状態に応じた日常着の手入れができること。－中略－

(3) 衣生活・住生活などの生活の工夫について，次の事項を指導する。

ア　布を用いた物の製作を通して，生活を豊かにするための工夫ができること。－以下略－

問1　(1)のウの事項と関連させて(3)のアを指導する。内容の取扱いにおける配慮事項を，簡潔に記せ。

問2　問1の内容を踏まえた適切な題材を一つあげ，指導に当たっての配慮や工夫について記せ。

(☆☆☆◎◎◎◎)

【5】次の図1，図2は衣服に見られる表示，図3，図4は店舗に見られるマークである。下の設問に答えよ。

図1　　　図2

図3

図4

問1　衣類のサイズ表示について，(　　)に当てはまる語句を記せ。

国産既製服のサイズ表示はJIS“日本工業規格”によって定められており，図1のような表示の場合，「9」は(　①　)を，「A」は(　②　)を，「R」は(　③　)を，「64」はウエストを示す。

また，輸入衣料にはISO“(　④　)”による表示も見られるが，サイズ規格等は製造国やメーカーによって様々なので注意したい。

問2　図2は輸入衣料の表示例である。その中の5つの取扱い絵表示が示す意味を具体的に記せ。

50	
P	

問3　図3，図4のマークの表示によって消費者にはどのような利点があるのかを記せ。

(☆☆☆◎◎◎◎)

【高等学校】

【1】現行の学習指導要領について，次の設問に答えよ。

問1　普通教科「家庭」の各科目にわたる指導計画の作成と内容の取扱いについて，次の(　　)にあてはまる適語や数字を記せ。

(1)　「家庭基礎」，「家庭総合」及び「生活技術」の各科目に配当する総授業時数のうち，原則として(ア)以上を実験・実習に配当すること。

(2)　中学校技術・家庭科，公民科及び保健体育科などとの関連を図るとともに，教科の(イ)に即した調和のとれた指導が行われるよう留意すること。

(3)　生徒が自分の生活に結び付けて学習できるよう，(ウ)な学習を充実すること。

(4)　実験・実習を行うに当たっては，施設・設備の(エ)に配慮し，(オ)を整備するとともに，火気，用具，材料などの取扱いに注意して事故防止の指導を徹底し，安全と衛生に十分留意するものとする。

問2　「家庭総合」の「3　内容の取扱い」では，「2　内容　(5)　エ　消費行動と資源・環境」について，「生活と資源や環境とのかかわりについて具体的に理解させることに重点を置くこと」とあるが，その際に深入りしないこととされていることは何か，答えよ。

問3　家庭に関する学科において原則としてすべての生徒に履修させる専門教科「家庭」に関する科目をすべて挙げよ。

問4　「家庭総合」及び「生活技術」を複数の年次にわたって分割して履修させる場合には，どのような配慮が必要であるか，答えよ。

(☆☆☆☆☆◎◎◎)

【2】次の設問に答えよ。

問1　(1)と(2)について，それぞれの場面から読み取れる幼児期の思考の特徴を述べよ。

(1)　○○ちゃんにお菓子をもらった△△君が，先生との会話の中で

△△君「先生,○○ちゃんはぼくに親切にしてくれたんだよ。」

先　生「△△君は親切なんて難しい言葉を知っているのね。」

△△君「うん，親切ってお菓子をくれることなんだよ。」

(2)　花瓶が倒れているのを見て「花瓶さんはくたびれたからねんねしているんだね。」

問2　次の語句を説明せよ。

(1)　愛着　　(2)　生理的黄疸

問3　幼児期の発育について，「スキャモンの発達曲線」「方向と順序」「個人差」という語句を用いて説明せよ。

問4　親の役割と保育という観点から高等学校における家庭科教育の重要性について述べよ。

(☆☆☆◎◎◎◎)

【3】次の設問に答えよ。

問1　ホームプロジェクトの意義を簡潔に述べよ。

問2　学校家庭クラブ活動の意義を簡潔に述べよ。

問3　次のホームプロジェクトの指導における留意点をふまえて，あとの設問に答えよ。

【留意点】

・a家庭科の学習内容を各自の家庭生活と結び付けて考えさせ，常に課題意識をもたせるようにして題目を選択させる。

・課題の解決に当たっては，まず，目標を明確にして綿密な実施計画を作成させる。

・学習活動は，b計画，実行，反省・評価の流れに基づいて行い，実施過程を記録させる。

・実施後は，反省・評価をして次の課題へつなげるとともに，c

成果の発表会を行う。

(1)　下線部a以外に題目選定にあたって注意すべきことを簡潔に述べよ。

(2)　下線部bのそれぞれの活動段階において，「具体的な進め方がわからない」という生徒に対してどのような指導・助言が考えられるか述べよ。ただし，題目とその設定理由は次のとおりとする。

題　　　目：「簡単でバランスのよい朝食づくり」

設定の理由：私の両親は共働きでとても忙しいです。母は毎日朝食を作ってくれますが，その献立は固定化しており，栄養面も偏っているのではないかと感じています。そこで，「栄養バランスのとれた手軽な朝食」を考えて両親にも作ってあげたいと思い，この題目を設定しました。

(3)　下線部cについて，発表会を行うメリットを簡潔に述べよ。

(☆☆☆◎◎◎◎)

【４】次の設問に答えよ。

問1　次の語句を説明せよ。　(1)　紡績糸　　(2)　熱可塑性

問2　繊維の性質について，次の(1)～(6)の条件に適するものをア～コの中から選び，記号で答えよ。

(1)　日光やアルカリに対して弱いが，光沢がありしなやかな感触がある

(2)　比重が最も小さい

(3)　伸び率が最も小さい

(4)　軽くて摩擦に強く弾力性が大きいが，吸湿性に乏しい

(5)　繊維の形態が扁平でよじれているので，紡績しやすい

(6)　弾性に富み，フェルト性を持っている

ア．ナイロン　　イ．絹　　ウ．毛

エ．アクリル　　オ．麻　　カ．綿

キ．ポリプロピレン　　ク．アセテート　　ケ．レーヨン

コ．ビニロン

問3　日常着を製作する場合の題材選定の留意点を5つ答えよ。

問4　被服製作時においてクラスの生徒が同じような進度となるためにはどのような指導の工夫をするか，述べよ。

問5　次の(1)と(2)に答えよ。

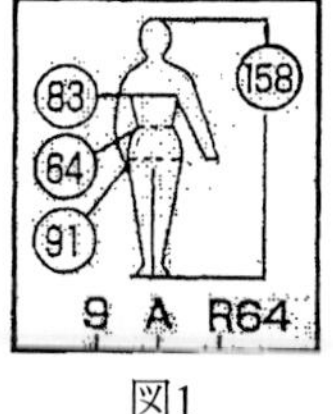

図1

図2

図3

(1)　衣類のサイズ表示について，(　　　)に当てはまる語句を答えよ。

国産既製服のサイズ表示はJIS【日本工業規格】によって定められており，図1のような表示の場合，「9」は(　ア　)を，「A」は(　イ　)を，「R」は(　ウ　)を，「64」はウエストを示す。

また，輸入衣料にはISO【(　エ　)】による表示も見られるが，サイズ規格等は製造国やメーカーによって様々なので注意したい。

(2)　図2と図3のマークが表している内容を説明せよ。また，これらのマークを表示している店舗の利用は消費者にとってどのような利点があるか答えよ。

(☆☆☆☆◎◎◎◎)

【5】次の設問に答えよ。

問1　次の【資料】はグリコーゲン回復のための栄養処方について，いくつかの報告をまとめたものである。この資料を活用し，あとの【問い】に答えよ。

【資料】　・高糖質食＞低糖質食　Costill　1980

・クエン酸＋グルコース＞グルコース単独　Saitoh　1983

・デキストリン＞でんぷん　Suzuki　1984

・運動4時間後までの回復は，運動直後摂取＞運動2時間後摂取　Ivy　1988

・運動4時間後までの回復は，糖質＋たんぱく質＞糖質　Zawadzki　1992

・グリセミックインデックスの高い糖質が効果的　Burke　1993

・24時間後までの回復は糖質摂取量が十分なら摂取タイミングなどの摂り方やタンパク質併用摂取の影響はない　Burke　1995・1996

(吉田勉，布施眞里子，篠田粧子　編：新版　応用栄養学　学文社より作成)

【問い】

Aさんの日課は，午前9時からと午後2時からの2回にわたり1時間ずつジョギングをすることである。1回目のジョギング終了時にはAさんの筋グリコーゲンは使い果たされる。Aさんが2回目のジョギングまでに体内の筋グリコーゲンを回復するために最も効果的な栄養補給の(a)時刻と(b)摂取すべき食事内容(食品)例とその理由をそれぞれ答えよ。

問2　次の(1)～(3)について調理学的に説明せよ。

(1)　ぎょうざを焼くとき，途中で水を加える理由

(2)　二色ゼリーは下の層を固めてから上の層を流すが，二色かんは下の層を固めなくても上の層を流す理由

(3)　卵白を撹拌すると泡立つ理由

問3　食欲のしくみについて，次の(1)と(2)に答えよ。

(1)　食欲が起こる生理的なしくみを，「摂食中枢」「満腹中枢」「血糖値」「交感神経」「副交感神経」を用いて説明せよ。

(2)　以下のことが起こるしくみについて説明せよ。

食事をしたばかりでおなかがいっぱいでも，デザートにおいしそうなケーキが出てくると食欲がわいてあたかも別腹があるかのようにケーキを食べてしまうことがある。

(☆☆☆◎◎◎◎◎)

解答・解説

【中学校】

【1】改善内容：家族・家庭に関して，家庭の機能を理解し，人とよりよく関わる能力の育成を目指した学習活動を推進することの方向性が出されている。今回の改訂では，全国的な調査結果などを踏まえて，幼児との触れ合い体験が，幼児理解に有効であり，こうした学習を通して，幼児を中心とする異世代を理解するとともに，他者とよりよく関わる力を育成することが指摘されている。

学習内容：地域の幼稚園や保育所に出向き，幼児と触れ合う体験をする。

改善内容：食については，食生活の乱れが社会的課題となっていること，また，健全な食生活のための食育を，家庭科，技術・家庭科を中心として推進する必要があることが指摘された。また，家庭生活と消費・環境に関する学習の一層の充実が求められている。これは，社会において主体的に生きる消費者としての教育を充実する視点から，消費者としての自覚や環境に配慮したライフスタイルを確立できるようにすることが指摘されている。

学習内容：同じもので，値段，種類，包装の異なる商品を提示し，どれを選択するべきか考える。また，それらを使って栄養バランスに優れた食事を作る計画をし，実行する。

〈解説〉改善内容…(家族・家庭の機能・役割)，(触れ合い体験)等のキーワードを主な観点とする。

学習内容…(上の内容に合っているか)，(触れ合い体験として効果的な活動か)等を主な観点とする。

改善内容…(食育)，(食生活の自立)，(中学生の消費生活)等のキーワードを主な観点とする。

学習内容…(上の内容に合っているか)，(食生活の自立につながる内容か)，(中学生の消費にかかわる実践的な内容か)等を主な観点とする。

【2】問1　きりたんぽ鍋　　選択した郷土料理の由来：秋田県北部に住むマタギの料理が起源とされるが不詳である。マタギが山から帰った際，残した飯を潰して棒につけ焼き，獲物のヤマドリや山菜，キノコとともに煮たり，味噌をつけて食べたりしたとされている。　教材としての価値：家庭でもよく食されているので，調理操作が容易で短時間でできる。また，地域の食文化に触れるよい機会となることが考えられる。さらに，地域の食材を使うことで，フードマイレージや地産地消についても触れることができる。

問2　○本時のねらい　・郷土料理に関心をもって，意欲的に調理実習に取り組もうとする。(関心・意欲・態度)

・地域食材を用いた郷土料理の調理を通して，そのよさを理解することができる。(知識・理解)

○本時の展開

学習過程	学習活動	時間(分)	教師の指導・支援	評価
導入 展開	1.前時の学習を振り返る。 2.本時の学習課題を確認する。	10	・前時に話し合った郷土料理のよさを、見やすくカードで提示する。	・振り返りに積極的になっているか。
	学習課題 自分できりたんぽ鍋が作れるようになろう。			
	3.きりたんぽ鍋の調理実習	60	・手順のわかっていない生徒には助言する。 ・調理器具の扱いに目を配る。	・調理器具の扱いは正しいか。 ・調理手順は合っているか。 ・グループ内で協力し合えているか。
まとめ	4.実際に鍋を作ってみた感想をまとめる。	20		・きちんとまとめられているか。

〈解説〉問1　いものこ汁：食糧の貧しかった昔は，収穫のお祝いに，いものこ・きのこの他に，ねぎ，油揚げ・鮭・豆腐などを持ち寄り，中身の多いいものこ汁をつくり，腹いっぱい食べて祝った。　ハタハタのしょっつる鍋：冬が近づくと，日本海側には，産卵のためにハタハタがやってくる。昔は豊漁で安価だったため，どこの家庭でも箱ごと

大量に買い求め鍋にする他，三五八漬けにしたり，ハタハタ寿しにしたりして，冬の間，食べていた。　教材としての価値　(評価基準)・調理操作が容易で短時間，食文化等のキーワードを主な観点とする。・フードマイレージ，地産地消の2つの語句を用いて適切に表現する。　問2　ポイント　・教師側のねらいが生徒の学習目標につながるような学習課題　・ねらいが達成される授業展開　・ねらいに沿った的確な評価基準と評価方法

【3】問1

題材名　幼児の遊びと生活(総時間８時数)		
主な学習活動	時数	教師の指導・支援、教材・教具
○身近なもので遊び道具を工夫して作り、幼児になりきって遊ぶ。	1	・学校にあるもので遊び道具を工夫する。 ・思いつかない生徒には助言する。
○幼児にとっての遊びの意義をまとめ、遊び道具を製作する計画を立てる。	1	・幼児にとっての遊びの意義をまとめさせる。 ・どのような遊び道具が必要か前時も踏まえ、考えさせる。
○幼児の遊び道具を製作する。	3	・製作途中につまづきがある場合は助言する。
①新生児　コース　　製作物　にぎにぎ 「材料：タオル、綿、鈴　　製作方法：タオルで動物などの形を作り、その中に綿、鈴をつめたにぎにぎを作る。」 ②乳児　コース　　製作物　布絵本 「材料：フェルト　　製作方法：フェルトで絵本の土台を作り、それぞれのページにフェルトでアップリケをつける。」 ③幼児　コース　　製作物　サイコロ絵合わせ 「材料：牛乳パック、布、フェルト　　製作方法：牛乳パックで絵合わせサイコロを作り、それにあわせて布、フェルトを貼る。」		
○保育所を訪問し、幼児と触れ合う。	2	・前時で製作したおもちゃを使い、幼児と触れ合うようにする。 ・幼児との触れ合い方に問題がないか気を配る。
○保育所訪問発表会を行う。	1	・それぞれが訪問の感想を発表できるよう支援する。

問2　題材の2時間目において，幼児にとっての遊びの意義について考える場面で用いる。

問２

題材の＿＿時間目において，＿＿＿＿＿＿＿＿＿＿＿＿＿＿＿＿＿＿＿＿＿＿＿＿＿＿＿＿場面で用いる。

問3　○事前に指導者が訪問先と打ち合わせをしておくべき事項

・保育所の活動時間に合わせた訪問時間にする。

・幼稚園と違い新生児から6歳児までがいるので，その実態について聞いておく。

・生徒がどのような課題をもって訪問するかを伝えておく。

○生徒に事前指導しておくべき事項

・新生児もいるので，扱いに注意すること。

・幼児は生徒と違い，体の大きさや目線が異なることを伝えておく。

・幼児と触れ合う際には安全確保を第一に考えること。

〈解説〉問1　生徒の学習活動をより効果的に促す教師の指導・支援を入れること。製作や実習の適切な指導・支援，教材・教具を入れること。問2　幼児の発達段階への理解が必要な場面での活用であるか，幼児の発達段階と遊び道具との関係の気づきにつながる活用であるか等を主な観点とする。　問3　○事前に指導者が訪問先と打ち合わせをしておくべき事項…活動内容や時間配分，学習のねらい等のキーワードを主な観点とする。　○生徒に事前指導しておくべき事項…幼児との接し方，幼児の安全確保等のキーワードを主な観点とする。

【4】問1　補修の技術を生かしてできる製作品を扱う。

問2 (題材名：ハーフパンツをつくろう)　・ハーフパンツの裾はまつり縫いで仕上げるようにする。・ミシンを使用して作る。

〈解説〉問1　新学習指導要領解説P64参照のこと。　問2　補修技術を生かしているか，補修技術を生かせる題材か等を主な観点とする。

【5】問1 ① バスト番号　② 体型区分　③ 身長記号
④ 国際標準化機構
問2

50	洗濯機の弱水流か，弱い手洗いで洗う。液温は５０度を上限とする。(脱水は短時間か弱遠心脱水)
	酸化漂白剤による漂白はできない。
	アイロンは中程度の温度（最高温度１５０℃）でかける。
P	ドライクリーニングができる。(テトラクロロエタン，炭化水素を使用するドライクリーニング)
	ドラム乾燥ができる。

問3 「LDマーク」の「L」は「Laundry」,「D」は「Drycleaning」の頭文字を表している。このマークのあるクリーニング店では，ファッションの多様化による新しい素材や加工などに応じた洗い技術で，より質の高いサービスを提供する。万が一，クリーニングトラブルが発生した場合には，「クリーニング事故賠償基準」に基づいた対応でトラブルの処理にあたる。また「Sマーク」は，厚生労働大臣認可の標準営業約款制度に従って営業している店の表示である。このSマークを店頭に掲げている店なら，全国どこでも約款に定められた基準以上のサービスが保証されている。また，万一の場合，事故賠償基準に基づいた補償も受けられる。

〈解説〉問1 基本的事項なのでしっかり頭に入れておくこと。
問2 輸入製品についている取扱い表示においても，基本的には国内のものと同じなので，しっかり頭に入れておくこと。　問3「プロの洗い技術」でのサービスを理解しているか,「クリーニング自己賠償基準」に基づいた対応を理解しているか等を主な観点とする。

【高等学校】

【1】問1 (ア) 10分の5　(イ) 目標　(ウ) 問題解決的
(エ) 安全管理　(オ) 学習環境　問2 地球環境問題
問3 「生活産業基礎」「課題研究」　問4 解略 (評価基準)連続する2か年，2単位ずつ分割履修　等のキーワードを主な観点として，相対的に評価する。

〈解説〉問1　学習指導要領解説P104～P107参照のこと。　問2　学習指導要領解説P70参照のこと。　問3　学習指導要領解説P276参照のこと。　問4　学習指導要領解説P105参照のこと。

【2】問1　(1)　この時期の幼児の思考は，具体的，自己中心的であり，また，直観的であるという特徴をもっている。　(2)　幼児期の思考の一つの特徴で，生命の無い事物を生命があるように認識する事で，アニミズムといわれている。　問2　(1)　乳幼児が，特定の人(多くは母親)との間に形成する愛情の結びつき　(2)　黄疸は，血液中にビリルビンと呼ばれる黄色い色素が過剰になり組織に沈着し，これが原因で皮膚や目の白い部分が黄色くなる病気で，生まれてすぐの新生児は，余分な赤血球が急速に破壊されていき，その上肝臓の機能がまだ未発達なので，生まれて2，3日すると黄疸が出ることが多い。　問3　幼児期には，個人差もあるが年齢によっても大きく身体的発達の変化が見られる。「スキャモンの発達曲線」によると，神経系は生まれてから5歳頃までに80%，12歳でほぼ100%発達する。幼児期から児童期は神経系の発達が著しく，様々な神経回路が形成されていく大切な時期となる。そして，どんな環境下でも，人間の発達は，ある一定の方向と順序をもって成長していく。　問4　子どもの健全な発達を支える親の役割と保育の重要性や社会の果たす役割について，生徒に認識させる必要がある。そのために保育所実習や事例研究などの実践的・体験的な体験学習を取り入れることで，保育への関心をもたせるようにする家庭科教育が重要になる。

〈解説〉問1　(1)　経験，自己中心的　等のキーワードを主な観点として，相対的に評価する。　(2)　生命，アニミズム　等のキーワードを主な観点として，相対的に評価する。　問2　(1)　愛着は「乳幼児の生理的欲求である空腹・渇き・不快などを，母親が毎日充足し続けるうちに乳幼児は母親を識別し，母親が快をもたらすことを学習する。そして，乳幼児は母親と一緒にいることを強く求めるようになる」というような過程で成立するものと考えられている。 (2) 肝臓機能の未発達 等のキーワードを主な観点として，相対的に評価する。 問3 スキャモンの発達曲線，方向と順序，個人差 等のキーワードを主な観点として，相対的に評価する。 問4 学習指導要領解説P54参照のこと。

【3】問1 今までの学習で習得した知識と技術をより一層定着し，総合化することができ，問題解決能力と実践的態度を育てることができる。 問2 今までの学習で習得した知識と技術を，学校生活や地域の生活の場に生かすことができ，問題解決能力と実践的態度の育成はもとより，勤労の喜びを味わわせ，社会奉仕の精神を涵養することができる。 問3 (1) 生徒が興味・関心をもって積極的に取り組める題目を設定すること。 (2) 計画：バランスのよい朝食の献立を食品群等考えて立てるよう助言する。 実行：献立通りに実際に作るよう助言する。作り方等も調べさせるようにする。 反省・評価：朝食を作ってみての反省点を出し，それに対しての評価を出すことを助言する。

(3) 発表会を行うことにより，プレゼンテーション能力を培うことができる。

〈解説〉問1 学習指導要領解説P41～P42参照のこと。 問2 学習指導要領解説P42参照のこと。 問3 (1) 興味，関心 等のキーワードを主な観点として，相対的に評価する。 (2) ・計画，実行，反省・評価の各活動段階について具体的に示しているか・題目と設定理由に沿った内容であるか 等を主な観点として，相対的に評価する。

(3) プレゼンテーション能力 等のキーワードを主な観点として，相対的に評価する。

【4】問1 (1) 綿や毛などの天然繊維や短くカットされた化学繊維をときほぐし，引き揃えて束ね，よりを掛けて糸にする過程を紡績工程といい，製造された糸を紡績糸という。 (2) 高温では塑性を示して自由な変形が可能となる性質のこと。 問2 (1) イ (2) キ

(3)　オ　　(4)　ア　　(5)　カ　　(6)　ウ　　問3　・生徒の実態に沿った題材を設定する。・生徒が興味・関心を持てる題材を設定する。・中学校までの履修状況に応じて題材を設定する。・学校の実態等に応じて適切に設定する。・生徒の実態等に応じて適切に設定する。問4　事前指導を踏まえ，班構成にすることで同じような進度となるようにする。　問5　(1)　ア　バスト番号　　イ　体型区分
ウ　身長記号　　エ　国際標準化機構　　(2)　図2　全ク連の会員である47都道府県クリーニング生活衛生同業組合に加盟しているクリーニング店である。　図3　厚生労働大臣が認可した「クリーニング業の標準営業約款」に基づいて営業しているクリーニング店である。
〈利点〉ファッションの多様化による新しい素材や加工などに応じた「プロの洗い技術」で，消費者に質の高いサービスを提供するよう心がけており，また，万が一，クリーニングトラブルが発生した場合には，「クリーニング事故賠償基準」に基づいた対応でトラブルの処理にあたる。

〈解説〉問1　(1)　短い繊維，より　等のキーワードを主な観点として，相対的に評価する。　(2)　高熱，外力　等のキーワードを主な観点として，相対的に評価する。　問2　繊維の性質，特徴は頻出である。しっかり頭に入れておくこと。　問3　生徒の実態，興味・関心　等のキーワードを主な観点として，相対的に評価する。　問4　事前指導，班構成　等のキーワードを主な観点として，相対的に評価する。
問5　(1)　衣類のサイズ表示は頻出である。しっかり頭に入れておくこと。　(2)　図2　LDマーク　　図3　Sマーク　〈利点〉プロの洗い技術，クリーニング事故賠償基準，クリーニング店　等のキーワードを主な観点として，相対的に評価する。

【5】問1　(a)　午前10時　　理由：運動2時間後に摂取するより運動直後の摂取が望ましいから。　(b)　糖質＋たんぱく質　　理由：糖質単体で摂るよりたんぱく質をプラスしたほうが回復がいいから。
問2　(1)　加熱し続けると焦げてしまうので，水を加え，その水蒸気

で蒸し焼きにすることで焦がすことなく中まで火を通すことができるから。 (2) 寒天の粘着力を利用するために完全に固まる前に上の層を流す。こうすることにより上の層の比重で下の層とくっつけることができる。 (3) 卵白中のたんぱく質には表面張力を弱くする作用があり，撹拌するとこのたんぱく質が，空気を抱え込んで泡立つ「起泡性」という性質がある。 問3 (1) 血糖値は食後上昇するが，だんだん低下し，空腹時血糖値(70～110mg/dl)になる。この血糖濃度に脳の視床下部にある摂食中枢が反応すると空腹感が生まれ，食欲が生まれ，食欲がわく。空腹時血糖値の約2倍になると視床下部の満腹中枢が反応して，食欲がなくなる。胃に食べ物がはいると，胃壁が伸びる。その変化に副交感神経が反応して満腹中枢を刺激し，満腹感を起こす。胃の内容物が腸へ送られると胃壁が縮む。それに交感神経が反応して摂食中枢を刺激し，空腹感を起こすので，食欲がわく。 (2) 摂食中枢には「おいしそう！」という視覚，味覚および嗅覚による情報や，記憶，思考といった感情や意志の力が大きく働きかけているので，例えおなかがいっぱいでもそういった感情や意志の力により接触中枢が再度働くことがある。

〈解説〉問1 (a) 運動直後の摂取がいいので午前10時。 (b) 糖質＋たんぱく質＞糖質　問2 (1) 加熱，水蒸気　等のキーワードを主な観点として，相対的に評価する。 (2) 粘着力，比重　等のキーワードを主な観点として，相対的に評価する。 (3) 撹拌，たんぱく質　等のキーワードを主な観点として，相対的に評価する。

問3 (1) 摂食中枢，満腹中枢，血糖値，交感神経，副交感神経　等のキーワードを主な観点として，相対的に評価する。 (2) 記憶，摂食中枢　等のキーワードを主な観点として，相対的に評価する。

●書籍内容の訂正等について

弊社では教員採用試験対策シリーズ（参考書，過去問，全国まるごと過去問題集），公務員試験対策シリーズ，公立幼稚園・保育士試験対策シリーズ，会社別就職試験対策シリーズについて，正誤表をホームページ（https://www.kyodo-s.jp）に掲載いたします。内容に訂正等，疑問点がございましたら，まずホームページをご確認ください。もし，正誤表に掲載されていない訂正等，疑問点がございましたら，下記項目をご記入の上，以下の送付先までお送りいただくようお願いいたします。

① **書籍名，都道府県（学校）名，年度**
（例：教員採用試験過去問シリーズ　小学校教諭 過去問　2025 年度版）
② **ページ数**（書籍に記載されているページ数をご記入ください。）
③ **訂正等，疑問点**（内容は具体的にご記入ください。）
（例:問題文では“ア～オの中から選べ”とあるが,選択肢はエまでしかない）

〔ご注意〕
○ 電話での質問や相談等につきましては，受付けておりません。ご注意ください。
○ 正誤表の更新は適宜行います。
○ いただいた疑問点につきましては，当社編集制作部で検討の上，正誤表への反映を決定させていただきます（個別回答は，原則行いませんのであしからずご了承ください）。

●情報提供のお願い

協同教育研究会では，これから教員採用試験を受験される方々に，より正確な問題を，より多くご提供できるよう情報の収集を行っております。つきましては，教員採用試験に関する次の項目の情報を，以下の送付先までお送りいただけますと幸いでございます。お送りいただきました方には謝礼を差し上げます。
（情報量があまりに少ない場合は，謝礼をご用意できかねる場合があります）。

◆あなたの受験された面接試験，論作文試験の実施方法や質問内容
◆教員採用試験の受験体験記

送付先
○電子メール：edit@kyodo-s.jp
○FAX：03-3233-1233（協同出版株式会社　編集制作部 行）
○郵送：〒101-0054　東京都千代田区神田錦町2-5
協同出版株式会社　編集制作部 行
○HP:https://kyodo-s.jp/provision（右記のQRコードからもアクセスできます）

※謝礼をお送りする関係から，いずれの方法でお送りいただく際にも，「お名前」「ご住所」は，必ず明記いただきますよう，よろしくお願い申し上げます。

教員採用試験「過去問」シリーズ

秋田県の
家庭科 過去問

編　集　　© 協同教育研究会
発　行　　令和6年3月10日
発行者　　小貫　輝雄
発行所　　協同出版株式会社
〒101-0054　東京都千代田区神田錦町2 - 5
電話　03－3295－1341
振替　東京00190－4－94061
印刷所　　協同出版・POD工場

落丁・乱丁はお取り替えいたします。